普通高等教育"十三五"汽车类规划教材

汽车物流管理

主　编　孙凤英
副主编　李彦琦
参　编　乔　跃　宋　彦　武慧荣

机械工业出版社

本书是普通高等教育"十三五"汽车类规划教材。本书共分11章，主要阐述了汽车物流基础知识，汽车企业采购物流，汽车企业生产物流，汽车企业销售物流，汽车产品逆向物流，汽车产品的包装、装卸与搬运，仓储与保管，汽车物流运输与配送，汽车物流标准化，汽车物流信息技术，汽车物流绩效评价等内容。

本书可作为普通高等学校汽车类专业、物流及交通运输类专业的教材，也可作为相关专业从业人员的参考读物。

本书配有PPT电子课件、习题答案，可免费提供给采用本书作为教材的授课教师，需要时可登录 www.cmpedu.com 下载，或联系编辑索取（tian.lee9913@163.com）。

图书在版编目（CIP）数据

汽车物流管理/孙凤英主编．—北京：机械工业出版社，2019.11
普通高等教育"十三五"汽车类规划教材
ISBN 978-7-111-64136-0

Ⅰ.①汽⋯　Ⅱ.①孙⋯　Ⅲ.①汽车工业－物流管理－高等学校－教材　Ⅳ.①F407.471.65

中国版本图书馆 CIP 数据核字（2019）第 251853 号

机械工业出版社（北京市百万庄大街22号　邮政编码100037）
策划编辑：宋学敏　　　责任编辑：宋学敏　何　洋　商红云
责任校对：张莎莎　佟瑞鑫　封面设计：张　静
责任印制：孙　炜
保定市中画美凯印刷有限公司印刷
2020年1月第1版第1次印刷
184mm×260mm・14印张・345千字
标准书号：ISBN 978-7-111-64136-0
定价：36.00元

电话服务　　　　　　　　网络服务
客服电话：010-88361066　　机 工 官 网：www.cmpbook.com
　　　　　010-88379833　　机 工 官 博：weibo.com/cmp1952
　　　　　010-68326294　　金　书　网：www.golden-book.com
封底无防伪标均为盗版　机工教育服务网：www.cmpedu.com

前言

　　汽车物流行业是随着汽车产业的发展而发展的。汽车产业的高速发展为汽车物流行业的发展提供了巨大的增长空间。上汽集团、东风汽车集团、长安汽车集团、一汽集团、北汽集团和广汽集团等都形成了上百万辆的汽车生产规模，快速推动了我国汽车及零部件物流业从传统方式向现代方式的转变。主机厂对总成和零部件配送的高效率、高质量、低成本和专业化管理的追求，促进了汽车第三方物流企业的发展和壮大。随着汽车产业与物流行业的发展，国家出台了鼓励和支持汽车产业和物流行业的政策，同时，国内外汽车制造企业也加大了对我国汽车市场的投资，总体推动了汽车物流行业的发展和进步。

　　通过多年的发展，我国汽车物流企业主要有安吉汽车物流公司、一汽物流有限公司、风神物流有限公司和中都物流有限公司等。其中，安吉汽车物流公司在我国汽车物流企业中属于龙头企业，汽车物流的年运输量已逾百万辆，领跑我国汽车物流行业。此外，大众运输公司凭借大众集团在世界各地的营销网络，负责大众集团所有品牌的整车物流业务。通用汽车公司为GM旗下品牌汽车提供物流服务，它的专长在于铁路运输，与铁路服务企业长期合作，拥有大批量双层铁路整车运输的货车，大幅降低了物流成本，提高了运输质量。美集物流公司拥有欧洲最多的物流配送中心，其物流网络覆盖欧洲、北美，实现了"公水联运"。目前，全球逐渐形成了以欧洲、美国和日本为代表的三大运输体系。

　　我国汽车物流成本约占汽车总成本的15%，而欧美汽车物流成本约占汽车总成本的8%，日本汽车物流成本甚至可以达到汽车总成本的5%。汽车物流已经成为影响我国汽车生产企业提高生产效率和降低成本的重要因素。在汽车物流方面，我国的发展还显得相对落后，从库存管理、订货、运输、配送技术、服务水平等，到政策、法律规范、标准、技术的配套，设施设备专业化水平，组织管理水平，联动机制，一体化运行机制，执行能力和联动效率，以及管理人才等方面，与发达国家相比，仍存在不小的差距。汽车物流行业急需培养人才，加快发展，从而适应我国经济发展和其他相关行业的进步。基于这样的考虑，我们编写了本书。

　　本书由东北林业大学孙凤英任主编，吉林大学李彦琦任副主编。参加编写的人员有宋彦（第一章和第五章）、李彦琦（第二章至第四章、第十一章）、孙凤英（第六章至第八章）、武慧荣（第九章）、乔跃（第十章）。在编写过程中，参考了国家、行业相关标准以及有关技术文献资料，在此对文献资料的作者以及提供文献资料的同仁和朋友表示诚挚的谢意。

　　本书作为普通高等教育"十三五"汽车类规划教材，教材编写计划和大纲经由车辆工程学科教学委员会审查通过。本书不仅适用于汽车类专业、物流及交通运输类专业本科教学，也可作为企业相关专业从业人员提高素质的参考读物和职工培训的教材。

　　恳切希望广大读者对本书的内容批评指正，以便本书再版时进一步完善。

编　者

目 录

前言
第一章　绪论 ………………………… 1
第一节　物流的基本概念 ……………… 1
第二节　物流业的形成与发展 ………… 3
第三节　物流的分类及物流系统 ……… 7
复习题 …………………………………… 15
第二章　汽车企业采购物流 …………… 16
第一节　采购物流概述 ………………… 16
第二节　采购物流的内容与管理 ……… 17
复习题 …………………………………… 27
第三章　汽车企业生产物流 …………… 28
第一节　生产物流概述 ………………… 28
第二节　汽车企业生产物流组织 ……… 35
第三节　汽车企业生产物流管理 ……… 41
复习题 …………………………………… 53
第四章　汽车企业销售物流 …………… 55
第一节　企业销售物流概述 …………… 55
第二节　汽车销售物流 ………………… 57
第三节　汽车国际贸易与物流管理 …… 74
复习题 …………………………………… 83
第五章　汽车产品逆向物流 …………… 84
第一节　逆向物流概述 ………………… 84
第二节　汽车逆向物流 ………………… 91
复习题 …………………………………… 96
第六章　汽车产品的包装、装卸与搬运 …… 98
第一节　包装及分类 …………………… 98
第二节　汽车物流的包装材料与
包装技术 ………………………… 101
第三节　装卸搬运 ……………………… 111
第四节　装卸搬运作业与设备 ………… 114
复习题 …………………………………… 131

第七章　仓储与保管 …………………… 133
第一节　仓库种类及主要参数 ………… 133
第二节　仓库设施及设备 ……………… 135
第三节　储存及分类 …………………… 144
第四节　储存作业 ……………………… 147
复习题 …………………………………… 150
第八章　汽车物流运输与配送 ………… 152
第一节　物流运输与配送概述 ………… 152
第二节　汽车物流运输方式与运输工具 … 154
第三节　汽车物流分拨中心 …………… 164
复习题 …………………………………… 167
第九章　汽车物流标准化 ……………… 169
第一节　物流标准化概述 ……………… 169
第二节　汽车物流标准化体系与方法 … 171
复习题 …………………………………… 177
第十章　汽车物流信息技术 …………… 179
第一节　条码技术 ……………………… 179
第二节　射频识别技术 ………………… 183
第三节　GPS 与 GIS 技术 …………… 185
第四节　电子数据交换技术 …………… 190
第五节　汽车物流电子商务 …………… 192
第六节　物联网技术 …………………… 196
复习题 …………………………………… 198
第十一章　汽车物流绩效评价 ………… 200
第一节　物流绩效评价概述 …………… 200
第二节　汽车物流绩效评价体系 ……… 202
第三节　汽车物流绩效评价指标
体系设计 ………………………… 206
复习题 …………………………………… 217
参考文献 ………………………………… 219

第一章

绪 论

第一节 物流的基本概念

一、物流的概念

物流的概念最早源于美国,被称为 PD(Physical Distribution),是指为了计划、执行和控制原材料、在制品库存及制成品从起源地到消费地的有效率的流动而进行的两种或多种活动的集成。后被日本引进,被称为"实物流通",并结合当时日本的国内经济建设和管理而得到发展。随着物流的发展,物流的概念在美国由 PD 转变为 Logistics,此时物流的概念在日本也发生了相应的变化。我国于 20 世纪 80 年代初从日本引进物流的概念。

物流的概念是随着社会经济、科学技术的发展而不断扩展的,其内涵也不断更新和延伸。物流的概念可从不同角度给出多种解释,下面引述几种有代表性的定义:

1)美国物流管理协会(Council of Logistics Management,CLM)在不同的年代曾 5 次演变物流定义。2002 年的定义为:"物流管理是供应链运作的一部分,是对货物、服务和相关信息从产出地和消费地的有效率、有效益的正向和反向流动和储存所进行的计划、执行和控制,以满足客户需求。"

2)欧洲物流协会(European Logistics Association,ELA)于 1994 年发表的《物流术语》中,将物流定义为:"物流是在一个系统内对人员、商品的运输、安排及与此相关的支持活动的计划、执行和控制,以达到特定目的的过程。"

3)日本流通综合研究所于 1981 年编著的《物流手册》中,将物流解释为:"物流是把物质资料从供给者向需求者的物理性移动,是创造时间性、场所性价值的经济活动。从物流的范畴来看,包括包装、装卸搬运、保管、库存管理、流通加工、运输、配送等多种活动。"

4)《中华人民共和国国家标准:物流术语》(GB/T 18354—2006)中,将物流定义为:"物流(Logistics)是指物品从供应地向接收地的实体流动过程。根据实际需要,将运输、储存、装卸、搬运、包装、流通加工、配送、信息处理等基本功能实现有机结合。"

从上述定义可以看出:美国和欧洲的定义都是从企业管理的角度出发,前者强调了客户服务思想,后者强调了供应链思想;日本从物流所包含的内容出发,强调了物流活动的一体性;我国从物流活动的过程出发,强调了物流功能的有机结合性。

二、物流对社会的作用

物流是生产和建设的物质前提,是实现商品的价值和使用价值的重要保障。物流作为社会经济活动的基础和国民经济发展的支持,与社会和国民经济的发展有着密切的关系。

1. 物流是国民经济的基础之一

从物流是国民经济的动脉这一点而言,物流通过不断输送各种物质产品,使生产者不断获得原材料、燃料,以保证生产过程的正常;又不断地将产品运送给不同的需求者,使这些需求者的生产、生活得以正常进行。这些互相依赖的存在是依靠物流维系的,因此国民经济才能够成为一个有内在联系的整体。

物流是国民经济的基础,还表现在物流对实现某一经济体制的资源配置方面起着重要作用。经济体制的核心问题是资源配置,资源配置不仅要解决生产关系问题,而且必须解决资源的实际运送问题。物流保证资源配置的最终实现,这在我国尤为突出。物流还以本身的宏观效益支持国民经济的运行,改善国民经济的运行方式和结构,促使其优化。

2. 物流是企业生产的前提和保障

从企业这一微观角度来看,物流对企业具有以下作用:

(1) 物流是企业的外部环境 一个企业的正常运转,必须具有一定的外部条件:一方面,要保证按企业生产计划和生产节奏提供和运达原材料、燃料、零部件;另一方面,要将产品和制成品不断运离企业。这一最基本的外部环境正是依靠物流及其他有关活动创造和提供保证的。

(2) 物流是企业生产运行的保障 企业生产过程的连续性和衔接性也要依靠生产工艺中不断的物流活动,有时候生产过程本身便与物流活动结合在一起,因此,物流的支持保障作用是不可或缺的。

3. 物流服务于商流

在商流活动中,商品所有权自购销合同签订的那一刻起,便由供方转移到需方,而商品实体并没有因此而移动。在传统的交易过程中,除了非实物交割的期货交易,一般的商流都必须伴随相应的物流活动,即按照需方(购方)的需求,将商品实体由供方(卖方)以适当的方式、途径向需方(购方)转移。

而在电子商务中,消费者通过上网购物,只需点击就完成了商品所有权的交割过程,即商流过程。但电子商务的活动并未结束,只有商品真正转移到消费者手中,商务活动才告终结。在整个电子商务的交易过程中,物流实际上是以商流的"后续者"和"服务者"的姿态出现的。没有现代化的物流,任何轻松的商流活动都会退化为一纸空文。

4. 物流是第三个利润源泉

物流"第三个利润源泉"概念的产生,体现了其降低企业生产成本、增加企业盈利、推动企业经营的价值。

5. 物流是现代经济结构中重要组成部分

物流作为产业的总体,本身也是由不同结构的产业所组成的。物流产业的构成有五个主要部分:①物流基础产业,这个产业是由各种不同的运输线路、运输线路的交汇与节点以及理货终端所构成的系统;②物流装备制造产业,这个产业是物流生产力中提供劳动手段要素的产业;③物流系统产业,这个产业提供物流系统软硬件,提供系统管理,是计算机系统技术和通信技术在物流领域的独特的组合;④第三方物流产业,这个产业是代理货主,向货主提供物流代理服务的产业;⑤货主物流产业,这个产业是自办物流产业,有可能部分从事第三方物流的活动。

第一章 绪 论

6. 特定条件下,物流是国民经济的支柱

有些国家处于特定的地理位置或特定的产业结构条件下,物流在国民经济和地区经济中能够发挥带动和支持整个国民经济发展的作用,成为国家或地区财政收入的主要来源。例如,欧洲的荷兰,亚洲的新加坡、日本和我国香港地区,以及美洲的巴拿马等。

三、物流与企业之间的关系

物流与企业之间的关系可以归纳为:物流是企业赖以生存和发展的外部条件,又是企业自身必须从事的重要活动。从外部看,社会物流承担联结社会再生产,联结企业与企业、企业与消费者、企业与供应者的重任。任何一个企业都存在产前物流、产中物流和产后物流,因而物流是社会再生产的构成因素,使企业有机地存在于国民经济整体中。由企业本身看,企业的物流活动可能成为企业"降低成本的宝库""第三个利润源"以及企业生存和发展的核心活动。

第二节 物流业的形成与发展

一、流通与物流

流通涉及的范畴十分广阔,从表现形态来讲,资本通过它的各个不同环节表现为处于流动中的东西。这种流通伴随着生产过程,并表现为契约、交换、交易等形式,而生产过程就是在这些前提下进行的。资本流通是以商品流通为先决条件的,如果没有商品流通,则资本流通不可能存在。物流就是商品流通的实物表现形式。当然,流通形态包含物质产品流通、服务产品流通、智力产品流通、劳动力流通等。其中,只有物质产品流通才存在物质实体的流动,即物流,其他流通形态并不伴生物流。所以,作为物质产品流通的实物表现形式——物流,可以认为它是流通的物质基础之一。

关于物流与流通的关系,可以归纳为以下方面:

物流是流通的重要物质基础;物流对流通有最后实现的决定作用。

商物分离是物流科学赖以存在的先决条件。所谓商物分离,是指流通的两个组成部分商业流通和实物流通各自按照自己的规律和渠道独立运动。

社会进步使流通从生产中分化出来之后,并没有结束分化及分工的深入和继续。分工不仅把每一种产品的生产,甚至把产品的每一部分的生产都变成专门的生产部门;而且不仅把产品的生产,甚至把产品准备好以供消费的各个工序都变成单独的生产部门。这种分化、分工的深入也表现在流通领域,比专业化流通这种分工形式更重要的分工是流通职能的细分。流通统一体中实际上有不同的运动形式,要使商品实际进行流通,就要有运动工具,而这是货币无能为力的。商品的实际流通,在空间和时间上都不是由货币来实现的。货币只是实现商品的价格,从而把商品所有权转让给买主,转让给提供交换手段的人。货币使之流通的不是商品,而是商品所有权证书。

第二次世界大战之后,流通过程中的上述两种不同形式出现了更明显的分离,从不同形式逐渐变成了两个有一定独立运动能力的不同运动过程,这就是所谓的"商物分离"。本来商流和物流是紧密地结合在一起的,进行一次交易,商品便易手一次,商品实体便发生一次运动。商流和物流是相伴而生、形影相随的,两者共同运动,经历同样的过程,只是运动形式不同而已。

在现代社会诞生之前,流通大多采取这种形式,甚至今日,这种情况仍不少见。

商物分离形式如图1-1所示,如果物流以本身的特殊性与商流过程分离,显然要合理得多。商流和物流也各有其不同的物质基础和社会形态。商流明显偏重于经济关系、分配关系、权力关系,因而属于生产关系范畴;而物流明显偏重于工具、装备、设施及技术,因而属于生产力范畴。所以,商物分离实际上是流通总体中的专业分工、职能分工,是通过这种分工实现大生产式的社会再生产的产物。物流科学正是在商物分离的基础上才得以对物流进行独立考察,进而形成的科学。

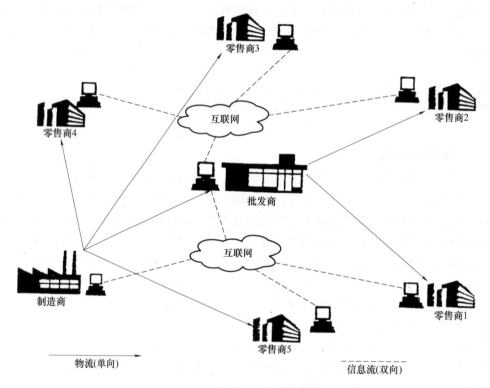

图1-1 商物分离形式图

但是,商物分离也并非绝对的,在现代科学技术飞跃发展的今天,优势可以通过分工获得,优势也可以通过趋同获得。"一体化"的动向在原来的许多分工领域中变得越来越明显。在流通领域中,发展也是多形式的,绝对不是单一的"分离"。

事实上,在物流的一个重要领域——配送领域中,配送已成了许多人公认的既是商流又是物流的概念。在企业中,最初是把独立设置物流部门看成一种进步;而现在,则更多地进行综合战略管理,而不单独分离其功能,这也是值得人们重视的。

二、物流业的形成

随物流科学的形成,在企业和国民经济中普遍以新物流思想为依托,建立起各种机构和组织,物流作为一个业种也在国民经济中逐渐形成。

从物流发展的历史看，物流在国民经济中以一个独立的、综合的业种出现和在企业中以一种独立的、综合的管理形态出现是同步的。物流发展不仅有赖于思想观念的革新和科学理论的形成，更重要的是，还有赖于在国民经济和企业中的具体运用。国民经济中物流业的形成对推动物流的发展起着重要作用。

物流业是以物流活动为基本共同点的行业群体，也可以说是以物流这种生产方式为基本共同点的行业。物流业的主要特点是，它的主体是非生产性的，是服务性的。当然，如果将生产过程中的物流活动看成是生产活动的组成部分，而将流通领域看成是生产过程的有机组成部分的话，物流活动也可以看作一种生产性活动。但是，现代物流思想正是将物流和生产的劳动性质予以区分，才发现物流是一种与生产密切相关，却可以独立于生产之外的和生产劳动有区别的特殊劳动，从而才建立了物流科学，形成了物流思想。因此，这里是探讨独立于生产劳动之外的物流，而不是仍然将之看成生产劳动的一个组成部分。于是，可以从新的角度认识物流，进而明确物流的非生产性和服务性。

物流业通过服务来提高物的附加价值。这个附加价值的形成，是物流活动过程中投入的活劳动与物化劳动转化而成的。这与生产劳动有本质的区别，生产劳动是通过加工、制造等过程，创造或增加物的使用价值来提高物的附加价值的。

任何复杂的领域都是有例外的，物流业中也有一部分（但绝不是主体），从劳动方式、劳动性质来看，确属生产劳动无疑，例如流通加工。但是，即便如此，流通加工附加价值的构成中，服务劳动仍是主体，而生产劳动所形成的附加价值是远低于流通加工总劳动所形成的附加价值的。

由此可见，物流业实实在在属于第三产业，其业种性质具有明显的服务性。

三、国外物流业的发展

美国最先提出物流的概念，对物流管理的认识几乎经历了一个世纪。

第二次世界大战期间，形成了军事后勤的概念并用于实践，战争中大量采用装卸、搬运、运输和保管等，出现连锁化、一贯化的发展趋势。第二次世界大战后，物流这一术语开始在企业组织机构中出现。

物流的概念于20世纪50年代从美国传到了日本，发展速度之快、规模之大、现代化程度之高及惊人的物流效率令世界瞩目。

20世纪80年代，物流呈现两个特点：一方面，物流量大幅度增加，物流已面向国际化；另一方面，生产倾向于轻、薄、短、小商品的开发，减小在库货物量、减少库存成本的观念越来越强，物流管理也相应地从集货物流向多频度、少量化、进货短的方向发展。

20世纪90年代以来，国际化采购、国际化生产、国际化销售格局逐渐形成，伴随而来的是国际化物流的发展。没有顺畅的国际物流，国际贸易不会扩大，跨国生产和全球采购也难以实现；反过来，在国际化大生产、国际资本大流动、国际贸易大发展、全球经济一体化日益进展的新经济格局中，也迫切要求国际物流走向全球化经营。

21世纪全球经济进一步增长，伴随着经济增长的物流国际化也将得到更大的发展。根据国内外物流发展情况，国际物流的发展趋势可以归纳为以下几个方面：

（1）国际物流服务范围和服务质量的提高　随着物流需求的全球化，物流服务的范围也与企业的全球性采购、生产、分销、零售和消费紧密结合，为货主企业提供越来越多的服务内容。同时，物流本身又是直接面向顾客的一项服务性很强的工作。因此，物流服务质量以及服务的可信程度直接影响着物流业的兴衰。货主企业全球性物流服务需求水平的提高以及国际物流服务市场的激烈竞争，必然会使得国际物流服务质量和服务水平得到持续提升。

（2）国际物流迈向信息化、电子化、高科技化 由于各种信息平台、电子数据交换系统（EDI）、事务处理系统（TPS）、管理信息系统（MIS）、决策支持系统（DSS）、销售时点信息系统（POS）、地理信息系统（GIS）、全球卫星定位系统（GPS）、智能交通运输系统（ITS）等信息处理和条码技术、射频标识技术（RFID）在国际物流中的广泛应用，大大增强了运输、保管、装卸搬运、包装、流通加工、配送等物流各环节的功能，使物流与商流、资金流、信息流融为一体，提升了生产、流通和消费的综合效益。没有物流的信息化，任何先进的技术装备都不可能用于物流领域，电子商务信息技术及计算机技术在物流中的应用将会彻底改变世界物流的面貌。

（3）绿色物流的发展 在环境矛盾越来越突出、环保问题越来越受到重视的现代社会，物流企业不能只考虑经济效益，还必须遵守环保法。从环境的角度考虑，对现有的物流体系进行改进，需要形成一个环境共生型的物流管理系统，形成一个能促进经济和消费生活同时健康发展的物流系统，即物流系统向环保型和循环型转变。

四、我国物流业的发展

1982 年，美国物流专家理查德·缪瑟（Richard Muther）来华讲授系统布置设计（System Layout Plan，SLP）、物料搬运计划（System Handling Analysis，SHA）和系统化工业设计规划（System Planning Industry Facility，SPIF）。1987 年，日本物流专家河野力等在北京、西安等地举办国际物流技术培训班，系统介绍了物流合理化技术和企业物流诊断技术。此后，物流工程研究在我国迅速展开，国际交流日益频繁，美国、德国、日本、加拿大等国家的专家相继来访，我国内地（大陆）与香港、台湾地区之间的学术交流也在加强。

1993 年，我国加快了经济体制改革的步伐，经济建设开始进入一个新的历史发展阶段。科学技术的迅速发展和信息技术的普及应用，消费需求个性化趋势的加强，竞争机制的建立，使得我国的工商企业，特别是中外合资企业，为了提高竞争力，不断提出新的物流需求，我国经济界开始把物流发展提上了重要议事日程。此时，国家逐渐加大力度对一些老的仓储、运输企业进行改革、改造和重组，使它们能提供新的物流服务；与此同时还出现了一批适应市场经济发展需要的现代物流企业。这一阶段，除公有制的物流企业外，非公有制的物流企业迅速增加，外商独资和中外合资的物流企业也不断发展。

20 世纪 90 年代初，工业工程作为正式学科在我国出现，设施规划与物流技术更为人们所重视。近年来，随着物流系统装备和管理软件的发展，特别是从欧洲和日本引进技术和装备，加快了物流工程的发展。已有一些大型企业进行了物流系统的建设和组建，如青岛海尔、安吉物流、一汽物流、广州宝洁、烟草行业等，已成为物流系统实施的重要领域。

目前，我国物流还没有形成一个比较完整的体系，多式联运尚处于初期阶段，发展形势总体单一、覆盖面小，专业化、组织化水平低，一体化运行不畅。

（1）部分省市开始重视现代物流的发展 近几年来，我国部分省市政府已经开始认识到物流对推动经济发展、改善投资环境、提高地区经济和工商企业在国内外市场竞争能力的重要性，把发展现代物流作为一项涉及经济全局的战略来抓。

(2) 一些工商企业开始重视物流管理 我国一些工商企业已经开始认识到物流是继降低物资消耗、提高劳动生产率之外，能够使企业增加效益、增强竞争能力的"第三利润源"，强化企业的物流管理取得了明显的成效。

(3) 一批运输、仓储及货代企业逐步向物流企业发展 随着我国社会物流需求的增加以及对物流认识的深化，一大批运输、仓储及货代企业正努力改变原有单一的仓储或运输服务方向，积极扩展经营范围，延伸物流服务项目，逐渐向多功能的现代物流方向发展。例如，济南汽车运输总公司抓住日本松下电器公司中国本部实施物流一体化管理实验的机遇，组建了济南开发区物流基地，聚合了仓储、装卸、运输、流通加工等多项服务功能，又进一步与十几家工业企业建立了稳定的物流服务关系，受到这些工业企业的欢迎。

(4) 国外物流企业开始进入我国 由于我国物流企业的经营规模、管理技术和管理水平相对落后，其服务质量很难满足一些企业，特别是跨国公司对高质量物流服务的需求。因此，近年来国际一些著名物流企业普遍看好我国物流市场，陆续进入，在我国许多地方开始建立物流网络及物流联盟。它们运用国际成功的物流服务经验，为客户提供完整的综合物流服务，如马士基、海陆、日通、近铁、瑞达、阿尔卑斯、松下、德国飞格、捷富凯等。

(5) 物流企业重视物流服务质量管理 物流的本质是服务，物流服务质量是物流企业生命的保证，它直接关系到物流企业在激烈竞争中的成败。我国的一些物流企业开始把提高服务质量作为与国际接轨、进入国际物流领域的"入门证"。

(6) 信息技术和通信技术进入物流业务 中远公司率先在国内推出了计算机委托订舱业务，并在电子订舱的基础上，通过国际互联网向全球用户推出了具有网上订舱、中转查询和信息公告等多项业务操作功能的国际货运网上服务系统。深圳中海物流开发的"物流信息管理系统"，融进出仓、运输、报关、检疫、信息反馈和结算于一体，并通过 EDI 系统与海关联机操作，初步实现了报关的无纸化作业。

(7) 为电子商务提供服务的物流企业迅速发展 随着网络的普及，电子商务迅速发展，需要完善的物流配送系统为之服务。为了适应这一要求，目前我国已出现了为电子商务的第三方物流企业。它们充分利用互联网、无线通信、条码等现代信息技术，以代理的形式对物流系统实行统一管理，建立全国性的、快速的、以信息技术为基础的、专门服务于电子商务的物流服务系统。

(8) 物流研究和技术开发工作取得进展 从 20 世纪 90 年代以来，借鉴国外物流理论研究成果并结合我国实际状况，我国在物流系统建设、物流规划方法、物流企业的发展战略方面都取得了丰硕的成果，这对我国物流发展起到了有益的作用。

第三节 物流的分类及物流系统

一、物流的分类

根据物流对象、物流目的、物流范围等的不同，物流可以划分为不同类型。

目前主要有如下几种划分方法：宏观物流和微观物流；社会物流和企业物流；国际物流和区域物流；一般物流及特殊物流。

1. 宏观物流

宏观物流是指社会再生产总体的物流活动，即从社会再生产总体的角度认识和研究的物流活动。

宏观物流还可以从空间范畴来理解，在很大空间范畴的物流活动往往带有宏观性，在很小空间范畴的物流活动则往往带有微观性。

宏观物流也指物流全体，是从总体看物流，而不是从物流的某一个构成环节来看。

因此，在人们常提到的物流活动中，下述若干物流应属于宏观物流，如社会物流、国民经济物流等。宏观物流研究的主要特点是综观性和全局性。宏观物流的主要研究内容是物流的总体构成，物流与社会的关系，物流在社会中的地位、作用，物流与经济发展的关系，社会物流系统的建立和运作等。

2. 微观物流

消费者、生产者企业所从事的实际的、具体的物流活动属于微观物流。

在整个物流活动中一个局部、一个环节的具体物流活动也属于微观物流。例如，在一个小地域空间内发生的具体物流活动属于微观物流，针对某一种具体产品所进行的物流活动也是微观物流。人们经常提及的下述物流活动皆属于微观物流，如企业物流（生产物流、供应物流、销售物流、回收物流、废弃物物流）、生活物流等。微观物流研究的特点是具体性和局部性。

由此可见，微观物流是更贴近具体企业的物流，其研究领域十分广阔。

3. 社会物流

社会物流是指超越一家一户的以一个社会为范畴、以面向社会为目的的物流。这种社会性很强的物流往往是由专门的物流承担人承担的。社会物流的范畴是社会经济的大领域。社会物流研究再生产过程中随之发生的物流活动，研究国民经济中物流活动，研究如何形成服务于社会、面向社会又在社会环境中运行的物流，研究社会中物流体系结构和运行，具有综观性和广泛性。

4. 企业物流

从企业角度研究与之有关的物流活动，是具体的、微观的物流活动的典型领域。企业物流又可区分为以下不同类型的具体物流活动：

（1）**企业生产物流** 这是指企业在生产工艺中的物流活动。这种物流活动是与整个生产工艺过程伴生的，实际上已经构成了生产工艺过程的一部分。企业生产物流的过程大体为：原材料、零部件、燃料等辅助材料从企业仓库或企业的"门口"开始，进入生产线的开始端，再进一步随生产加工过程一个一个环节地"流"，在"流"的过程中，本身被加工，同时产生一些废料、余料，直到生产加工终结，再"流"至制品仓库，便终结了企业生产物流过程。

过去，人们在研究生产活动时，主要注重一个一个的生产加工过程，而忽视了将每一个生产加工过程串在一起，并且又与每一个生产加工过程同时出现的物流活动。例如，不断地离开上一工序、进入下一工序，便会不断地发生搬上搬下、向前运动、暂时停滞等物流活动。实际上，一个生产周期中，物流活动所用的时间远多于实际加工的时间。所以，企业生产物流研究的潜力、时间节约的潜力以及劳动节约的潜力都是非常大的。

企业生产物流的研究课题很多，例如，生产流程如何安排从物流角度看才最合理，各生产活动环节如何衔接才最有效,如何缩短整个生产的物流时间,与工艺过程有关的物流机械装备如何选用、配合等。

(2) 企业供应物流 企业为保证本身的生产的节奏,不断组织原材料、零部件、燃料、辅助材料供应的物流活动。这种物流活动对企业生产的正常、高效进行起着重大作用。企业供应物流的目标不仅是保证供应,而且是以最低成本、最少消耗、最大限度地保证供应,因此带来了很大的难度。现代物流学是基于非短缺商品市场来研究物流活动的,在这种市场环境下,保证供应数量是容易做到的,因而企业的竞争关键在于如何降低这一物流过程的成本。这可以说是企业物流的最大难点。因此,企业供应物流必须解决有效的供应网络问题、供应方式问题、零库存问题等。

(3) 企业销售物流 这是企业为保证本身的经营效益,不断伴随销售活动,将产品所有权转移给用户的物流活动。在现代社会中,市场环境是一个竞争越来越激烈的环境,因此,销售物流活动带有极强的服务性,以满足买方的要求,最终实现销售。在这种市场前提下,销售往往以送达用户并经过售后服务才算终止,因此,销售物流的空间范围很大,这便是销售物流的难度所在。在这种前提下,企业销售物流的特点是通过包装、送货、配送等一系列物流实现销售,这就需要研究送货方式、包装水平、运输路线等,并采取各种诸如少批量、多批次、定时、定量配送等特殊的物流方式达到目的,因而其研究领域很宽泛。

(4) 企业回收物流 企业在生产、供应、销售的活动中总会产生各种边角余料和废料,这些物品的回收是伴随着物流活动进行的。而且,在一个企业中,如果对回收物品处理不当,往往会影响整个生产环境,甚至影响产品质量,还会占用很大空间,造成浪费。

(5) 企业废弃物物流 这是对企业排放的无用物品进行运输、装卸、处理等的物流活动。

5. 国际物流

国际物流是现代物流系统发展很快、规模很大的一个物流领域,它的最大特点是物流跨越国界。国际物流是伴随和支撑国际经济交往、贸易活动和其他国际交流所发生的物流活动。近几十年国际贸易急剧扩大,国际分工日益深化,东西方之间冷战的结束,以及诸如欧洲等地一体化速度的加快等,都促进了国际物流的发展。

6. 区域物流

相对于国际物流而言,一个国家范围内的物流、一个城市的物流、一个经济区域的物流都处于同一法律、规章、制度之下,受相同文化及社会因素影响,都处于基本相同的科技水平和装备水平之中,因而都有其区域独有的特点。

研究各个国家的物流,找出其区别和差异所在,及其连接点和共同因素,是研究国际物流的重要基础。物流具有共性,但不同国家有其特性。例如日本的物流,海运是一个非常突出的特点,且日本由于国土狭小,覆盖全国的配送系统也很有特点;美国物流中,大型汽车的作用非常突出;欧洲各国由于一体化进程,各国分工的特点很突出,等等。这种研究不仅对认识各国物流的特点有所帮助,而且对促进互相学习、不断发展作用巨大。日本便是在研究美国物流的基础上,吸收、消化、发展起独具特色的物流。

7. 一般物流

一般物流是指物流活动的共同点和一般性。物流活动的一个重要特点就是涉及全社会、各企业,因此,物流系统的建立、物流活动的开展必须具有普遍适用性,物流系统的基础也在于此。否则，物流活动便有很大的局限性和很差的适应性，其对国民经济和社会的作用便大大受限了。

一般物流研究的着眼点在于物流的一般规律，建立普遍适用的物流标准化系统，研究物流的共同功能要素，研究物流与其他系统的结合、衔接，研究物流信息系统及管理体制等。

8. 特殊物流

在遵循一般物流规律的基础上，专门范围、专门领域、特殊行业带有特殊制约因素、特殊应用领域、特殊管理方式、特殊劳动对象、特殊机械装备特点的物流，皆属于特殊物流范围。特殊物流活动是社会分工深化、物流活动合理化和精细化的产物。在保持通用的、一般的物流活动的前提下，具有特点并能形成规模，能产生规模经济效益的物流，便会形成本身独特的物流活动和物流方式。特殊物流的研究对推动现代物流发展的作用是巨大的。特殊物流可进一步细分如下：

按劳动对象的特殊性，有水泥物流、石油及油品物流、煤炭物流、腐蚀化学物品物流、危险品物流等。

按数量及形体不同，有多品种、少批量、多批次产品物流，超大、超重、超长型物品物流等。

按服务方式及服务水平不同，有"门到门"的一贯物流、配送等。

按装备和技术不同，有集装箱物流、托盘物流等。

对于特殊的领域，有军事物流、废弃物物流等。

按组织方式，有加工物流等。但是，这种加工不同于生产过程中的加工，不改变产品的性质，仅改变产品的规格或数量。比如，按用户要求将大块的玻璃加工成用户需要的尺寸规格；大包装的药品按疗程或按服用天数分装成小包装的等。

二、物流系统

1. 系统的概念

所谓系统，是由两个或两个以上既相互区别又相互联系的要素所组成的具有特定结构和功能的有机整体。这一定义的核心在于系统是由多个要素组成的，要素之间是相互联系、相互制约的，组成的整体具有特定的结构和功能。一切系统都具有以下共同点：

1）系统是由两个或两个以上的要素组成的整体。
2）系统的诸要素之间、要素与整体之间以及整体与环境之间存在着一定的有机联系。
3）系统要素之间的联系与作用必然产生一定的功能。

2. 物流系统的概念与特征

物流本身可以看成一个系统。所谓物流系统，是指在一定的时间和空间里，由物流诸环节及其涉及的物品、信息、设施和设备等若干相互联系、相互制约的要素组成的具有特定结构和功能的有机整体。

物流系统具有一般系统的共性，即整体性、集合性、相关性、目的性、层次性、环境适应性等，同时还具有规模庞大、结构复杂、目标众多等复杂系统所具有的特征。

（1）物流系统是"人-机系统" 物流系统是由物资、装卸搬运设备、运输工具、信息及人员等要素所组成的，表现为物流劳动者运用运输设备、装卸搬运设备、仓库、港口、车站等设施，实现物资的流动。在这一系列的物流活动中，人是系统的主体。因此，在研究物流系统各个方面的问题时，必须把人和物有机地结合起来。

（2）物流系统是跨地域、跨时域的大系统　随着经济的全球化和信息化、网络化的发展，物流活动已突破了地域限制，形成了跨地区、跨国界发展的趋势。跨地域性正是物流创造场所价值的体现。随着物流活动地理范围的扩大，对物流网络的规划及其管理也更加复杂，如何保证物流服务的及时性，更需要从系统的角度进行思考。

另外，物流系统中的仓储环节，可以解决商品供应时间的矛盾，跨时域性是物流创造时间价值的体现。

（3）物流系统是具有多个层次的可分系统　物流系统可以分解成若干个相互联系的子系统。这些子系统的数量和层次的阶数，还会随着经济的发展、人们对物流需求的提高和研究的深入而不断扩充。系统和子系统之间、子系统和子系统之间，既存在时间和空间及资源利用方面的联系，也存在总的目标、总的费用以及总的运行结果等方面的相互关系。

（4）物流系统是动态开放的系统　一般的物流系统总是联结多个生产企业和客户，随需求、供应、渠道等的变化，系统内的要素及系统的运行经常发生变化。也就是说，社会物资的生产状况、社会物资的需求变化、资源变化、企业之间的合作关系，都随时随地影响着物流，物流受到社会生产和社会需求的广泛制约。物流系统是一个具有满足社会需要、适应环境能力的动态系统。为适应经常变化的社会环境，人们必须对物流系统的各组成部分不断地修改、完善，这就要求物流系统必须具有足够的灵活性与可改变性。

（5）物流系统是复杂系统　物流系统的运行对象——"物"，遍及全部社会物资资源。资源的大量化和多样化带来物流的复杂化。从物资资源来看，品种成千上万、数量庞大；从从事物流活动的人员来看，需要数以万计的庞大队伍；从资金占用上看，占用着大量的流动资金；从物资供应经营网点上看，遍及全国各地。所有这些使得物流系统成为结构复杂的系统。

（6）物流系统是多目标系统　物流系统的总目标是实现宏观和微观的经济效益。但物流系统的目标是多重的，要求高效、快速、经济、舒适、安全、环保。要同时满足上述目标是很难做到的，这是因为物流系统的功能要素之间存在着非常强的"效益背反"现象，即某一功能要素的优化和利益产生的同时，必然会造成另一个或几个功能要素的利益损失。这种多个目标冲突现象在物流系统中普遍存在，必须在物流系统总目标下协调各要素目标，才能寻求物流系统总体最优的效果。

总之，物流系统具有系统的所有特征。由于物流系统的层次性及各子系统的相互联系和相互作用，它是一个动态的、开放的复合系统。

三、汽车物流概述

汽车物流是物流领域的重要组成部分，具有与其他物流活动不同的特点，是一种复杂程度极高的物流活动。

1. 汽车物流的概念

汽车物流是指汽车供应链上原材料、零部件、整车以及售后配件在各个环节之间的实体流动过程。

汽车物流是以最小的总费用为目标，按用户的需求，将汽车零部件、备件、整车从供应地向需求地实体转移的过程，是集运输、仓储、包装、装卸、配送、产品流通及物流信息于一体的综合性管理活动。

汽车物流是沟通原材料供应商、生产厂商、批发商、经销商、物流公司及最终用户的桥梁，是实现商品从生产到消费各个流通环节之间有机结合的渠道。它是具有技术复杂性、服务专业性、资本和技术密集型特点的物流活动，是运输中复杂而专业性很强的一个领域。

2. 汽车物流的特点

汽车物流的特殊性决定了其具有不同于其他物流活动的特点。汽车物流具有以下特点：

1）以汽车制造企业为核心，通过物流和信息流拉动上游供应商的原材料供应，推动下游经销商的产品销售及客户服务。

2）技术复杂性。汽车零部件的种类很多，形状、大小和重量变化多端，若要保证汽车生产时零部件按时按量到达工位，必须具有高度的专业性。此外，高度集中的量产车造成远距离运输及区域售后服务需求，使得汽车物流业技术复杂性很高。

3）服务专业性。汽车生产的技术含量决定了生产过程需要上下游物流网络的协同配合，供应物流高要求的专用工装器具，生产物流专业化的品类划分，营销、售后物流的信息化管控等，决定了汽车物流具有极强的专业性和专门化的特点。

4）资本、技术和知识密集型。汽车物流需要大量专用运输及装卸设施设备的辅助，仓库以及信息系统的建设等都需要大量的资金投入，准时生产、零库存、整车零公里销售等特殊需求决定了汽车物流属于资本、技术和知识高度密集的行业。

5）利用计算机网络技术，全方位规划汽车产业链中的物流、信息流及资金流，建立电子商务平台，通过应用全球定位系统（GPS）技术、地理信息系统（GIS）技术、立体仓库、条码技术、电子数据交换（EDI）技术等各项信息技术，及时有效地获取货物需求信息并快速响应，以满足顾客的需求。

3. 汽车物流的基本要素

汽车物流系统的要素十分复杂，具有普通物流系统的特征，但物流系统要素之间的关系不如某些生产系统那样简单明了，从而增加了系统的复杂性。

系统要素之间存在非常明显的"效益背反"现象，在处理时稍有不慎，就会出现系统总体恶化的结果。物流系统中的许多要素，在按新观念建立物流系统前，早就是其他系统的组成部分，因此往往较多地受原系统影响的制约，而不能完全按汽车物流的要求运行。

物流系统一般由运输、储存保管、包装、装卸搬运、流通加工、配送、物流信息等构成。换句话说，物流能实现以上功能。

（1）包装 包装包括产品的出厂包装，生产过程中在制品、半成品的包装，以及在物流过程中换装、分装、再包装等活动。对包装活动的管理，根据物流方式和销售要求确定。以商业包装为主还是以工业包装为主，要全面考虑包装对产品的保护作用、促进销售作用、提高装运率的作用、包拆装的便利性以及废包装的回收及处理等因素。包装管理还要根据全物流过程的经济效果，具体决定包装材料、强度、尺寸及包装方式。

（2）装卸 装卸包括对输送、保管、包装、流通加工等物流活动进行衔接活动，以及在保管等活动中为检验、维护、保养所进行的装卸活动。伴随装卸活动的小搬运，一般也包括在这一活动中。在全物流过程中，装卸活动是频繁发生的，因而是造成产品损坏的重要原因之一。对装卸活动的管理，主要是确定最恰当的装卸方式，力求减少装卸次数，合理配置及使用装卸机具，做到节能、省力、减少损失、加快速度，获得较好的经济效果。

(3) 运输 运输包括供应及销售物流中的车、船、飞机等方式的运输,生产物流中的管道、传送带等方式的运输。对运输活动的管理,要求选择技术经济效果最好的运输方式及联运方式,合理确定运输路线,以满足安全、迅速、准时、价廉等要求。

(4) 保管 保管包括堆存、保管、保养、维护等活动。对保管活动的管理,要求正确确定库存数量,明确仓库以流通为主还是以储备为主,合理确定保管制度和流程,对库存物品采取有区别的管理方式,力求提高保管效率、降低损耗、加速物资和资金的周转。

(5) 流通加工 流通加工又称流通过程的辅助加工活动。这种加工活动不仅存在于社会流通过程,也存在于企业内部的流通过程中。所以,它实际上是在物流过程中进行的辅助加工活动。企业、物资部门、商业部门为了弥补生产过程中加工程度的不足,更有效地满足用户或本企业的需求,更好地衔接产需,往往需要进行这种加工活动。

(6) 配送 配送是物流进入最终阶段,以配货、送货形式最终完成社会物流并最终实现资源配置的活动。配送活动一直被看成运输活动中的一个组成部分,即看成是一种运输形式。所以,过去未将其独立作为物流系统实现的功能,未看成是独立的功能要素,而是将其作为运输中的末端运输对待。但是,配送作为一种现代流通方式,集经营、服务、社会集中库存、分拣、装卸搬运于一体,已不是单单一种送货运输能包含的,所以本书中将其作为一个独立功能要素。

(7) 物流信息 物流信息包括进行与上述各项活动有关的计划、预测、动态(运量、收、发、存数)及有关的费用、生产、市场活动信息,从而实现对物流活动的管理。

上述功能中,运输和保管分别解决了供给者及需要者之间场所和时间分离的问题,分别是物流创造"场所效用"和"时间效用"的主要功能要素,因而在物流系统中处于主要地位。

4. 汽车物流的分类

汽车企业物流管理系统中连续不断的实物流动可简化为三大部分:通过采购流入企业的原材料;经过企业内部生产制造过程而产生的半成品或成品;通过实物分拨系统到达消费者手中的最终产品。这一简化的物流活动过程如图1-2所示。此外,近年来考虑环保和资源的再利用,产生了汽车回收和废弃物物流,但是,这些物流主要由第三方社会物流实现。

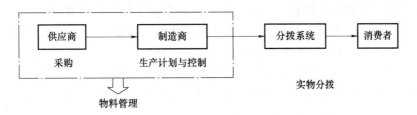

图1-2 汽车企业物流活动过程

按物流的属性分类,汽车物流可以分为供应物流(即原材料物流)、零部件物流、整车物流和逆向物流四类,如图1-3所示。

供应物流是指汽车生产制造企业购进原材料和零部件的物流过程,即生产汽车的物资原料从上游生产商或中间商的供应开始,到汽车生产商投入生产之前的物流活动的总称。

零部件物流是指以汽车零部件供应商或者汽车生产企业为出发点,主要以汽车零部件或配件的流通为主,如零部件的调配和更换、返厂维修等,以客户(汽车修配企业)为终点的物流活动。

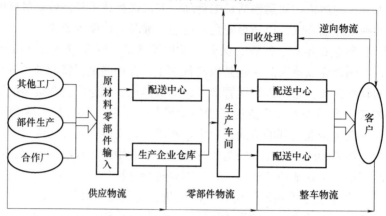

图1-3 汽车物流的分类

整车物流是指汽车生产企业通过销售活动,把产成品所有权从企业转移给用户的物流活动,即汽车从生产商到消费者的物流过程,其中包括汽车第三方物流。

逆向物流是指对生产及流通过程中的废旧汽车或者零部件进行回收再利用而产生的物流活动。

从企业系统活动结构的角度,可以分为采购供应物流(即入厂物流)、生产物流(即企业内储存、搬运、输送物流)、销售物流(汽车和备件的储存及运输物流)。近年来,闭环供应链理论又引入了回收物流的概念。

从汽车制造商的角度,可以分为进口件的供应物流、国产件的供应物流;厂内物流、厂际物流;汽车销售物流、售后备件物流;国际采购出口零部件物流等。

5. 汽车物流的运作模式

在国内,汽车物流主要形成了三种运作模式:自营物流运作模式、第三方物流运作模式和内外合作物流运作模式。

(1)自营汽车物流运作模式 自营汽车物流运作模式是指汽车制造企业以供应链管理物流为核心,在企业内部设立物流公司,建立自己的完整的物流运行系统,对汽车制造和销售的原材料、半成品和成品以及相关信息,从产地到销售地直至用户,有计划地进行包装、运输、仓储、配送和售后服务的全过程。采用自营物流运作模式的汽车制造企业,大多物资丰富,控制、协调、服务和专业能力强,有能力承担汽车物流业务并从中获利,建立了自己的物流运作团队、组织和物流网络。

(2)第三方物流运作模式 第三方物流运作模式是指汽车制造企业为了专注于主业,将自己的全部或部分物流运作业务外包给专业物流运营企业经营管理。这些在汽车制造企业和汽车消费者之间架起桥梁和纽带,能够提供多元化物流服务的物流专业企业被称为第三方物流供应商。这些企业不仅加速了汽车生产销售的物流、信息流和资金流等在制造商、供应商、零售商和消费者之间的顺畅流动,而且搭建了良好的流通交换平台。

(3)内外合作物流运作模式 所谓内外合作物流运作模式,是指汽车制造企业与外部组织联合共建的汽车物流运作机构,开展联合物流活动。合作双方或多方一般基于共同的物流需求和目标,联合出资组建。这种联合创建的汽车物流管理模式,是建立在充分挖掘和利用联合的双方或多方的资金流、物流、信息流和其他服务资源的基础上,即合作双方或多方共建合资物流企业,运营汽车制造企业的汽车物流。

 复 习 题

1. 物流对企业有何作用?
2. 物流与企业之间有何关系?
3. 物流可分为哪些类型?
4. 什么是物流系统?
5. 什么是汽车物流?
6. 汽车物流的目标是什么?
7. 汽车物流有哪些特点?
8. 按物流的属性分类,汽车物流可分为哪些类型?
9. 汽车物流的主要运作模式有哪些?

第二章

汽车企业采购物流

第一节 采购物流概述

采购物流是根据企业制定的采购决策的要求,在供应商之间发生物资所有权的转移,同时为了解决物资的空间和时间属性,而进行的装卸、运输以及包装等实体作业的活动和过程。

一、采购的概念

采购是一种经济行为,通常是指消费者为了满足需要而进行的一种活动。采购是企业物料管理的重要组成部分。从字面上理解,采购有两层含义:"采"和"购",采即选择,购即取得,也就是从多个物品中进行选择并取得某物品。

狭义的采购是指以购买的方式,由买方支付对等的代价,向卖方换取物品的行为过程。在买卖双方的交易中,一定会发生所有权的转移及占有。采购是必须在具备一定条件下进行的一种交易行为,它是商流、物流、资金流、信息流的有机结合。从采购反映的经济活动过程来看,通常主要是指组织或企业的一种采购行为,其采购的对象主要是生产资料。因此,采购是指在一定的时间、地点条件下通过交易手段,在多个备选对象中,选择购买能够满足自身需要的物品的企业活动过程。

采购物流是从供应商到生产企业的物料流动活动,是企业为了达成生产或销售计划,从合适的供应商那里,在确保合适品质的前提下,于合适的时间,以合适的价格,购入合适数量的商品所采取的管理活动。

采购既是一个商流过程,也是一个物流过程。所有采购都是从资源市场获取资源的过程。从物流的角度讲,采购被认为是从供应商到生产企业的物料流动过程,采购引起物料向企业的流动,因此,它也被称为内向物流,是企业与供应商之间相联系的重要环节。

从供应链的角度讲,采购活动和企业物流活动都是整个供应链的一部分。也就是说,某个企业的内部物流可能是另一个企业的外部物流。比如,某个机械制造厂生产汽车零部件,把生产的汽车零部件出售给某个汽车制造厂。那么,汽车零部件的整个物流活动,对于前一个厂商来讲,就是内部物流活动;而对于后一个厂商来讲,就是外部物流活动。而无论是内部物流还是外部物流,都是供应链的一部分。

二、采购的功能与作用

1. 采购的功能

选择企业各部门所需要的适当物料,从适当的来源,以适当的送货方式(包括时间和地点),获取适当数量的物料。

采购对于一个企业来讲不仅是购买东西,而且是企业经营的核心环节,它使企业获取利润并获得新的资源。企业采购原材料或物资的成功与否,在一定程度上影响着企业的竞争力。采购与采购管理往往是企业竞争优势的来源之一。

2. 采购的作用

对于一个企业来讲,采购的重要作用体现在两个方面:成本效率和企业运营结果。

(1) 采购的利润杠杆作用 众所周知,企业的根本目标是追求利润最大化。增加利润的方法之一就是通过良好的采购管理降低原材料成本,在加工成本不变的前提下,可以有效地提高利润,有利于企业在市场竞争中赢得优势。

一般而言,制造企业购进的原材料、辅料价值占到销售产品价格的40%~60%,因而采购成本的变化会对企业利润带来较大影响,可产生所谓的杠杆作用。另外,采购成本的节约对利润的提高也存在增长效应。

(2) 采购改善企业运营效果的作用 采购在企业运营中的作用,除了直接表现在利润上之外,通过提高企业其他部门或个人的绩效,还可以间接为企业做出贡献。优质的输入保证优质的产出。采购的质量有了保证,就可以减少返工、降低保修成本、提高顾客满意度,并且增加销售量或者提高销售价格;搞好与供应商的关系,就可以改进设计、降低制造成本,并且加快由创意到设计生产再到消费者手中的循环过程。这些提高或改进都可以增强企业的竞争力。

第二节 采购物流的内容与管理

一、采购物流的主要内容

1. 原材料采购物流

原材料是指产品在未加工之前的初始状态,是一切产品的构成要素。汽车生产是汽车企业将原材料转化为汽车产品的加工制造过程,因此,原材料的采购成为汽车企业进行生产的先决条件与基础。在汽车产业供应链管理下,原材料采购强调的是采购方式。原材料的采购方式有很多种,如传统采购模式与现代采购模式、定价采购模式与议价采购模式、集中采购模式与分散采购模式、人工采购模式与电子商务采购模式。汽车企业在采购原材料时应遵循以下原则:

1)质量是汽车企业采购原材料和生产产品时必须遵循的根本原则。汽车企业只有使用优质的原材料,才能生产出优质的汽车产品,进而才能够实现产品价值,才有盈利,才能够使企业得以生存和发展。

2)在采购汽车原材料的过程中,采购人员要根据企业的生产进度和原材料库存状况确定采购量,即所采购的原材料既不能过少,造成企业因为原材料短缺导致生产中断,又不能过多,导致原材料库存严重积压。采购部门在采购时,首先要确定以下关键变量:原材料的库存量、日消耗量和采购周期,从而就可以计算出需要的原材料采购量。

3)在保证原材料质量的前提下,获得对采购企业最有利的价格便成为企业考察采购人员能力和评价其绩效的标准。原材料采购的时间既要满足企业的生产需要,又要使采购的原材料价格最低。在采购原材料时,企业往往在与距离较近的供应商的合作中容易取得主动权。近距离不仅沟通更为方便、处理事务更为便捷,同时也会降低原材料的运输费用,从而节约企业的生产成本。

汽车企业原材料采购的决策者应对所需原材料的资源分布、数量、质量、市场供需状况等情况进行调查，作为制订较长远采购规划的依据。同时，要及时掌握市场变化的信息，进行采购计划的调整、补充。汽车原材料的采购数量在采购决策中是一个重要问题。采购计划的数量应保证生产供应的连续性，配合企业生产计划与资金调度。

2. 零部件采购物流

一般认为，零部件是不再经历额外物理变化的产成品，通过它与其他部件相连接，能够形成一个完整的系统。在汽车产品中，它们被嵌入最终产品的内部。通常汽车零部件的采购过程与其他物料的采购过程相同，包括了解自身需要、选择供应厂商、协议价格、签订合同、选择运输方案、催促交货、保证供应等采购事项。也就是说，汽车零部件的采购过程是商流和物流过程的统一。

对汽车行业的整车生产企业来说，每辆汽车要使用12000～13000种零配件，其零部件采购复杂程度可想而知。采购物流必须首先做好仓库设置、存货类型、采购理念推行、运输整合、物料管理、订货方法选择等工作。整车生产企业要在各环节做到尽善尽美，难度是很大的。

汽车零部件要实现从供应企业向需求企业的实体转移，就涉及具体物流的作业。汽车零部件采购物流作业主要包括运输、装卸、搬运、包装与仓储等内容。

二、采购组织

市场的千变万化、采购商品的多种多样，使现代企业的采购工作越来越复杂，要求采购人员具有相应的知识基础和技术结构。因此，采购工作往往不能由一个人来完成，而是由一部分人组成的采购团队来完成。为了保证采购工作的顺利进行，必须建立相应的采购组织。

采购组织的主要任务是为了达到企业生产经营目标的要求，采购企业生产需要的生产资料，同时协调其他部门共同完成采购任务。采购组织不仅要了解本身业务的性质与特点，还需随时注意各部门之间工作的协调配合，以便能及时获得经济、有效的供应，确保采购工作高效而顺利地开展。因此，一般在设计采购组织时，应特别注意不同业务部门之间的协调、共同完成，依据相关规范，参照实际需要，建立整体关系，加强管理，以便发挥整体作用。简单地说，采购组织是指完成采购任务的机构。在设计采购组织时，应遵循以下原则：

（1）精简原则 "精"是指人员精干；"简"是指机构简化。只有同时具备这两个条件，才能使工作正常开展。

（2）责、权、利相结合原则 "责"是指责任，起约束作用；"权"是指权力，是履行职责的保证；"利"是指利益，起到激励的作用。责、权、利三者必须存在并结合，才能充分调动组织机构人员的积极性，发挥他们的工作主动性。缺少责任，必然会出现秩序混乱、盲目决策的现象；缺少权力，遇到任何事件都需要请示汇报才能做决定，尤其是遇到突发事件，会因无权决策而延误时机、影响效率；缺少激励，则很难保证采购工作的高效运行。只有将这三者有机地结合起来，才能让采购组织工作高效地运作起来。

（3）统一原则 组织的统一包括目标、命令和规章制度的统一。目标统一是为了完成采购任务，实现企业经营目标，只有目标统一了，才能使各个成员围绕目标努力完成本职工作；命令统一是为了让采购任务更高效地进行，采购部门有统一的命令，防止出现行动散乱的现象，提高了采购的工作效率；规章制度统一是指对人的行为要有规章准则，只有制度统一，才可避免出现不公平、秩序混乱等现象。任何企业的采购组织只有上下一心、齐心协力，遵循统一原则，才能顺利地完成采购任务。

(4) 高效原则 高效是指工作快速、有效地进行。采购组织只有遵循高效原则，形成一个团结的、战斗力强的采购团队，才能使采购工作高效地进行。

三、采购方法及流程

1. 采购方法

采购是企业与供应商联系的重要环节，也是企业整个供应链的重要组成部分。所以，采购方法的多样性和采购方法的适当选择，对物流来说极其重要。

采购方法有很多。按采购地区的不同，采购方法可以分为国外采购和国内采购。国外采购又称国际采购，是指采购商向国外供应商采购的过程；国内采购是指向国内供应商采购的过程。与国外采购相比，国内采购不存在国际贸易运输、定价的问题，同时具备采购时间较短、商业沟通问题较少等优势。对商品品质标准的认定不同，造成了国际采购的困难。但是，国际采购也存在采购选择范围大、采购成本低、商品质量好等优势。

由于采购的政策不同，采购方法也可以分为集中采购和分散采购。集中采购是指由公司总部的采购部门统一进行采购；分散采购是指由各分厂的采购部门独立进行采购。选择何种采购方法，要根据采购制度的使用条件来确定。集中采购的产品较为集中、数量较大、采购次数较少，使得采购过程使用人力较少、成本较低、价格优惠较大、采购效率较高。但与此同时，集中采购也存在着耗费时间和无法应急等缺点。所以，集中采购适合企业集中生产办公、物品存储在一地的情况；分散采购有着采购时间短、运用灵活但控制效果差的特点，所以分散采购适用于规模较大、需要因地制宜地采用不同采购方式的企业。

按采购价格方式的不同，采购的方法又可以分为招标采购和非招标采购。招标采购是指将采购的所有条件刊登公告，包括公开招标、邀请招标和两阶段招标；非招标采购包括议价采购、直接采购、定点采购和询价采购。招标采购有着公平、价格合理、能减少徇私舞弊现象、改进产品质量的优点，也有采购费用较高、手续烦琐、集中抢标或串通投标的缺点。

按采购的方式的不同，采购可以分为直接向物料生产厂商进行采购的直接采购、委托某代理商或贸易公司向物料生产厂商进行采购的委托采购、厂商之间将过剩物料互相调拨支援进行采购的调拨采购。非招标采购的优点是工作量小，采购效率高，节省采购费用；缺点是竞争力差，不容易控制价格和改进产品质量，容易滋生舞弊现象。

此外，采购还可以按照性质、时间及方式的不同选择不同的采购方法。采购的方法较多，不同的情况应选择不同的采购方法，以达到较高的采购效率。

汽车产品的采购主要是指汽车配件采购，即为汽车产品生产提供所需要的零部件。汽车配件的采购往往采用集中进货、分散进货和联购合销几种方式。联购合销是指由几个配件零售企业联合派出人员，统一向生产企业或者批发企业进货，然后由这些零售企业进行分销。此类型多适合小型零售企业之间，或者中型零售企业与小型零售企业联合组织进货，这样能够相互协作、节省人力、化零为整、拆整分销，并有利于组织运输，降低进货费用。

除此之外，汽车配件的采购有时还会采用集中进货与分散进货相结合的方式。

2. 采购流程

对于汽车企业来说，采购的基本流程虽与其他企业略有不同，但大体上是相同的模式。通常，一个完整的汽车采购的基本流程包括确认需求、确认供应商、洽谈合同、进货控制、入库、对账和结算等步骤,采购流程细节如图2-1所示。

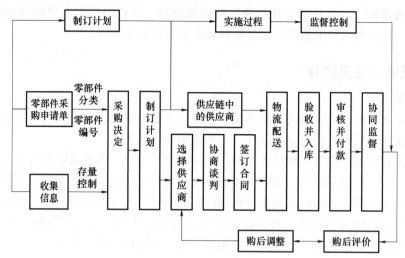

图 2-1 汽车采购流程

（1）确认需求　确认需求是指汽车企业的采购部门收到采购请求并制订采购计划。首先经过汽车生产企业计划部门向采购部门提出所需要的设备或原材料,采购部门进行项目可行性研究,这个阶段采购部门将发现的问题向上级汇报,内部用户也在酝酿采购计划中的有关问题,如考虑预算等问题。在上级部门同意后进行项目立项,组建由使用部门、技术部门、财务部门、决策部门等人员共同组成的项目采购小组,把采购的汽车产品汇总,制订采购计划和签发采购订单,并下达采购任务。通常的采购申请包括申请部门名称、申请理由、需求数量和计量单位、需求的送货时间和地点、成本预算情况等其他应包括的信息。不同的采购部门使用不同的采购申请单,表2-1是一般汽车企业使用的汽车产品采购申请单。

表 2-1 汽车产品采购申请单

日期：　年　月　日　　　　　　　　　　　　　　　　　　　　　　　　　　　　　　编号：

申请部门			部门编号			项目编号	
需求时间			收货地址			联系人	
						联系电话	
申请理由							
采购对象							
采购项目描述	名称	规格	用途	数量	需求日期	预计单价	金额
预算情况	年度预算		已用预算		部门可用预算	预算编号	尚余预算
审核	财务部				申请人		
	使用部门经理				预算负责人		

(2) 确认供应商 确认供应商是指在确定汽车产品采购需求后，对供应商进行选择的过程，也就是采购流程的招标部分。采购标准制定好以后，将以标书的形式发布出去，表明采购意向。准备投标的汽车零部件生产厂制定投标方案并进行投标。投标完成后，采购部门还要审阅投标建议书，就相关采购资本项目与投标供应商洽谈，然后对每个投标者的标书进行评估。这种评估主要是对供应商提出的价格和费用、产品质量、交付情况和服务水平等方面进行评价，同时还要考虑选择供货的方式和采购形式。汽车生产企业一般会选择与两家以上的供货商进行洽谈，以便进行评估和比较，得到更好的商业条件，最后选择合适的供应商。

(3) 洽谈合同 确定了供应商之后，汽车企业的采购部门要与供应商进行多次商务谈判，确定采购价、汽车产品的技术标准和规格、数量以及付款方式等采购条件，并努力争取一些附加价值，然后以书面形式确定下来，签订采购合同。采购合同是供需双方的法律依据，必须按合同法规的要求拟定。合同的内容要简明扼要、文字清晰、字意确切。最后交付产品，实施安装。合同的签订并不意味着交易的结束，而是供货的开始。供货商要按合同认真履行承诺，准时交货，按进度完成，否则要承担所造成的损失。

(4) 进货控制 采购合同洽谈完毕以后，汽车企业的采购部门有责任督促供应商按时送货，根据采购订单上要求的供货日期，采用与供应商反复确认到货日期的方法，直至零部件送达。若送货需求发生改变，采购部门需及时与供应商进行协商。同时，还要注意对进货量的控制。进货量的控制通常采用定性分析法和定量分析法相结合的方法进行。

(5) 入库 入库分为实物入库和单据入库。实物入库是指收货员收货之前需确认供应商的送货单是否具备以下信息：供应商名称、订单号、存货编码、数量；如送货单上的信息与采购订单不符，询问采购人员是否可以收下。单据入库是指采购人员根据检验合格的单据，将上面的数据录入到资料库中，以便以后对账。采购人员对送达的货物要进行验收，然后才能入库，以确保所到货物的质量、数量与订购要求相符。若有不符合的货物，要进行订单退货。

(6) 对账和结算 汽车企业的结算部门对采购订单、收货报告、入库信息及发票信息进行核对，然后支付货款。对汽车配件的结算要注意财务规定和结算办法。

四、采购物流管理

1. 采购物流管理的目标和要求

(1) 采购物流管理的目标 在汽车供应链系统中，采购物流管理目标就是正确计划用料，寻找汽车企业物料供应的源头，评估所选供应商，强化采购管理，发挥盘点功效来确保产品质量，避免供给中断影响运作。

汽车企业采购部门负责确定采购的标准，选择合适的供应商，确定采购成本价格，管理采购订单，合理地进行采购管理，从而达到采购目标。这个目标具体包括：

1）正确计划用料。采购部门应该明确采购需求，配合销售目标与销售计划，正确计划用料并严格进行检查，防止次品或者废料的产生，同时加强用料支出控制，防止采购成本支出浪费。

2）适当存量管理。要适时、适量地供应物料，避免造成浪费和不足。为保证整个汽车企业的生产得到连续不断的原材料供给，应该适当、有计划地库存，便于供给和周转，提高库位使用率。

3)强化采购管理。要适价、适质、适量、适时、适地地供应材料,充分了解并掌握市场行情,并与供应商协调、配合,保持良好关系,同时寻求替补供应商。

4)发挥盘点功效。消除物账差异,确保材料的准确性和存量合理。

5)确保产品品质。加强对进货验收的控制,确保产品的品质符合采购要求。

6)降低成本。在保证产品质量和数量的前提下,达到成本的最低化,同时还可以以旧换新、物尽其用。

(2)采购物流管理的要求 从某种程度上来说,采购的目标等同于整个物流环节的目标。采购是整个供应链中重要的一部分,因此,它的目标服从且有助于实现整个供应链管理的整体目标。为达到目标,采购应该遵循以下几项要求:

1)为企业提供所需要的不间断的物料和服务,使整个组织正常运转,这是采购部门的第一要务。原材料和生产零部件的缺货会使企业的经营中断,由于必须支出的固定成本带来运营成本的增加以及无法兑现向顾客做出的交货承诺,所造成的损失极大。

2)争取最低的成本。采购部门应尽力以最低的价格获得所需要的物料和服务,但获得最低价格必须在确保质量、数量和服务等方面得以满足的条件下进行。

3)使存货和损失降到最低限度。保证物料供应不间断的一个方法是保持大量的库存,而保持库存必然占用资金,使资金不能被用于需要的方面,降低了资金使用效率。

4)提高产品或服务质量。每一种物料的投入都要达到一定的质量要求,否则最终产品或服务将达不到期望的要求,或是其生产成本将远远超过可以接受的程度。在降低价格的同时绝不能在质量上妥协。

5)发现并发展有竞争力的供应商。一个采购部门需要注重发展供应商,分析供应商的能力,从中选择合适的供应商并与其一起努力对流程进行持续的改进,在保持良好供应关系的同时,还要发展有竞争力的后备供应商。

6)将采购物品标准化。原材料标准化可以适当地降低库存、储运成本,而且可以使采购部门在一定程度上与供应商洽谈价格。

7)在企业内部与其他职能部门建立和谐而高效的工作关系。采购不是一个完全独立的环节,它几乎涉及企业整个运作过程的各个方面。在一个企业中,如果没有与其他部门和个人的合作,采购经理的工作不可能圆满完成。因此,采购部门一定要与其他部门通力合作、协调解决共同的问题。

明确采购目标,在采购中注意管理,以最低的成本达到采购目的,完成采购任务。

2. 采购物流成本控制

(1)采购成本分析 采购成本分析是汽车企业产品物资预算的主体。其目的是在满足生产经营要求的同时,实现对汽车企业物资的库存控制,从而达到低成本、高效益的汽车企业运作。

1)采购成本的含义和构成。采购成本包括直接成本和间接成本。直接成本是指直接消耗的原料,通常是指那些能够被具体而准确地归入某一特定生产部件的成本。间接成本指那些在工厂的日常运作过程中发生的,不能直接归入任何一种生产部件的成本。

成本包括可变成本、半可变成本和固定成本。大多数直接成本是可变成本,它们随着生产部件数量的变化成比例变化;固定成本通常不随产量的变化而改变。

汽车企业采购成本的构成是采购过程汽车产品物资预算的一个重要因素。采购成本是在洽谈合同的过程中制定的，采购成本的确定关系到企业能否得到最大经济利益。所以，采购方必须很好地掌握各种定价的方法，了解各种方法适用的时机，并且能够利用技巧来取得满意的支付价格，争取最大的优惠服务，这就构成了采购成本。采购部门要对采购成本进行有效的管理，不断地加以完善，规范企业的采购活动、提高工作效率，达到总成本最低，使企业能够以低成本提供优质的产品和服务。

2）影响采购价格的因素。在汽车企业中，采购物流的价格是十分重要的，它关系到整个汽车企业的运营情况。在汽车供应链管理系统中，采购的构成要素影响采购价格，包括如下几项：

① 供应商成本的高低。这是影响采购价格最根本、最直接的因素。供应商成本的高低决定了采购价格的高低。采购价格一般在供应商成本之上，供应商进行供应的目的在于盈利，因而供应商成本是采购价格的底线，低于这个底线，就无法产生利润，供应商也就不会提供商品。在双方协议谈判中，价格常常发生变化，但这个价格的变化并不是由谈判决定的，而是由供应商成本的高低决定的。

② 规格与品质。物资的质量、品种、规格直接关系到企业产品的质量、制造成本、市场竞争力和企业经济效益。采购方对采购汽车产品的规格要求越复杂，采购价格就越高。价格的高低与采购物品的品质也有很大的关系。如果采购物品的品质一般或质量低下，供应商会主动降低价格。采购人员应首先确保采购物品能满足本企业的需要，质量能满足产品的设计要求，千万不要为追求价格最低而忽略了质量。

③ 采购数量多少。采购汽车产品的数量，关系到汽车企业取得资源的可靠性和稳定性，同时影响采购成本的高低。如果采购数量大，采购方就会享受供应商的数量折扣，从而降低采购价格。因此，大批量、集中采购是降低采购价格的有效途径。

④ 供求关系及其变化。产品的市场价格是由市场上的供求关系决定的，市场上汽车产品的供求关系及其变化均会直接影响汽车产品的价格。在其他条件不变或变化极小的情况下，当市场上某汽车产品的供给增加，该产品的价格就会下跌，供给减少，价格就会上涨；当该产品的需求增加，其价格就会上涨，需求减少，价格就会下跌。简而言之，就是当企业需采购的物料紧俏时，供应商处于主动地位，会趁机抬高价格；而当企业需采购的物料供过于求时，采购企业处于主动地位，可以获得最优价格。

⑤ 生产季节与采购时机。当汽车企业处于生产旺季时，对汽车原材料、零部件需求紧急，因此不得不承受更高的价格。避免这种情况的最好办法是提前做好生产计划，并根据生产计划制订出相应的采购计划，为生产旺季的到来提前做好准备。

⑥ 市场竞争情况。在市场上，汽车产品的竞争包括各卖方之间的竞销、各买方之间的竞购以及买方和卖方之间的竞争。这三个方面的竞争均会影响产品的市场价格。在市场上，卖方竞销某一汽车产品，则这一产品的市场价格下跌；买方竞购某一汽车产品，则这一产品的市场价格上涨；各买方和卖方之间的竞争对某一汽车产品的价格影响则取决于两者竞争力量的对比，当某一汽车产品处于"卖方市场"时，卖方就会凭某些有利条件抬高价格。

(2) 采购的战略成本控制 控制采购成本对一个企业的经营业绩来说至关重要。采购成本下降不仅体现在汽车企业现金流出的减少，而且直接体现在汽车产品成本的下降、利润的增加以及企业竞争力的增强。如果企业能够估算供应商的产品或服务成本，就可以控制采购流程，在谈判中压低采购价格，减少材料成本，从而控制采购成本，尽可能地实现利润的最大化。战略成本核算流程由以下四步组成：

1）估计供应商的产品或服务成本。要做到对采购成本的全面控制，就应该对供应商的成本状况有所了解，只有这样，才能在价格谈判中占主动地位。要估计供应商的成本，必须了解产品的用料、制造该产品的人员数量以及所有直接用于生产过程的设备的总投资额。估计供应商的成本可以通过参观供应商的设施，观察并适当提问，以获得更多有用的资料。

估计供应商的成本之后，企业就可以规划一个使自己在价格上获利的谈判。但是，若想建立长久的供需关系，就一定要争取双赢的局面，即在自己获得较高利益的同时，保证对方同时获利。

2）对竞争对手进行分析。对竞争对手进行分析的目的是明确成本态势。对竞争对手的估测能为企业提供必要的信息，使其在市场中占据主动地位。

竞争力评估是指对竞争对手的业务、投资、成本、现金流进行精细的研究。它不仅是了解并估计竞争对手产品和服务的成本，而且还能够分析企业自身的优势以及竞争对手的优势。分析形成优势和劣势的根源是战略上的差异，还是各自所处的不同环境，或是企业内部结构、技术、管理等一系列原因。然后从消除劣势、保持优势入手，制定在竞争中战胜对手的策略。通过对竞争对手的分析，找到努力的方向，在竞争中保持先机。

3）设定企业的目标成本并发现改进的领域。在实施改善成本前，企业必须先估计竞争对手的成本，将其与企业的实际成本相比较，发现需要注意的领域，并且进行改进，计算改进所带来的价值。

4）实施流程和产品改进并持续改进对企业的价值。企业考虑任何举措都要从长期和短期效果两方面看待。现金流能够反映产品改进对财务状况的长期影响。通过计算年度实际或预测的现金流入和流出，企业可以制订一个保证财务顺利运作的计划，以确保企业的正常运转。

因此，采用战略成本控制来评估和指导企业的竞争力，可以实现持续改进以及达到最优绩效，以使企业对所购买产品的成本构成与控制技术有全面的了解与把握。

(3) 降低采购价格的策略 汽车产品的生产成本是采购价格的主要构成部分。汽车企业在实施采购管理时，首先要形成一套采购价格分析体系，对所采购产品的成本构成进行分析，以便在采购过程中能够以较低价格购买到称心如意的产品。所以，降低采购价格在采购过程中极为重要。

1）建立、完善采购制度。建立、完善采购制度，做好采购成本控制的基础工作。由于采购工作涉及面广，采购人员代表企业同各类供应商打交道，操作过程难以完全透明，所以，企业必须制定严格的采购制度和程序，来制约企业的采购活动，防止出现采购人员暗箱操作的违规现象。

通过建立并不断地完善采购制度，不仅能规范企业的采购活动、提高效率，还能防止采购人员的违规行为，使采购成本得到有效的控制。采购制度应规定物料采购的申请、授权人的批准许可权、物料采购的流程、相关部门的责任和关系、各种材料采购的规定和方式、报价和价格审批等。

除此之外，为了完善采购制度，还应做到以下几点：

① 建立价格档案和价格评价体系。企业采购部门要对所有采购材料建立价格档案，对

每一批采购物品的报价,应首先与归档的材料价格进行比较,分析价格差异的原因。

② 建立供应商档案和准入制度。对企业的正式供应商要建立档案。供应商档案除有编号、详细联系方式和地址外,还应有付款条款、交货条款、交货期限、品质评级、银行账号等。对每一份供应商档案都应经严格审核才能归档。

③ 建立材料的标准采购价格,对采购人员根据工作业绩进行奖惩。财务部门对重点监控的材料,应根据市场变化和产品标准成本,定期制定出标准采购价格,并提出奖惩措施,促使采购人员积极寻找货源,货比三家,不断地降低采购价格。

2) 选择降低采购成本的方法。有效地降低采购价格,毫无疑问可以给企业带来较高的利润,提高企业的效益。降低采购成本的方法有很多,但是,在选择降低采购成本方法时,一定要注意产品质量和服务质量是否达到要求,不能为了追求利润而在质量方面妥协。下面介绍几种降低采购成本的方法:

① 电子采购。如果企业的采购管理不善,就会直接导致企业生产成本过高或者产品质量下降。采购过程中常出现过多的人为因素和信息闭塞的现象,所以,无论在生产过程中如何管理和控制,其产品都会受到影响。现在是高科技的时代,通过互联网可以减少人为因素和信息不畅通的问题,极大限度地降低采购成本,这种方法称为电子采购。

电子采购能够极大限度地降低采购成本:通过互联网可以全面地了解供应商信息,对采购信息进行整合和处理;还可以将生产信息、库存信息和采购系统连接起来,统一管理,实现信息的实时互动;同时,利用互联网还可以与供应商进行信息共享,帮助供应商按照企业需求进行供应,进而实现了库存、订购管理的自动化,最大限度地减少了人为因素的干预。采用电子采购,可以提高采购效率,节省大量人力和避免因人为因素造成的不必要损失。

② 集中采购。集中采购就是将采购物品集中起来,统一进行采购。这是一种降低采购成本的很有效的方法。采购部门将需要采购的物品集中起来,以庞大的数量来争取价格和服务的优惠政策。进行集中采购时,要加强计划管理,实行批量采购,降低采购价格,强调控制成本,提高经济效益。

③ 利用价值分析采购。利用价值分析也是降低采购成本的重要方法之一。它是将产品的设计简单化从而降低生产成本,并使用替代性材料和相应生产程序的方法。利用价值分析,可将产品简化设计以便于制造,使用替代材料或制造程序,达到降低成本的目的;也可以选择付款条件较好的供应商,采购二手机器设备而非全新设备,运用不同的议价技巧,选择费用较低的货运物流,或者考虑改变运输方式,达到降低成本的目的。

④ 目标成本规划法采购。目标成本是指企业在新产品开发设计过程中为了实现目标利润而必须达到的成本目标值,即产品生命周期成本下的最大成本允许值。目标成本法的核心工作就是制定目标成本,并且通过各种方法不断地改进产品与工序设计,最终使产品的设计成本小于或等于其目标成本。这一工作需要由营销、开发与设计、采购、工程、财务与会计,甚至供应商与顾客在内的设计小组或工作团队来进行。

3) 实施采购业务内部控制的注意事项:

① 对采购部门进行监督和控制,防止管理不善或者疏漏而导致经济犯罪。

② 确定采购业务内部控制的控制要点,主要有:制订控制计划;主管领导授权审批;材料物资验收入库;会计人员月末到仓库抽单、核对账实;不相容岗位的分离等。

③ 要经常对采购业务内部控制制度进行修订和完善,以适应经济发展和企业管理的

需要。

④ 在强化内部控制的同时也要注意外部监督,使企业的经济活动沿着正确健康的轨道前进。

3. 供应链采购控制

(1) 供应链管理模式下的采购　在供应链管理模式下,采购应该达到适量、适时、适地、适价以及适当来源等要求。供应链管理模式与传统的采购模式有所不同,主要表现在以下几个方面:

1) 从为库存而采购到为订单而采购的转变。在传统的采购模式中,采购部门并不了解生产的进度和产品需求的变化,在采购过程中缺乏主动性,所以制订的采购计划很难适应制造需求的变化,只是为了补充库存而采购。而在供应链管理模式下,改善了传统的采购模式,采用以订单驱动的方式进行,即制造订单是在用户需求订单的驱动下产生的,然后驱动采购订单,进而驱动供应商。这种模式使供应商与制造商建立了战略合作伙伴关系,符合用户的需求,从而降低了库存成本,提高了物流的速度和库存的周转率。

2) 从采购管理向外部资源管理转变。在传统的采购模式中,采购部门与供应商之间缺乏信息联系和相互合作,缺乏采购的柔性和市场响应能力,这样就造成供应商对采购部门的要求不能实时响应。同时,对产品的质量控制也只能事后把关,而不能进行实时控制,使供应链上的企业无法实现同步化运作。而在供应链管理模式下,实施有效的外部资源管理,使制造商与供应商建立一种长期的、互利的合作关系,协调供应商的计划,通过信息反馈和教育培训支持,在供应商之间促进质量改善和质量保证,从而使供应链的企业业务流程朝着精细化生产方向努力,达到零库存生产的要求。

3) 从一般买卖关系向战略合作伙伴关系转变。在传统的采购模式中,供应商与需求企业之间是一种简单的买卖关系,因此无法解决一些涉及全局性、战略性的供应链问题,无法共享库存信息问题,也使供应链的整体效率得不到充分提高。而在供应链管理模式下,运用战略伙伴关系的采购方式,供应与需求双方可以共享库存数据,减少需求信息的失真现象;同时,供需双方通过建立战略合作关系,可以降低由于不可预测的需求变化带来的风险,共同计划,避免造成不必要的损失。

(2) 供应链中的成本管理　供应链管理的作用在于通过系统的设计和管理各供应环节,使之更好地满足客户需求,并且使供应链系统的成本最优。一个完整的供应链由三个环节组成——销售、生产和采购。而采购控制是供应链中成本管理的主要环节,通过降低原材料的采购成本,使企业获得的原材料转化成产品,并以较低的成本销售出去。

合理地进行供应链的采购控制,需要开发和管理一套快速及时准确的销售网络及快捷而富有弹性的生产流程系统。为了达到这种采购控制,需要对供应商进行如下考虑:

1) 建立与供应商的联系。与供应商建立长期的战略合作关系,选择优秀的供应商作为供应链的合作伙伴。这种做法不仅能够避免因与供应商缺乏沟通而导致的成本上升,还能让供应商意识到他们之间的竞争,能帮助他们更好地认识自己的优势与不足,提高自身绩效。

2) 确定备用供应商。评估每个供应商,与那些乐于降低成本、创造更大价值的供应商建立关系,与那些无意愿的供应商也逐步建立关系。选择更好更优的供应商,降低成本和提高品质的行动会变得越来越有成效。

3) 与供应商分享信息。企业的关键信息应该与供应商分享,通过供应链管理缩短来料提前期，降低采购成本和经营费用，使供应商也参与到产品的设计、物料的接收和支付程序中来，从而使成本最小化。

 复 习 题

1. 什么是采购？物流采购的含义是什么？
2. 采购有哪些功能和重要作用？
3. 采购物流的主要内容包括哪些？
4. 采购有哪些基本流程？
5. 采购物流的管理目标是什么？
6. 采购成本的含义和构成是什么？
7. 影响采购价格的主要因素有哪些？

第三章

汽车企业生产物流

第一节 生产物流概述

生产物流（Production Logistics）是在生产过程中的物流活动。这种物流活动是与整个生产工艺过程相伴而生的，实际上已经构成了生产工艺过程的一部分。过去人们在研究生产活动时，主要关注单个的生产加工过程，而忽视了将每一个生产加工过程串联在一起，并且又与每一个生产加工过程同时出现的物流活动。例如，产品不断地离开上一工序、进入下一工序，便会不断发生搬上搬下、向前运动、暂时停止等物流活动。实际上，一个生产周期中，物流活动所用的时间远多于实际加工的时间。所以，企业生产物流研究的潜力是非常大的。

一、生产物流的概念及特征

1. 生产物流的概念

生产物流是企业生产过程中发生的涉及原材料、在制品、半成品和产成品等所进行的物流活动。国家标准《物流术语》（GB/T 18354—2006）中将生产物流定义为："生产过程中，原材料、在制品、半成品、产成品等在企业内部的实体流动。"

具体来讲，企业的生产物流活动是指在生产工艺中的物流活动。它一般是指原材料、燃料、外购件在投入生产之后，经过下料、发料，运送到各加工点和存储点，以在制品的形态，从一个生产单位（仓库）流入另一个生产单位，按照规定的工艺过程进行加工、储存，借助一定的运输装置，在某个点内流转，又从某个点流出，始终体现着物料实物形态的流转过程。

2. 生产物流的特征

生产物流和社会物流的一个最本质的不同之处，也是企业物流最根本的特点，即不是主要实现时间价值和空间价值的经济活动，而是主要实现加工附加价值的经济活动。

生产物流一般是在企业的小范围内完成的，不包括在全国或者世界范围内布局的巨型企业。因此，空间距离的变化不大，在企业内部储存和社会储存的目的也不相同，这种储存是对生产的保证，而不是一种追求利润的独立功能，因此时间价值不高。

生产物流伴随加工活动而发生，实现加工附加价值，也即实现企业的主要目的。因此，虽然物流的空间、时间价值潜力不高，但加工附加价值却很高。

生产物流的主要功能因素也不同于社会物流。一般物流功能的主要因素是运输和储存，其他部分是作为辅助性或次要功能或强化性功能因素出现的。企业物流主要功能因素则是搬运活动。

第三章　汽车企业生产物流

许多生产企业的生产过程，实际上是物料不停搬运的过程，在不停地搬运的过程中，物料得到了加工，改变了形态。

即使是配送企业和批发企业的内部物流，实际上也是不断搬运的过程，通过搬运，商品完成了分货、拣选、配货工作，完成了大改小、小集大的换装工作，从而使商品形成了可配送或可批发的形态。

生产物流是一种工艺过程性物流，一旦企业的生产工艺、生产装备及生产流程确定，企业物流也因而成为一种稳定性的物流，物流便成了工艺流程的重要组成部分。由于这种稳定性，企业物流的可控性、计划性很强，一旦进入这一物流过程，选择性及可变性便很小。对物流的改进只能通过对工艺流程的优化，这方面和随机性很强的社会物流也有很大的不同，这是生产物流的过程特点。

生产物流的运行具有极强的伴生性，往往是生产过程中的一个组成部分或一个伴生部分，这决定了企业物流很难与生产过程分开而形成独立的系统，这是生产物流的运行特点。

在总体伴生性的同时，企业生产物流中也确实有可以与生产工艺过程分开的局部物流活动，这些局部物流活动有本身的界限和运动规律。当前企业物流的研究大多是针对这些局部物流活动而言的。这些局部物流活动主要有仓库的储存活动、接货物流活动、车间或分厂之间的运输活动等。

生产企业的生产过程实质上是每一个生产加工过程串联起来而出现的物流活动。因此，一个合理的生产物流过程应该具有以下基本特征，才能保证生产过程始终处于最佳状态：

(1) 连续性　连续性是指物料总是处于不停流动之中，包括空间上的连续性和时间上的流畅性。空间上的连续性要求生产过程各个环节在空间布置上合理紧凑，使物料的流程尽可能短，没有迂回往返现象；时间上的流畅性要求物料在生产过程各个环节中的运动自始至终处于连续、流畅状态，没有或很少有不必要的停顿与等待现象。

产品的生产过程在理论上是一个连续的过程。各工序之间相互衔接，组成完整的生产链。然而，在实际物理空间里，各加工工序存在时空的间隔。一道工序加工好的零件，要经过一段距离才能进入下一道工序，这是空间距离造成的；成批加工的产品，需要间隔一定时间才能进入下一道工序，这是时间间隔造成的。为了顺利完成产品加工的全过程，物料供应系统承担了承上启下的作用，把各个孤立的作业工序连接起来，形成一个完整、连续的产品加工过程。为了保证各生产工序对物料的供给及时且准确，既要防止缺货，又要避免物料堵塞，这就要求从生产的第一道工序开始，保证物料的供应始终是顺畅、快捷的，直到走完生产的全过程。生产过程的连续性也要求物流过程是连续的。

(2) 平行性　各种产品的生产过程中，各工序需要源源不断地供应各种不同的原材料和零配件。生产物料的供给和保障体系不是一个单一的流程，而是由多个工作流程并行完成的。因此，生产物流呈现出平行性的特点。

(3) 比例性　它是指生产过程的各工艺阶段之间、各工序之间在生产能力上要保持一定的比例以适应产品制造的要求。比例关系表现在各生产环节的工人数、设备数、生产面积、生产速率和开动班次等因素之间的相互协调和适应，因此，比例是相对的、动态的。

生产物流的比例性是根据不同产品的要求，为生产过程提供不同比例的物料。例如，汽车装配生产线某装配工位，每辆车需要装配螺钉 15 个、垫圈 30 个、螺母 45 个。按照 15∶30∶45 的比例为此工序提供螺钉、垫圈和螺母是最为合理的。这样既可防止某种零件的短缺,也不会出现零件的积压。

(4) 均衡性或节奏性 它是指产品从投料到最后完工都能按预定的计划(一定的节拍、批次)均衡地进行,能够在相等的时间间隔内(如月、旬、周、日)完成大体相等的工作量或稳定递增的生产工作量,很少有时松时紧、突击加班现象。也就是说,物流供应计划应该依据生产计划制订和及时调整。

(5) 准时性 它是指生产的各阶段、各工序都按后续阶段和工序的需要生产,即在需要的时候,按需要的数量生产所需要的零部件。只有保证准时性,才有可能推动上述连续性、平行性、比例性和均衡性。

(6) 柔性和适应性 它是指加工制造的灵活性、可变性和调节性,即在短时间内以最少的资源从一种产品的生产转换为另一种产品的生产,从而适应市场的多样化、个性化要求。

由于生产物流的主要任务是为生产过程提供物料,因此生产物流对生产过程的适应性成为衡量其优劣的主要标准。上述提出的物流的连续性、均衡性或节奏性、比例性和平行性等特点都是出于对生产过程的适应性要求。

除此之外,当企业的生产规模、产品品种、产品结构、生产工艺等发生变化时,生产物流能够及时进行调整,以快速适应这种变化。

二、生产组织与生产物流组织

1. 生产组织

生产组织是指为了确保生产的顺利进行所进行的各种人力、设备、材料等生产资源的配置。生产组织是生产过程的组织与劳动过程的组织合二为一。

生产过程组织是指为提高生产效率,缩短生产周期,对生产过程的各组成部分从时间和空间上进行合理安排,使它们能够相互衔接、密切配合,设计与组织工作的系统。生产过程组织包括空间组织和时间组织两项基本内容。它包括企业总体布局、车间设备布置、工艺流程和工艺参数的确定等。在此基础上进行劳动过程的组织,不断调整和改善劳动者之间的分工与协作形式,充分发挥其技能与专长。生产过程组织的目标是使产品内在生产过程中的行程最短、时间最省、占用和耗费最少、效率最高,能取得最大的生产成果和经济效益。在企业中,任何生产过程的组织形式都是生产过程的空间组织与时间组织的结合。企业必须根据其生产目的和条件,将生产过程中空间组织与时间组织有机结合,采用适合自己生产特点的生产组织形式。

2. 生产物流组织

生产物流组织和生产过程组织是同步进行的。伴随着生产过程中的空间组织和时间组织,生产物流也存在着如何进行合理的空间和时间组织的问题。

生产物流空间组织是指企业内部各生产阶段或各生产单位的组织及其空间位置的安排,目标是缩短物流在工艺流程中的移动距离。

生产物流时间组织是指一批加工对象在生产过程中各生产单位、各道工序之间在时间上的衔接和结合方式,目标是缩短物流在工艺流程中的移动时间。

3. 生产物流的空间组织

开展生产物流的空间组织工作通常要考虑以下几个问题:应包括哪些经济活动单元;每

个单元需要多大空间;每个单元空间的形状如何;每个单元在设施范围内的位置。

一般有工艺专业化组织形式、对象专业化组织形式和成组工艺组织形式三种专业化的组织形式。

(1) 工艺专业化组织形式　工艺专业化组织形式也称工艺原则和功能生产物流体系,是将同类设备和人员集中在一起对企业生产的各种产品进行相同加工的生产物流组织形式。机加企业的铸造车间、锻造车间、热处理车间等都属于这种组织形式。

特点:同类型的设备、同工种的工人、相同的加工方法,完成产品某一工艺过程的加工。

适用范围:企业生产规模不大、生产专业化程度低、产品品种不稳定的单件小批量生产。

(2) 对象专业化组织形式　对象专业化组织形式也称产品专业化原则、流水线,是按加工产品为对象划分生产单位,通过固定制造某种部件或某种产品的封闭车间,其设备、人员按加工或装配的工艺过程顺序布置,形成一定的生产线来完成物料流动。汽车制造厂、发动机分厂(主机厂)、电动机车间等的生产物流都是这种组织形式。

(3) 成组工艺组织形式　成组工艺组织形式结合上述两种形式的特点,按成组技术原理,把完成一组相似零件的所有或极大部分加工工序的多种机床组成机器群,以此为一个单元,并根据其加工路线在其周围配置其他必要设备进行加工的生产物流组织方式。

4. 生产物流的时间组织

生产物流的时间组织是指一批加工对象在生产过程中各生产单位、各道工序之间在时间上的衔接和结合方式。通常一批物料有顺序移动方式、平行移动方式和平行顺序移动三种典型的移动组织方式。

(1) 顺序移动方式　当一批生产加工对象在上道工序完成全部加工后,整批地转到下道工序生产加工。顺序移动方式下一批零件的生产周期按式(3-1)计算。顺序移动方式如图3-1所示。

$$T_{sh} = n \sum_{i=1}^{m} t_i \tag{3-1}$$

式中　n——零件批数;

　　　m——工序数;

　　　t_i——第 i 道工序上的单件工时(min);

　　　T_{sh}——顺序移动方式下一批零件的生产周期(min)。

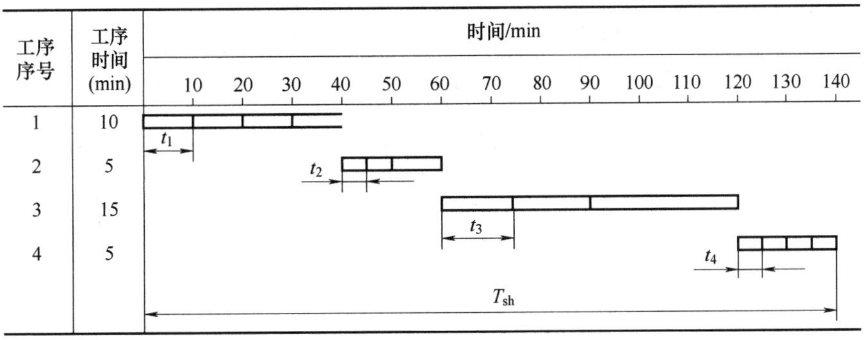

图3-1　顺序移动方式

例：已知 $n=4$，$t_1=10\text{min}$，$t_2=5\text{min}$，$t_3=15\text{min}$，$t_4=5\text{min}$；求 T_{sh}。

解：

$$T_{sh} = 4 \times (10+5+15+5)\text{min} = 140\text{min}$$

（2）平行移动方式 每个产品或零件在上道工序加工完后，立即转到下道工序加工，使各个零件或产品在各道工序上的加工平行地进行，如图 3-2 所示。若用 t_L 表示工序时间最长的工序时间，其他指标含义同顺序移动方式，则

$$T_p = \sum_{i=1}^{m} t_i + (n-1)t_L \tag{3-2}$$

式中　t_L——最长工序单件加工时间（min）；

　　　T_p——平行移动方式下一批零件的生产周期（min）。

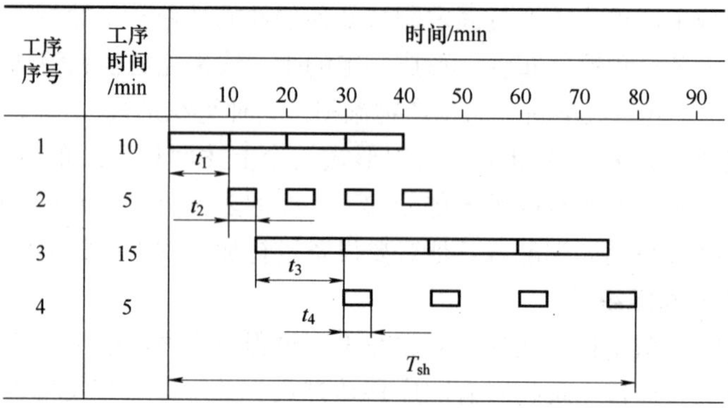

图 3-2　平行移动方式

例：已知 $n=4$，$t_1=10\text{min}$，$t_2=5\text{min}$，$t_3=15\text{min}$，$t_4=5\text{min}$；求 T_p。

解：

$$T_p = (10+5+15+5)\text{min} + (4-1) \times 15\text{min} = 80\text{min}$$

（3）平行顺序移动方式 一批零件或产品既保持每道工序的平行性，又保持连续性的作业移动方式，如图 3-3 所示。若用 t_j，t_{j+1} 表示相邻两道工序用时，则

$$T_{p\text{-}sh} = n\sum_{i=1}^{m} t_i + (n-1)\sum_{j=1}^{m-1}\min(t_j, t_{j+1}) \tag{3-3}$$

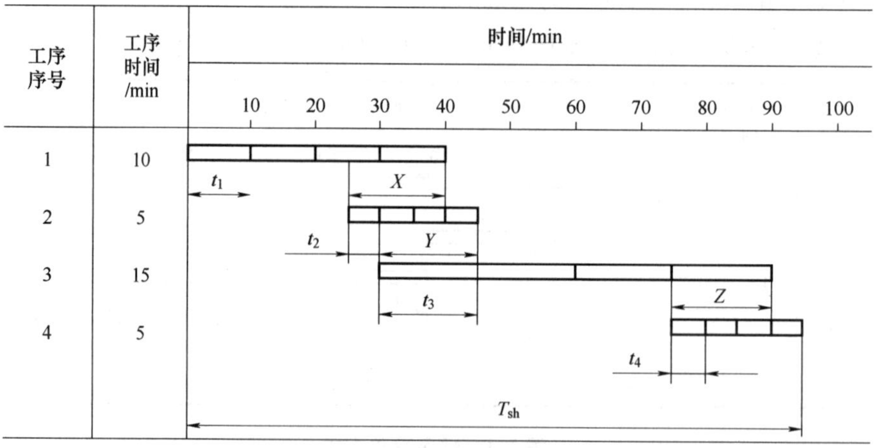

图 3-3　平行顺序移动方式

例：仍按上例，已知 $n=4$，$t_1=10\text{min}$，$t_2=5\text{min}$，$t_3=15\text{min}$，$t_4=5\text{min}$；求 $T_{\text{p-sh}}$。

解：

$$T_{\text{p-sh}} = 4 \times (10+5+15+5)\text{min} - (4-1) \times (5+5+5)\text{min} = 95\text{min}$$

三、生产物流管理的基本内容和对象

企业生产物流活动始于原材料入库，止于产成品出库，包含了从原材料采购、保存与发放，车间生产过程半成品的运送，到产成品的入库、存放与外运等过程。

按照流体的类型，生产物流可以分为原材料、零配件部件物流、半成品物流、产成品物流和回收物流。

1）原材料、零配件部件物流。它是指有计划地从供应商企业采购原材料、零配件部件，并进行存放和提供生产加工需要的活动的物流活动。

2）半成品物流。它是指生产过程中的半成品从上道工序（或车间）到下道工序（或车间）的物流活动。

3）产成品物流。它是指产成品从生产线到产成品仓库，或者直接到下游企业的物流活动。

4）回收物流。它是指生产过程中的废弃物丢弃或再生所发生的物流活动。

可以看出，生产物流的基本功能包括运输、储存、装卸、搬运、包装、信息处理等。

四、生产物流管理的发展趋势

生产物流是伴随着生产加工过程产生的。其任务是供给生产加工过程中所需的物料，以保障生产过程顺利进行。所供给的物料包括原材料、外购件（零件、部件、标准件等）和半成品等。

在生产发展初期，生产力水平低下，生产规模小，产品单一。在这一时期，物料加工是制造业的主要矛盾。物料管理仅仅是生产的辅助，与生产加工相比，物流的重要性显得不太突出。企业关注的重点主要在于如何改善工艺、改进设备，以提高加工的有效性和生产效率。这一阶段生产物流处于较低水平，以人工搬运、人工仓储和管理为主，企业生产物流是分散的、相互割裂的。生产物流仅仅依靠简单化、单一化的操作，就可以满足生产流程的需要。这时的物流处于人工物流阶段。

然而，随着制造业和计算机技术的发展以及定量分析方法的完善，生产物流管理得以不断发展以适应市场经济的挑战。由于技术的进步以及生产力水平的提高和发展，制造业出现以下新的发展趋势：

1）随着加工工艺不断完善、设备不断改进，生产加工的效率大大提高。与物料加工过程相比，物料管理的重要性越来越大。

2）市场的多样化需求，使多品种、小批量逐渐成为产品生产的主要趋势，物料供给的模式也随之变得更为复杂。

3）生产的专业分工逐渐细化，产品生产链越来越长，一个产品的生产往往涉及多个企业，在地域上往往是跨省市、跨地区乃至跨国界的，物料管理的时间、空间、成本也都在明显扩大。

4）制造加工设备逐渐实现了自动化和信息化。

5) 具有复杂化、快速化、国际化、信息化等特点的生产系统，促进多数人有序、协同生产过程的形成和发展。

以上生产力水平的发展和提高，带来了生产物流在以下几个方面的相应发展：

1) 从单纯的生产物料储备发展到生产物流准时化管理。在计划经济条件下，企业主要采取以产定销的生产运作模式。由于商品供不应求，为保证生产用料的需求，生产物流管理部门倾向于大量储备生产物料，因而造成较高的库存资金占用，生产物料浪费现象严重。在以需定产的市场驱动的经济环境下，企业生产物流管理的目标主要集中在提高质量、降低成本、减少资金占用、支持销售、提供优良的顾客服务水平等方面。

2) 从手工操作发展到机械化与自动化物流。随着生产力水平的提高，生产物流的重要性逐渐凸显。据统计，现在的产品生产制造过程，物料在设备上加工的时间仅占整个制造过程总时间的5%，而95%的时间处于生产物流中。所以，对于现代化生产企业来说，提高生产物流的水平和效率是缩短产品生产周期、提高生产力水平，进而提高企业竞争力的关键。

生产物流的发展首先是改进物流工具与设施。生产物流开始以机械化的物流工具，如各种装卸设备（如起重机）、各种运输车（如叉车、电动搬运车）、动力输送机、集装箱、托盘、机械手、自动分货机等通用或专用的自动化机械设备等代替过去的手工为主的物流操作，大大提高了物流速度和运输的灵活性，减少了生产物流管理中的体力消耗，降低了装卸搬运时的生产物流损耗。同时，由于充分利用机械设备，实现了规模作业，降低了整体物流成本。

随着生产力水平的进一步提高，自动化生产的出现，人们开始为自动化生产过程配备相应的自动化物流设备，以保证物流过程与高效率生产过程的匹配。生产物流开始向机械化、自动化方向发展。

3) 从专业部门管理发展到集成化物流。过去将生产物流管理称为"材料管制"，主要任务是对内供应生产所需的原料、材料和用品。企业主管的主要精力集中在生产和销售方面，生产物流管理部门成为配合生产的辅助部门。由于生产物流管理涉及企业组织中的许多部门，如生产、销售、采购、仓库等，只有各部门之间相互合作，实行全面综合管理，才能取得良好的效益。

从手工物流向机械化和自动化物流的发展，主要表现为物流工具、物流装备和设施的改进和发展，即物流载体的变化。物流载体的变化带来的主要是物流效率的极大提高，使生产物流的节奏逐步与生产的节奏合拍、协调。

然而，自动化仅仅从局部提高了生产效率，而并未从根本上改善物流整体的效率和效益。现代生产物流不仅满足于局部效益和效率，更关注的是整体效益。

物流管理的目标从仅仅满足于运输、装卸、储存等基本功能的实现，变为更加注重准时化、低成本、高服务水平、高质量等性能要求，同时也将物流管理的系统化和集成化提上日程。

集成化物流系统除了必要的机械化和自动化物流系统基础外，还需要在物流管理模式方面有很大的突破和改进。集成化物流系统在追求整体效益的过程中不断寻找最佳的模式，其中已经为多数人所公认的有供应链管理、拉式物流、面向服务、准时化物流等。

4) 社会化物流。生产物流发展的另一个趋势是社会化。供应物流和销售物流都是企业与外部社会相关联的活动，具有较强的社会属性。

随着现代物流的发展，越来越多的制造企业把供应物流和销售物流进行了社会化改造。企业把更多的精力集中于产品生产过程，而把供应物流和销售物流委托给第三方物流企业去完成。现代企业生产物流逐渐摆脱了传统的自主经营模式，开始更多地融入社会大物流的活动中。因此，传统的社会大物流与企业生产物流之间的分界线已经不再严格和清晰了。

5）信息化物流。物流现代化过程的一个显著特点是信息化。信息化是物流自动化、物流集成化和物流社会化的重要支撑。

借助网络、计算机和信息技术，实现对自动化系统的控制与协调，实现物流、信息流、资金流的一体化协调，实现对物流资源的统筹计划和利用，实现对物流全程的最优规划与管理等，在物流现代化进程中起到至关重要的作用。特别是供应链管理理念的实施，更是离不开物流信息化。

6）从简单的生产物流预测发展到科学的物料需求计划（MRP）或企业资源计划（ERP）系统。生产物流管理中的预测主要有以下三类：

① 需求预测。预测企业目前及将来对生产物流的需求情况、库存状态及提前期等，同时还要考虑整个行业和产品最终使用者现在及将来的需求。

② 供给预测。收集有关现有生产物流供应商或生产商的数据，分析未来供应市场的状况及可能影响供应的各种经济、政治和技术因素。

③ 价格预测。在上述供给和需求预测分析的基础上，提供对有关生产物流价格的短期、长期预测以及相关影响因素的分析。

但是，由于产品结构复杂、加工流程长，预测计算的工作量太大，用手工方式难以对每种生产物料做预测，结果是粗线条的，价值不大。随着计算机技术的不断完善，现在企业可以根据自己的实际情况，选择适合本身特点和市场状况的预测技术和方法。目前，较通用的技术和方法有动态规划方法、排队理论、准时生产系统、物料需求计划（MRP）、配送需求计划和有关消除不确定变数影响的统计方法等。尤其是兴起于20世纪60年代的物料需求计划（MRP）以及目前较为普及的企业资源计划（ERP）在企业中的广泛应用，借助计算机强大的信息处理能力，预测企业生产物料用量，编制生产物流供应计划，具体到每个零件，大大提高了计划的准确性和可靠性，使企业的生产物流管理进入了一个新的阶段。

随着市场经济的发展、高新技术不断涌现、企业组织自身的成熟与完善，生产物流管理在企业管理中的角色和地位发生了很大的变化。

第二节　汽车企业生产物流组织

一、生产计划与控制

生产计划是一个包含需求预测、中期生产计划、生产作业计划、物流需求计划、能力建设计划、设备可靠性改造计划、新产品开发计划等相关子计划，并以生产控制信息的迅速反馈进行连接构成的复杂系统，贯穿企业的所有层面。

企业的生产计划管理主要体现为三个方面：商务需求计划管理、生产作业计划管理和物流供应计划管理。所有实际工作中其他计划的细分必须围绕这三大组成部分展开和寻求技术支持。实践中，以物流供应计划的可靠执行为核心，这是因为商务需求计划的满足要靠生产作业计划来确认和保证，但生产计划是否能够达到预定目的，则取决于物流供应计划是否有可靠的保证。

计划与控制是企业管理的重要职能，是对未来行动的筹划与预先安排，是控制工作的依据与标准，是企业所有经营活动的指南，也是企业未来发展的蓝图。在现代经济生活中，任何组织和个人都会遇到计划问题。计划首先要决定"做什么"和"怎么做"两个基本问题，也就是确定目标，选择实现目标的途径和方案，安排完成工作任务的时间进度并落实到个人。生产计划的质量水平与指导性直接关系到客户的满意程度和企业的绩效。科学地编制企业生产计划是企业运营中的一项重点工作。

从物流与供应链的角度出发，计划与控制领域的业务内容至少包含网络设计、需求计划、供应计划、销售计划、作业计划、调度协调、订单处理、资源管理、生产排程、配送计划和运输规划等。为了运营的方便，计划必须按照时间区间逐层深入。生产计划与控制领域的关系如图3-4所示。

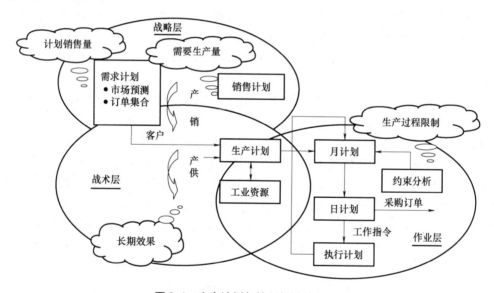

图3-4 生产计划与控制领域的关系

生产计划是落实企业战略目标和年度经营计划的重要部分之一，涉及企业各个方面的资源。随着精益管理体系给企业带来的成功，计划体系的构成越加缜密，影响要素也越加广泛。在订单制生产方式渐行渐近的今天，基于相对准确的市场预测，充分利用现有资源和生产能力，尽可能均衡地组织生产，合理控制库存水平，多品种、小批量、混流排程并按序执行的计划与控制，尽可能满足市场需求，是该领域的主要业务内容。

在现代大型汽车制造企业中，各部门分工精密、协作严密，任何业务活动都无法特立独行，生产计划领域更是如此。周密的生产计划安排和严谨的工业资源管理，是企业按需要的时间和地点、需要的质量和数量、需要的品种和期限，恰当地满足市场需求的坚实基础，是尽可能提高企业经济效益和社会效益的基本保证。

在汽车制造业的生产计划与控制领域中，通常采用的管理技术主要集中在MRP、准时制生产（Just in Time, JIT）及约束理论（Theory of Constraints, TOC）等方面，或者是其中2～3种的集成应用，以形成各种计划技术的优势互补。

二、生产计划的层次

从企业运营的角度出发,生产计划按控制的层次要点,一般可分为未来 3~5 年的长期战略计划、中期年度计划和短期作业计划(包含季、月、周、日、时),或分为战略层计划、战术层计划和作业层计划三个层次。采用集成技术将短期计划、中期计划和长期计划有机结合起来,根据近期计划的执行情况和环境变化因素,定期修订未来计划并逐期向前推移的滚动方式编制生产计划。不同层次计划的特征对比如表 3-1 所示。

表 3-1 不同层次计划的特征对比

项 目	计 划 层 次		
	战略层计划	战术层计划	作业层计划
计划期	长(>5 年)	中(1 年)	短(月、旬、周)
计划的时间单位	长(年)	中(季、月)	短(工作日、班次、小时、分钟)
空间范围	企业、公司	工厂	车间、工段和班组
详细程度	高度综合	综合	详细
不确定性	高	中	低
管理层次	企业高层领导	中层、部门领导	低层、车间领导
特点	涉及资源获取	资源利用	日常活动处理

(1)长期生产计划 长期生产计划属于战略规划的范畴,一般由企业高层领导根据企业的经营战略研究制订,是实现目标的全局战略和市场定位。它涉及企业资源的获取途径和市场拓展的进攻方向,其覆盖期通常为 3~5 年或更长的时间,目标逐年分解、内容高度概括,并随着市场环境和企业经营战略的变化而定期调整。

长期生产计划的主要任务是进行产品决策、生产能力决策、资源配置决策和竞争战略决策,涉及产品发展方向、生产发展规模、技术发展水平、工业化程度和供应链管理模式等。

(2)中期生产计划 中期生产计划属于战术性计划,也称生产计划大纲或年度生产计划,一般由企业中层领导根据市场预测数据结合企业资源状况研究制订。它涉及供应链内外部工业资源和企业成本策略,其覆盖期通常为 1~2 年,目标逐季或逐月分解,内容综合、全面,并随着市场需求的变化和企业财务目标的改变而适当调整,有一定的确定性。

中期生产计划的主要任务是在相对准确的市场预测数据的基础上,对企业计划年度内的生产任务进行统筹安排,确定生产品种、数量、质量、期限和库存控制水平等指标,充分利用现有的生产能力与资源,尽可能均衡地组织生产活动,合理地控制库存水平,尽最大努力及时满足市场需求。

(3)短期生产计划 短期生产计划也称生产作业计划,属于执行层的行动计划。一般由企业的计划执行人员根据生产系统的能力约束条件和绩效目标研究制订。其覆盖期一般为 4 个月以下,目标逐月细化到周、逐周细化到日、逐日细化到班次和小时,按总装配生产顺序进行精细安排,涉及所有相关日常事务的处理,内容翔实明确,具有稳定性,也是计划执行人员的考核目标。

短期生产计划的主要任务是直接依据客户的订单，合理安排生产活动的每一个细节，使之紧密衔接，以确保按客户的质量、数量和交货期交货。生产作业计划是中期生产计划的具体实施，将中期生产计划中的每一项任务具体落实到每一个生产中心和每一个单位的每一个生产班次乃至操作人员。生产作业计划的地位与作用十分关键，在运营管理过程中，如何合理地安排和协调原材料、自制零部件、外协零部件和成品的加工节奏、加工批量，确保质量和交货期，并使库存尽可能合理化，是生产作业计划领域的主要挑战。

三、生产物流计划的编制

1. 生产物流计划的编制方法

不同的生产类型和不同的生产组织方式，生产作业计划的编制方法也大不相同。常用的方法有在制品定额法、生产周期法、"看板"法、累计编号法、网络计划技术等。

（1）**在制品定额法** 在制品定额是指在一定技术组织条件下，为保证生产正常进行，各个生产环节所必需的、最低限度的在制品数量。

（2）**生产周期法** 生产周期法是指根据产品生产周期来规定车间生产任务安排的方法。这种方法适用于单件小批生产的企业，其关键是注意期限上的衔接。

（3）**"看板"法** "看板"法即准时生产法，是由日本丰田汽车公司所推行的一种生产管理制度。所谓准时生产法，即"只在必要的时刻、按必要的数量生产必需的产品"。

（4）**累计编号法** 累计编号法又称提前期法，是指根据预先制订的提前期标准，规定各车间出产和投入应达到的累计号数的方法。这种方法将预先制订的提前期转化为提前量，确定各车间计划期应达到的投入和出产的累计数，减去计划期前已投入和出产的累计数，以求得各车间应完成的投入和出产数。采用这种方法生产的产品必须实行累计编号。累计编号法只适用于需求稳定而均匀、周期性轮番生产的产品。累计编号是指从年初或从开始生产这种产品起，按照产品出产的先后顺序，为每一件产品编上一个累计号码。在同一时间内，产品在某一生产环节上的累计号数，同成品出产累计号数相比，相差的号数称为提前量，它的大小和提前期成正比，累计编号法据此确定提前量的大小。其计算公式如下：

$$提前量 = 提前期 \times 平均日产量$$

采用累计编号法编制企业的生产作业计划一般应用于成批生产的企业。一般应遵循以下步骤：

1）计算各车间在计划期末产品出产和投入应达到的累计号数：

某车间出产累计号数 = 成品出产累计号数 + 该车间出产提前期定额 × 成品的平均日产量
　　　　　　　　　= 产品出产累计号数 + 出产提前量

某车间投入累计号数 = 成品出产累计号数 + 该车间投入提前期定额 × 成品的品均日产量
　　　　　　　　　= 成品出产累计号数 + 该车间投入提前量

2）计算各车间在计划期内应完成的投入量和出产量：

计划期车间出产量 = 计划期末出产的累计号数 – 计划期初已生产的累计号数
计划期车间投入量 = 计划期末投入的累计号数 – 计划期初已投入的累计号数

3）把根据上市情况计算出的投入量和出产量，根据零件的批量进行修正，使车间出产或投入的数量相等或成整数倍的关系。

采用累计编号法安排车间生产任务的优点：

1）它可以同时计算各车间任务，因而加快了计划编制速度。

2）由于生产任务用累计号数来表示，所以不必预计初期在制品的结存量。这样就可以简化计划的编制工作。

3）由于同一产品所有零件都属于同一累计编号，所以只要每个生产环节都能生产（或投入）到计划规定的累计号数，就能有效保证零件的成套性，防止零件不成套或投料过多等不良现象。

(5) **网络计划技术** 网络计划技术是用于工程项目的计划与控制的一项管理技术，是 20 世纪 50 年代末发展起来的。依其起源可分为关键路径法（Critical Path Method，CPM）和计划评核技术（Program Evaluation and Review Technique，PERT）。1956 年，美国杜邦公司在制订企业不同业务部门的系统规划时，制订了第一套网络计划。这种计划借助网络表示各项工作与所需要的时间，以及各项工作之间的相互关系。通过网络分析研究工程费用与工期的相互关系，找出在编制计划及计划执行过程中的关键路线。

2. 生产物流计划的编制步骤

以年度生产物流计划的编制为例说明，其他计划的编制可参照年度计划。

(1) **审核数据计算指标** 编制计划时，对有关的数据和资料要进行认真审核，特别要注意生产部门的生产物资需求量是否合理，需要时间是否恰当，生产物料消耗定额是否先进可靠，预计期末库存、周转库存量是否合理，各种物资需要是否配套，生产物料所需资金是否超出资金定额指标等。

(2) **综合平衡** 生产物流计划和其他计划，如生产计划、运输计划、资金使用计划、库存计划等构成一个企业的计划管理体系，各计划之间存在着相互依存、相互制约的关系。因此，企业的生产物流计划要与企业的其他计划进行综合平衡。

(3) **编制计划** 生产物流供应计划一般由三部分组成，即生产物流核算表、待购生产物流表及其文字说明。

生产物流部门在编制年度生产物流计划时，要考虑一些不确定因素的影响，虽不能预测到全年、全季度的所有变化，但可以增强计划抗突发事件的能力。在生产物流计划的实施过程中，会出现某些不确定的偶然事件，从而破坏年度和季度生产物流计划中原有的平衡。这时，就要通过月份生产物流计划来进行调整。月份计划就是从长期到短期、从概括到具体、积极应变、实现组织供需平衡的过程。

ERP/MRP 既是一种对提前量的预测，关注主生产计划的提前期，也是一种对未来的预测。它与真实需求存在一定的偏差，因此，主生产计划的编制确认需要考虑市场预测的时效性，计划的编制必须滚动执行并进行不断的信息修正、刷新。滚动计划编制的逻辑流程如图 3-5 所示。

3. 计划控制方法

生产计划是一种决策、一种集权的行政指令，特别是滚动作业计划，一旦确认，就必须严格执行。在编制计划的过程中，如果未能周到地进行能力平衡和工业资源调配，则计划整体被执行得越好，供应链上的库存就会越高。

现代汽车制造企业的生产计划与控制，主要是能力平衡和工业资源管理两个方面。要想解决这方面的问题，必须明确以下几个重要概念：

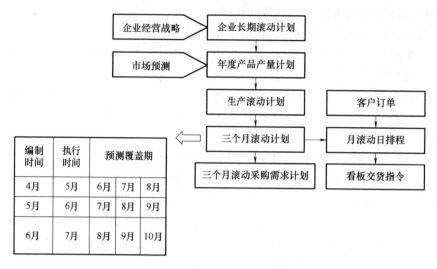

图 3-5　滚动计划编制的逻辑流程

（1）**产能**　产能即生产能力，是指单位工作时间内良品的产出数。供应商在单位时间内按照要货指令向其下游工厂供应一定数量的零件，将此数量折算为满足主机厂总装配线装车份数的最大能力。必须强调的是，这些零件是一定的时间内所能生产出的质量合格的零件。根据这个产能可以计算出按主机厂的标准工作日供应的车辆份数，即日产量节拍（辆/天）。

（2）**额定产能**　零部件生产商在一个有效工作日内正常生产所能提供的合格零件的额定数量，即以周为单位进行统计的在标准工作时间内（标准班次、工作天数）供应商可以实现的生产产能。根据主机厂的标准周工作日，可以折算为一个额定日产能（辆/天）。

（3）**饱和产能**　饱和产能是指供应商在国家法律规定的工作时间和劳动者同意的前提下，在某一周期内，比如以 4 个月为基础单位周期，考虑了适当加班、补人、提高设备开动率等因素后，计算出的每周可供生产消耗的整车当量的合格零件。饱和产能一般以周为单位计量零件的最大生产与供给能力。根据主机厂的标准周工作日，折算为一个饱和日产能（辆/天）。

额定产能与饱和产能折算到相同单位时间上的产量差异，就构成了生产能力吸收市场波动的柔性。

这种对供应商能力的量化非常有助于中远期计划决策的能力平衡，尤其有助于外部资源获取能力的平衡。因为对于中远期计划来说，市场需求往往基于预测来进行估算，而非真正的客户需求。在客户需求不确定的情况下，用工业资源的能力水平来进行市场规模的计划平衡非常实用。

任何资源都存在稀缺性，资源的获取需要一定的投资成本与投资期限。在企业的生产组织中，资源的利用与消耗存在一定的限制，这就决定了在资源的消耗管理过程中，必须充分考虑资源使用的效率与效果的最优化目标。无论是主机厂外部供应商还是主机厂内部产能，在具有良好的工业化规划管理的条件下，能力的形成需要一定的时间周期，这个周期的长短取决于工艺能力建设准备周期的长短，通常这个周期为 10~24 个月。因此，它是一种对工业资源可获得性的约束力，形成了对市场大幅度波动的限制。在此基础之上，工业资源的可获得性及工业资源消耗利用率的要求，构成了整个工业资源管理控制的激励要素。

在外部资源存在限制性约束的情况下，主机厂内部产能必然存在着一定的约束要求。在一定的时间内，主机厂内部产能的安排必须与外部工业资源的能力进行平衡，这样可以最大限度地避免风险。常出现的风险主要有：

1）内部产能配置过大而外部能力不足，造成内部投资利用能力变低、投资回收期变长、经济效益降低的风险。

2）内部产能不足而外部能力配置过大，造成外部供应商投资利用率变低、投资回收周期变长，无法对供应商伙伴进行有效的工业投资激励的风险。这种供应链的投入不经济性必然会抬高整个供应链的生产成本，最终影响供应链的市场竞争能力。

工业资源是指具有相同功能零件的集合。对这些集合的产能进行规划、量化评审、产能提升、产能分配的管理工作，构成了工业资源管理与控制的主要工作内容。

工业资源管理对供应链中主机厂以外的上游零部件供应商能力管理尤其重要。实践中，可运用制订生产计划常用的原理来规避风险和提前做出防范预案。

1）灵活性原理。在科学预测的基础上，适当地留有余地以应对环境变化或意外事件，让计划目标与可控资源之间留有适当的弹性空间。

2）时限原理。长短结合，合理地设定计划的时间周期，把长期因素与当前行动进行合理协调。滚动计划法就是对这一原理的实际应用。

3）木桶原理。找出系统中的主要限制性因素，并采取有针对性的措施，消除该限制性因素对系统的阻碍，或者将计划指标设定在限制性因素允许的范围之内。

4）航道原理。先确定战略，再制订解决方案，从环境变化中寻找机会、把握时机，不断开发新的细分市场，通过业务流程重组，快速满足市场需求，按照预定目标的方向发展。

第三节 汽车企业生产物流管理

一、汽车生产物流的组成

汽车生产流程主要为冲压、焊装、涂装、总装配四大流水工艺流程。冲压是汽车生产四大工艺中的第一道工序，承担汽车车身片件的冲压成型任务，即按照设计好的车身标准，把铁皮用巨型厚重的冲压设备冲压成种类小的片件；焊装是第二道工序，负责把前一工序冲压成型的车身片件通过烧焊、点焊等，把各类片件组焊成车身；第三道工序是涂装，在涂装车间对车身进行油漆喷涂（按照市场上用户的色彩需求）；总装配为最后一道工序，把汽车各类总成和部件，如发动机、前后桥、座椅、线束等组装在车身内，组成一辆合格的整车，即市场上出售的商品车。

一般除了被喷涂的车身（车壳）外，其他零部件全部为外购或外协加工的，假设某月要生产100辆汽车，那么发动机、前后桥、沙发、玻璃、轮胎、橡胶件等零部件要提前三个月或一个月订货，必须在组装的一天前到货（最早不超过三天），存放在企业仓库里。汽车生产企业通常把物资管理部门设置为物管部，负责对外来部件的保管与生产工位上的配送。企业内部物流主要是汽车零部件配送到工位和各大工艺部门在制品（毛坯）物料转接过程的物流。汽车生产物流如图3-6所示。

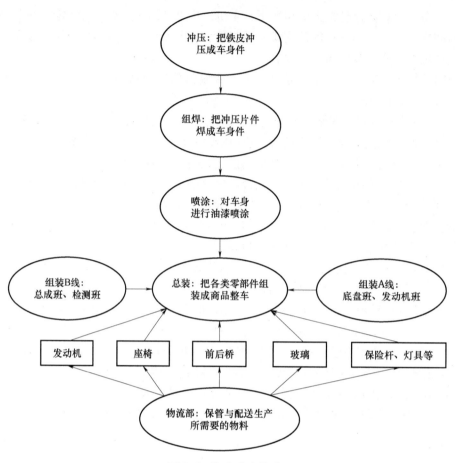

图 3-6　汽车生产物流

二、影响汽车生产物流的主要因素

1. 生产周期和批量

生产周期包括各工序生产产品的加工时间、准备时间、各工序间的等待时间。缩短生产周期就能够实现不断减少生产批量,减少在制品库存。生产周期的缩短是实施准时生产方式最困难的一个实践环节,也是最具有应用价值的一环,是影响生产物流的主要因素之一。

（1）**客户需求**　生产源于最终客户的需求,只有需求,才能控制好各环节的物流。

汽车生产厂的需求都会以年度计划、月计划、周计划及日计划的形式给出,但是由于种种原因,计划的波动性很大。为了避免"牛鞭"效应⊖,必须寻求波动的规律。另外,客户订单多以车型描述、配置描述出现,必须把这种描述与生产的编号建立起准确的联系,一旦联系建立错误,整个供应链物料流就会"失之毫厘,谬以千里"。

明确不同客户需求和数量及品种波动规律后,制订企业稳定的生产计划。

（2）**生产均衡化**　均衡生产不仅包括产品均衡,品种也要均衡。对于任何生产系统,

⊖ 指供应链上的信息流从最终客户向原始供应商传递时候,由于无法有效地实现信息共享,使得信息扭曲而逐渐放大,导致需求信息出现越来越大的波动。

为达到均衡生产，周密完备的计划都是不可缺少的。计划系统可详细划分为年度计划、月度滚动计划、周计划。年度生产计划是以年为单位的生产计划，该生产计划要确定年度各项生产计划指标，包括产量指标的优选和确定、质量指标的确定、产品品种的合理搭配、产品出产进度的合理安排等的计划，是生产部门进行生产加工工作的基本依据。月度生产滚动计划即以月为单位的生产计划，是年度生产计划进一步细化到每月的生产计划安排，是年度生产计划的逐月分配，比年度计划更具体，包括生产安排、产值目标等。周计划则是月度生产计划的进一步分解和具体安排，应更为细致，要明确生产要求、人员、材料的配备等。这些计划都不是指令性的，仅仅是要在各环节之间建立一个比较松散的构架，以便准备安排全厂各工序的材料和工具。生产现场通过顺序排程和看板在厂内严格地明示计划、反方向流通并下达生产指令。

年度计划一般根据市场预测来决定它是生产部门根据企业总体规划、上一年的客户订单和销售状况、下一年度市场预测情况等，确定的下一年内能够满足市场需求和销售的产品数量计划。

月度滚动计划提前两个月给出市场建议的产品品种及数量。在一个月前决定该市场计划的细节，将产量均匀分配至每个工作日，大致形成月顺序排产，然后将该指导性计划发给协作厂或供应者，以便做好准备工作。准时生产方式采用滚动期为三个月的计划体系，根据三个月的生产计划和月需求预测，确定月生产的产品品种及数量。一般月计划与实际生产计划的变动量控制在10%以内。

为了提高计划的准确性，准时生产方式非常重视收集市场最新信息。当每月生产计划计算出来后，下个步骤就是计算每日顺序排程。

顺序排程是指成品装配线生产各种成品的装配顺序。一般利用计算机进行启发式算法来获得一个较满意的混流生产的顺序排程。正式的日顺序排程在装配前两天发送到各制造部门。日顺序排程必须使总装和总加工中心的能力需求稳定，即装配线上每小时零件的使用量必须尽可能保持一定。

2. 内部生产物流组织

（1）拉式生产　保持汽车生产的均衡性是一件十分困难的事情，因为有太多品种的产品和数量，使生产过程均衡非常复杂。

对大多数生产者（包括早期的丰田汽车），唯一可行的解决办法就是保持一定量的库存，每条生产线根据计划完成工作。然而，这个办法的代价很大，因为装配线需要保持相当于使用均衡生产系统3~4倍的库存。这显然是一种巨大的浪费。

拥有一个成功的系统来均衡生产，不仅需要均衡数量，还包括产品品种。丰田公司将这种数量和品种的均衡命名为平准化生产。平准化生产是消除浪费的大前提。看板系统使平准化生产模式的运用非常成功。当然，如果没有平准化生产，看板系统也将无用武之地。

基于丰田精益生产理论，企业把日计划用均衡板把各时间段的生产以看板的形式展示出来，称为拉动生产模式。理想的拉动生产模式就是客户需要什么，企业就生产什么，生产节拍和客户一致，按单件流生产，没有多余的库存。

$$节拍时间 = 计划生产时间 \div 日生产量$$

由于客户需求的波动和内部生产质量问题、设备问题等，导致很难执行理想化的拉动。根据客户订单的数据分析来确定工厂内部的周生产计划，并以均衡板的形式把计划展示出来，同时根据客户波动的数据分析确定缓冲库存的数量，根据产品类型和换型时间来确定线末库存的数量，再根据发货频次和备货时间长短确定运输车准备区的数量。在这种拉动生产模式下，一方面保证了客户的交付，另一方面也保证了内部生产的稳定和库存的优化。

(2) 缓冲和稳定性　通过对信息流和物料流进行分析来确定缓冲（库存缓冲和时间缓冲）以及提高生产物流的稳定性。

材料信息流是一种分析工具，它把生产现场各个环节的状况清晰、详细地展示出来，识别出问题点，再共同找到改善方法。材料流里要识别出停滞点在哪里，即库存所在，材料从一个位置移动到另一处通过什么样的方式，所用人员、频次、数量如何；信息流要体现出信息的发出者和接收者是谁，信息以什么样的方式发出，是看板、排序单还是计划，信息传递通道是否畅通等。

企业相关部门需要一起绘制生产的信息流和物料流，从客户的信息开始画起，从后序向前序展开。在画的过程中，用红色笔标出识别出的问题，以便之后共同找到解决方案。对材料流和信息流进行分析的过程包括：①分析客户需求；②描述生产过程；③描述库存；④描述材料流；⑤描述信息流；⑥计算周期时间；⑦总结分析结果；⑧制定目标。

三、汽车企业生产过程的物流控制

1. 汽车企业生产物流的构成

汽车生产物流包含车身流和零部件配送流两个子系统，处于汽车工业供应链的中游，属于企业内部物流。

车身流是一个完整的整车制造过程，即按照作业计划形成焊接底盘总成后，经过焊装各个工艺流程完成白车身，经过涂装各个工艺流程完成颜色车身，再经过总装配和商业化流程进入成品车库的全过程。车身流始于焊装制造指令的下达点，止于成品整车下线，其流程如图3-7所示。

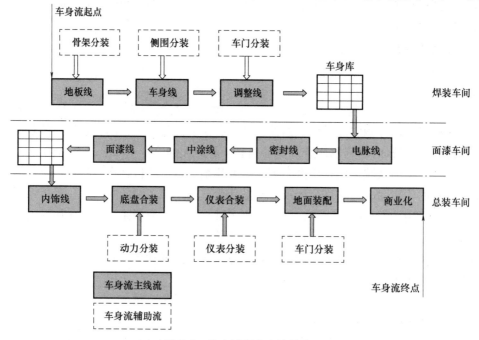

图3-7　生产过程车身流流程

在整个制造过程中，装配顺序卡是整个车身流的指导文件，衡量车身流绩效状况的指标就是遵守这个指导文件的程度。

车身制造计划的执行阶段，以装配顺序卡作为计划执行与控制的指导文件。在这个装配顺序卡中，每一辆车都有一个唯一的制造指令，一条总装配线对应一个装配顺序卡。焊装车间导入制造指令的时间和空间点就是车身流的起点，用以拉动焊装车间各前端工位开始进行生产。

零部件配送分为总成装配零部件配送和总装装配零部件配送。总成装配零部件是用来装配总成的，总成装配后放置总成库，为整车总装做好准备；总装装配零部件是直接用来进行整车总装的，从零部件库直接进入总装配线。其流程如图3-8所示。

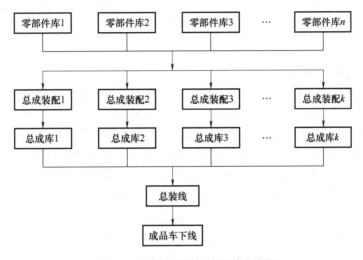

图3-8　生产过程零部件配送流流程

2. 汽车企业生产物流的控制

以约束理论（Theory of Constraints，TOC）为依据的生产物流计划与控制可以确保整个生产过程和工作过程快速有序地进行，能够有效防止不适当地追求局部效率而损害全局效率的现象，从而最大限度地提高整个生产系统的效益。

企业生产物流，尤其是制造企业的生产物流，是伴随着产品生产制造过程而发生的，产品的生产制造过程实质上是一个物流过程。企业生产物流的控制主要体现在对生产物流流动速度和物料数量上的控制。

随着人们对物流活动影响生产促进作用的认识越来越深刻，近年来出现了按物料流动的通畅程度为标准来识别生产控制优先度的生产管理理论。物料需求计划（Material Requirement Planning，MRP）成了制造业库存管理信息处理的首选系统，对于各工序能力负荷相对稳定的生产企业，在有了MRP所需要的基础数据（如产品结构文件、加工工艺文件、提前期、库存量及设备情况等信息）后，就能以约束理论为依据对生产和物流活动进行计划和控制。

尽管TOC产生的时间不长，却取得了令人瞩目的成就，是继MRP和JIT之后出现的又一项组织生产的新方式。该理论已经在西方各国得到比较广泛的应用。TOC已从单一的生产计划方法发展成为用于复杂系统分析与性能持续改进的管理科学。

(1) TOC 的产生　20 世纪 70 年代末,以色列物理学家高德拉特(Goldratt)首创最优化生产技术(Optimized Production Technology,OPT)。1992 年,高德拉特撰写出版了一本畅销小说《目标》,这本小说以故事的形式介绍了他的 OPT 思想。OPT 是一套用于安排人力以及物料调度的计划方法。最初,高德拉特为他朋友的一家处于困境的制造厂设计了这套方法。该厂使用这套方法后,迅速摆脱了困境。在此基础上,高德拉特和他的同事们又进一步开发了适用于制造业的系统软件,并申请了专利。高德拉特在 OPT 的基础上进一步扩展了应用范围,发展产生了 TOC。这一理论现已成为一种可用于多种行业(不局限于制造业)解决问题的方法。

高德拉特创立了全球性的高德拉特学会(Avraham Y. Goldratt Institute,AGI)。这一学会开设的改进生产、分销和项目管理等课程中,有一个共同的主线,就是 TOC。OPT 和 TOC 的基本原理就是分清主次,集中精力解决主要矛盾,——提高瓶颈的利用率。这样的特点特别适合单件、小批量类型的生产运营管理。

(2) TOC 系统的基本概念

1) 瓶颈。瓶颈(Bottleneck)是指制约生产系统产出的关键生产资源。生产资源由生产能力的主要特征决定,可以是机器,也可以是人力资源或生产场地等。因此,生产系统中的瓶颈有可能是制约系统产量的某种机器设备或具有高技能的专门操作者,也有可能是掌握某种知识与能力的管理人员或技术人员。瓶颈资源的能力小于对它的需求,瓶颈是限制系统输出的约束,当物流或服务经过瓶颈位置时,若安排不当,常常会出现停顿。大多数企业一般都存在瓶颈问题。如果企业没有瓶颈,那就意味着存在多余的能力,为了充分利用能力,企业很可能在运营上做一些调整,以降低成本。如减小生产批量(同时增加设备的调整次数)或减少能力(解聘人力或出租设备),其结果又会促使瓶颈产生。所以,生产系统是一个动态的系统,瓶颈与非瓶颈在一定的条件下会相互转化。

2) 非瓶颈。非瓶颈(Non-bottleneck)是指生产能力大于需求的资源。也就是说,非瓶颈资源有空闲时间。正因为如此,非瓶颈资源不应该连续工作,否则会使它生产出多于需求的产品。

3) 能力约束资源。能力约束资源(Capacity Constrained Resource,CCR)是指利用率接近实际生产能力的资源。当生产安排不合理时,CCR 有可能转化为瓶颈。例如,在单件小批量生产的企业里,CCR 可能需要加工来自不同工序的工件,当排序不适合时,这些工件的到达无法让 CCR 连续工作,此时在 CCR 上就出现了等待的时间。当等待的时间大于原来计划的空闲时间时,CCR 就转换成了瓶颈。

4) 能力的平衡。能力的平衡是指生产系统内各阶段各类型的生产能力与负荷都是均衡的。其具体含义如下:

① 生产系统各阶段的生产能力是相等的,即每一阶段可完成的零件品种数量都是相等的。

② 所完成的产品数是按平均工时来计算的。如某工序全天生产能力为 8h,能力利用率假设为 90%,工序单个工时为 10min,则

$$该工序每天可完成产品数 = 60min/h \times 8h \times 90\% \div 10min/个 = 43.2 个$$

③ 能力利用率在各阶段是平衡的。这是指每一个阶段能力的利用率是相等的。若某一阶段生产能力利用率是 90%,则按照能力平衡观点,要求每一阶段能力利用率都是 90%。

5) 物流的平衡。所谓物流的平衡,是指物流在各阶段是畅通的,具有准时、准量的特点,即在需要的时间物流及时到达,并且需要多少就到达多少。

绝大多数企业都尝试使内部各阶段能力平衡,以达到能力充分利用和降低成本的目的,并以此考核各个部门。但事实上,由于需求的多变,引起对企业各阶段、各类型能力需求的比例失衡,在这种情况下要求能力平衡实际上是很难达到的,因为这种能力平衡意味着需要不断地对能力投资并同时产生大量成品和在制品积压。并且,即使不断进行能力投资,也无法真正达到能力平衡。因为只有当各工作地的输出时间为一常量或者标准差很小的时候,这种平衡才是可能的。也就是说,只有在使用专用设备、高效自动化设备时,才有可能实现这种平衡。

6) 企业业绩的衡量标准。为了实现企业目标,必须对企业业绩进行衡量。应同时使用两套衡量体系,一套从财务角度衡量,另一套从运营角度衡量。

(3) TOC 系统的基本思想 TOC 的基本思想由九条具体原则来描述,而有关生产物流计划与控制的算法和软件,也是根据这九条原则提出和开发的。

1) 追求物流的平衡,而不是能力的平衡。作为一个理想的生产过程,企业既希望实现物流的平衡又实现能力的平衡。但这种情况在单件、小批量的生产类型下很难实现,其原因就是瓶颈资源的存在。在设计、建立一个新企业时,总要使生产过程各环节的生产能力实现平衡,这时往往可以做到物流平衡与能力平衡并举的情况。但对于一个已投产的企业,特别是多品种的单件、小批量生产企业,由于市场需求时刻都在变化,加上科学技术日新月异的发展,使原来平衡的能力变得不平衡了,而且这种不平衡是绝对的,即使采取一些措施使能力达到了平衡,这种平衡关系很快就又会被打破。在这种情况下,若一定要追求能力平衡,那么虽然企业的生产能力被充分利用了,但生产出来的产品并非符合需求配套的比例关系和市场需求,多余的部分就成为库存积压下来,这将给企业造成极大的浪费。因此,TOC 强调追求物流的平衡,以求生产周期最短、在制品最少。这一点在现代企业生产管理的各种方法(如 JIT、ERP 等)中都是被首先强调的。

2) 在瓶颈处的损失将影响到整个系统。既然瓶颈资源是制约整个生产系统产出的关键资源,那么瓶颈资源工作的每 1min 都直接贡献于生产系统的产出。所以,在瓶颈资源上损失 1h,就意味着整个生产系统损失 1h。为取得生产系统的最大产出,就应该保证瓶颈资源 100% 的利用率。在 TOC 系统中,通常采用下述措施来提高瓶颈的产出量:

① 在瓶颈工序前设置质量检查站,保证流入瓶颈工序的工件 100% 都是合格品。

② 在瓶颈工序前设置缓冲环节,以使瓶颈不受前面工序生产率波动的影响。

③ 加大瓶颈设备的生产批量,以减少瓶颈设备的调整次数,从而增加瓶颈设备总的基本生产时间。

④ 减少瓶颈工序中的辅助生产时间,以增加设备的基本生产时间。

3) 系统的总物流量取决于瓶颈资源的通过能力。由于非瓶颈资源的利用程度是由瓶颈资源的能力决定的,系统的总物流量取决于瓶颈资源的通过能力,因此,系统的利用程度应根据物流平衡的原则,由瓶颈资源的通过能力来决定。如果非瓶颈资源满负荷工作,它生产出来的在制品若瓶颈资源加工不了,就会增加库存而引起浪费。

4) 在非瓶颈资源上节省时间是没有意义的。由于系统的能力受瓶颈资源的制约,因此,在非瓶颈资源上节省时间,除了增加非瓶颈资源的空闲时间外,对整个系统来说不产生作用；相反，非瓶颈资源上节省时间和提高生产率往往需要代价，而且这种代价的付出却不能获得经济效益，因此是没有意义的。那些不区分瓶颈资源与非瓶颈资源而一味强调提高生产率的做法是很有问题的。

5）瓶颈控制了库存和产销率。产销率是指单位时间内生产出来并被销售出去的量，所以，很明显它受到企业的生产能力和市场的需求量两方面的制约，而它们都是受瓶颈控制的。如果瓶颈存在于企业内部，表明企业的生产能力不足，因受到瓶颈能力的限制，相应的产销率也受到限制。而如果企业所有的资源都能维持高于市场需求的能力，则市场需求就成了瓶颈。这时，即使企业能多生产，但由于市场承受能力不足，产销率也不能增加。同时，由于瓶颈控制了产销率，所以企业的非瓶颈与瓶颈同步，它们的库存水平只要能维持瓶颈上的物流连续稳定即可，过多的库存只是浪费。这样，瓶颈也就相应地控制了库存。

6）对瓶颈工序的前导工序和后续工序应采用不同的计划方法。由于瓶颈制约了整个生产系统的产出，因此，TOC 计划系统在制订生产物流计划时，首先排定各种工件在瓶颈资源上所有工序的加工时间；而这些工件不在瓶颈资源上的工序，则根据已排定的在瓶颈资源上工序的开工、完工时间来决定。处在瓶颈工序前的工序，则由瓶颈工序的开工时间从后往前决定前工序的开工、完工时间，即采用拉动方式编制计划；处在瓶颈工序后的工序，则由瓶颈工序的完工时间从前往后决定后工序的开工、完工时间，即采用推动方式编制计划。采用这样的计划方式在瓶颈工序之前可以使工件不会过多地积压，以及在瓶颈工序之后可迅速流出。

7）运输批量不一定等于加工批量。运输批量是指在工序之间一批次运输的总量。一个加工批量一般不会在全部加工完成后才运输，一般来说，运输批量可以等于加工批量，但不会大于加工批量。运输批量小于加工批量的好处是可以缩短加工周期、减少在制品库存，但会增加物流搬运次数。确定加工批量和运输批量的依据是不同加工批量的大小主要应该综合考虑资源的充分利用（减少设备调整次数）和减少在制品库存因素；而运输批量的大小则要综合考虑减少运输工作量和运输次数以及保证生产的连续性和减少工件的等待时间等因素。由于确定批量的依据不同，所确定的加工批量和运输批量也不一定相同。

8）各工序的加工批量。同一种工件在瓶颈资源和非瓶颈资源上采用不同的加工批量，以使生产系统有尽可能大的产出和较低的成本。由于瓶颈资源约束整个生产系统的产出，因此为提高其有效能力，常采用较大的加工批量；而非瓶颈资源本来就负荷不足，因此主要考虑物流平衡及减少在制品库存，而采用较小的加工批量。

9）提前期不是固定的期量标准。作业计划应该在考虑了整个系统资源的约束条件之后再进行安排。由于单件小批生产类型在编制作业计划时，在计划期内，部分资源已被不同程度地占用，这时作业计划若全部采用反工艺顺序从后往前编排，那么排到前面则可能由于许多资源已被占用而导致计划不可行，这样就要做很大的调整，实际造成了大量的返工。TOC 不采用这样的作业计划方式，而是在考虑了计划期内资源的约束条件后，按一定的优先级原则编排作业计划。

因此，TOC 计划体系下的提前期是综合考虑资源负荷、排队时间、加工批量等因素后的作业计划的结果，而不是像 MRPII 系统（MRPII 系统是一个集采购、库存、生产、销售、财务、工程技术等为一体的计算机信息管理系统）是一个固定的期量标准。

（4）TOC 条件下的生产物流计划与控制——DBR 系统

1）DBR 系统的概念。为保证 TOC 计划的顺利实施，企业制订计划时要以寻求与企业能力的最佳匹配为目标，一旦一个被控制的工序（即瓶颈）建立了一个动态的平衡，其余的工序应相继与这一被控制的工序同步。TOC 的计划和控制是通过 DBR（Drum-Buffer-Rope，鼓-缓冲-绳索）系统来实现的。

① 鼓（Drum）。任何一个生产系统都需要设置控制点对生产系统的物流进行控制。那么应该如何设置控制点的位置呢？若生产存在瓶颈，则瓶颈就是最好的控制点。在 TOC 系统中，这个控制点称为"鼓"，因为它敲出了决定生产系统其他部分运转的节拍，像"击鼓传花"游戏一样，由鼓点决定传花的速度及工作的起止时间。由于瓶颈的能力小于对它的需求，所以把瓶颈作为控制点就可以确保前工序不过量生产，以免前工序生产出瓶颈无法消化的过量制品；当生产系统不存在瓶颈的时候，就把能力约束资源作为鼓点。

找出瓶颈之后，可以通过编制详细的生产作业计划，在保证对其生产能力充分合理利用的前提下，适时满足市场对本企业产品的需求。从计划和控制的角度看，"鼓"反映了系统对瓶颈资源的利用。

② 缓冲（Buffer）。TOC 系统最突出的特点，就是充分发挥瓶颈的作用，确保瓶颈始终有工作可做，使受瓶颈约束的物流达到最优。因为瓶颈约束控制着系统的"鼓的节拍"，即控制着企业的生产节拍和产出率。为此，一般按有限能力，用排序方法对关键资源排序。为了充分利用瓶颈的能力，在瓶颈上可采用扩大批量的方法来减少调整准备时间。同时要对瓶颈进行保护，使其不受其他部分波动的影响。为此，一般要设置缓冲，以防止可能出现的由于生产的随机波动造成的瓶颈等待任务的情况。

一般来说，缓冲分为库存缓冲和时间缓冲两类。库存缓冲也就是安全库存，用以保证非瓶颈工序出现意外时瓶颈工序的正常运行；时间缓冲则是要求瓶颈工序所需的物料提前提交的时间，以解决由于瓶颈工序和非瓶颈工序在生产批量差异而可能造成的对生产的延误。

③ 绳索（Rope）。缓冲的设置保证了企业的最大产出率，但也相应产生了一定的库存。为了实现在及时满足市场需求前提下的最大效益，必须合理安排一个物料通过各个工序的详细的作业计划，这就是 TOC 中的"绳索"，即在生产的组织中，物料供应与投放由一个详细的作业计划——"绳索"来同步。"绳索"控制着企业物料的进入（包括瓶颈的上游工序与非瓶颈的装配），其实质和"看板"思想相同，即由后道工序根据需要向前道工序领取必要的零件进行加工，而前道工序只能补充动用的部分，实行的是一种受控生产方式。在 TOC 系统中就是受控于瓶颈的产出节奏，也就是"鼓点"。没有瓶颈发出的生产指令，就不能进行生产，这个生产指令是通过类似"看板"的物质在工序间传递的。通过"绳索"系统的控制，瓶颈前的非瓶颈设备均衡生产，加工批量和运输批量减少，可以减少提前期以及在制品库存，同时不使瓶颈待料。所以，"绳索"是瓶颈对其上游机器发出生产指令的媒介。

应用 TOC 可以重点突出地确保整个生产过程或工作过程快速有序地进行，能够有效防止由于不当地追求局部效率而损害全局效率的现象，从而最大限度地提高整个系统的效益。在 DBR 管理模式下，企业可以在现有的资源条件下，不增加人力、物力和财力，仅靠转变管理思路、调节系统运作和挖掘内部潜力，就能显著提高经济效益。

2）DBR 系统的实施步骤。在 DBR 系统中，"鼓"的目标是使产出率最大；"缓冲"的目标是对瓶颈进行保护，使其生产能力得到充分利用；"绳索"的目标是使库存最小。所以，具体操作时有几个关键步骤：

① 识别企业的真正约束（瓶颈）所在是控制物流的关键。一般来说，当需求超过能力

时,排队长的机器就是"瓶颈"。如果管理人员知道一定时间内生产的产品及其组合,就可以按物料清单计算出要生产的零部件。然后,按零部件的加工路线及工时定额,计算出各类机床的任务工时,将任务工时与能力工时进行比较,负荷最高、最不能满足需求的机床就是瓶颈。找出瓶颈之后,把企业里所有的加工设备划分为关键资源和非关键资源。

② 基于瓶颈约束,建立产品出产计划。建立产品出产计划的前提是使受瓶颈约束的物流达到最优,因为瓶颈约束控制着系统的"鼓的节拍",即控制着企业的生产节拍和产销率。因此,需要按有限能力法进行生产安排,在瓶颈上扩大批量,设置"缓冲器",对非约束资源安排作业计划,采用无限能力倒排法,使之与约束资源上的工序同步。

③ 设置"缓冲"并进行监控,以防止随机波动,使约束资源不至于出现等待任务的情况。

④ 对企业物流进行平衡,使进入非瓶颈的物料被瓶颈的产出率所控制,即充分发挥"绳索"的信息传递作用。

四、汽车生产物流的库存管理

库存管理是汽车生产物流与供应链管理的核心内容之一,设定一定水平库存的目的是保证汽车生产物流与供应链的连续性和满足网点的不确定需求。汽车生产物流与供应链库存同供应链的不确定性有很密切的关系。汽车生产库存管理,即管理和控制汽车销售商和备件供应商的不确定性以及汽车需求的不确定性。从备件供应商配送备件到主机厂备件配送中心的上游物流和供应链环节的不确定性因素有经济性制造批量波动、制造原材料采购周期波动、供应商制造能力、制造组织方式、物流组织方式和突发性产品质量问题;汽车销售和备件需求的不确定性因素有需求预测水平的偏差、季节性需求波动和质量事件影响。汽车销售和备件需求变化独立于人们的主观控制能力之外,其需求数量与需求出现的概率是随机的、不确定的、模糊的。汽车和备件库存管理可研究和关注的东西非常多,其目的是对汽车和备件库存水平进行精细化控制。

汽车生产物流库存管理的本质就是汽车配件的库存管理与控制,它与汽车的生产和销售及市场占有状态直接相关,影响着汽车生产和客户满意度,也决定着企业生产物流的绩效。

1. 汽车和备件的需求特性

汽车和备件需求是有规律性、季节性或随机性的,汽车和备件物流活动的管理者必须知道备件的需求量变化曲线。一种车型需要管理的备件达到几千种,单品种备件的需求特性经历四个阶段:导入期、增长期、成熟期和衰退期。汽车备件需求与装配该零部件整车市场的保有量有关,即随着整车市场保有量的增加而增加;当整车市场保有量下降时,汽车备件的需求呈下降的趋势。汽车备件需求表现出具有生命周期性的特性。

在新车型推向市场后,因备件需求有一定时间上的滞后期,所以初期备件消耗量不大,应采用谨慎的库存策略。随着整车市场保有量的增加,备件需求量会迅速增长,可通过备件消耗的历史记录预测存储点的库存水平。随着车型停止生产制造,该车型的市场保有量会逐渐减少,备件消耗量也会逐渐下降。不同功能的备件,其生命周期演变中数量需求变化的趋势也不同。新车型投放市场初期,对备件只有零星的需求;随着整车保有量的增加,备件需求量逐渐增加;当整车市场保有量趋于稳定时,对备件需求量也相对稳定;当整车市场保有量逐渐下降时，对备件需求量逐渐衰减，直至为零。在汽车备件生命周期的不同阶段，需采用不同的备件库存管理。

2. 汽车和备件的库存策略

汽车和备件物流供应链库存管理是为了在满足已设定的客户服务水平目标下降低库存。汽车和备件物流活动的管理者必须明确需求量发生的时间和地点、库存点位置、库存水平和运输资源等。在满足客户期望在任何时候购买汽车和备件的需求之前，需要提前预测库存对象、规模和交付期。预测必然存在偏差，而对偏差的容忍范围需要很好地把握。需求预测水平对汽车和备件供应链整体绩效来说至关重要。汽车和备件物流供应链的预测涉及需求的空间和时间特征、需求波动的幅度和随机程度。需求随时间的变化可归于销售量的增长或下降、需求模式的季节性变化和多因素导致的一般性波动等因素。

根据汽车备件的使用功能特性，设计不同的库存水平分类管理，不同功能类别的备件随时间变化形成不同的需求模式。如果需求有规律，根据其趋势、季节性和随机性规律，利用常用的预测方法即可得到较好的结果。易损备件和定期保养备件可适用上述预测方法。根据备件的分类功能码或名称码，分析同类功能型备件在整车保有量下的历史销售数据，分析时间序列的趋势和季节性变化，预测备件需求。

由于汽车备件品种的多样性和每类备件的需求趋势不同，汽车备件库存管理不仅需要分析备件生命周期的演变趋势，还要分析不同类别备件的库存策略。新车型所面临的问题是库存规模、位置和获取期限。根据经验，部分备件品种的市场需求量远远大于其他备件品种；而部分备件品种可能在仓库中休眠，呈间断性需求；还有部分备件品种没有需求。

基于市场需求量的差异，汽车备件的库存策略有如下四类：

（1）日库存策略 备件的库存量控制在一天的备件需求量波动范围内。此策略适用于备件需求数量大的品种。备件品种的产品特征是空间尺寸大，备件的生产制造地在备件配送中心附近，备件供应商具有每天按采购订单供应备件的生产节奏和运输能力。适用的备件品种有汽车前、后保险杠、汽车前照灯、轮胎等。

（2）周库存策略 备件的库存量控制在一周的备件需求量波动范围内。此策略适用于备件需求数量较大的备件品种，备件供应商具备每周按采购订单供应备件的能力。适用的备件品种有火花塞、汽油滤清器等。

（3）月库存策略 备件按月消耗补充库存。80%的备件品种适用于此策略。

（4）非库存策略 备件的年需求量小于三件的备件品种适用于此策略。当备件的年需求量大于三件时，备件库存策略由不建立库存转变为库存件。

进行库存需求预测时，常常会遇到一些特殊的问题，如汽车备件启动库存问题、尖峰需求问题。新车型备件启动库存问题是物流管理者常常面临的一个问题。因为需要预测备件和服务的需求水平，但又没有足够的、用于预测的历史经验数据，所以该问题不易解决。在汽车备件启动库存的品种选择上，可以利用类似车型投放初期，客户需求订单的备件品种分布情况和需求模式，估计新增备件的预期需求，以前的需求模式可以为新车型新增备件品种的最初需求预测提供启示。尖峰需求的随机波动非常大，趋势非常模糊，如在下雪等恶劣天气下，汽车前照灯和翼子板的尖峰需求会出现。由于时间序列波动的幅度大，很难用数学方法准确预测尖峰需求，库存管理者需要寻找导致尖峰需求的原因，利用这些因素进行预测。应将尖峰需求与其他有规律的需求区分开，需要分别使用不同的方法。跟踪和识别这类备件需求趋势中的例外点、异常点或特殊情况，避免出现大量的客户订单不能满足或者在满足了尖峰需求之后，持续地按尖峰需求重新订购，以至于库存量大于正常水平的状况。如果备件的体积占用空间大，就容易导致配送中心物流设施和面积的尖峰需求转变为正常持续的能力需求，放大对物流设施和能力的需求。汽车备件明细表系统性地规范了所有备件名称代码，通过备件名称代码或备件名称检索，分析已经有销售历史车型类似备件的需要，预测新备件的市场需求。表3-2为备件名称代码和需求量分析表。

表3-2　备件名称代码和需求量分析表

功能码	备件名称代码	备件名称	备件需求量与整车市场保有量的比例（%）
1A1513	160	机油滤清器	5.00
3V5A01	12610	空调	0.03
322A01	14101	前照灯总成	2.50

表3-2中显示汽车机油滤清器的需求量与市场保有量的比例为5.00%，即整车市场保有量为100辆时，汽车机油滤清器的需求量是5件。通过这样的分析，在新车型投放初期，通过车型的年度产量计划，就可预测初期的备件需求量。

假定某车型在3月投放市场，根据当年产量，则机油滤清器的需求量预测如表3-3所示。

表3-3　机油滤清器的需求量预测

月份	3	4	5	6	7	8	9	10	11	12
车型保有量（辆）	1000	3000	5000	8000	11000	14000	17000	20000	23000	27000
需求量（件）	50	150	250	400	550	700	850	1000	1150	1350

汽车备件在其生命周期的四个阶段中，市场需求量是非线性的，汽车备件需求量与整车市场保有量的比例在生命周期的不同阶段中，其比值是不同的，重点需要关注车型项目启动初期的比例值和正常管理状态下的比值。经过对几个车型预测量和实际需求量的跟踪，来修订和调整汽车备件需求量与整车市场保有量的比值。通过预测，可预见性地了解在汽车备件物流供应链上的物流量，可有效组织和策划汽车备件物流供应链上的采购活动、从供应商到备件配送中心的前端物流活动，将预测结果转换为物流活动各方需要的信息，如交货期、价格、装载单元规划、运输批次、操作计划控制等。

新车型备件启动库存的组织方式一般是由汽车备件商务营销部门提出每个网点的库存计划，汽车备件物流供应链管理部门按商务营销部门的需求组织备件的配送。在这种组织模式下，网点数量影响着备件启动库存采购的数量。若汽车销售网点为400个，每个网点库存1件，则每个启动库存备件至少需要采购400件，该数量可能大于备件实际的市场需求量。备件市场需求量区域性的不均衡，可能导致出现部分区域的备件需求量不足，而另一部分区域的备件需求量过剩的情况。因此，备件启动库存的组织方式逐渐演变为非强制性方式，由每个网点根据需求订购需要的备件，汽车主机厂不统一配送指定的备件品种和数量到网点。此组织方式为使汽车备件物流与供应链的配合更灵活，要求汽车销售网点和汽车主机厂计划部门具备预测能力。

3. 备件库存控制

备件物流活动管理者关注如何以最小的库存满足客户订单的要求，以最接近客户订单需求量的高频率、小批量的补货方式，达到用更少的库存满足客户需求的目标。

连续补货策略可将库存控制在最低水平。其可实施的前提条件如下：

1）供应商通过物流服务商送达货物，物流服务商每天有固定的运输车辆配送货物，不单独增加运输次数，并具有准时交货的能力。

2）信息在供应商和中间物流商、备件配送中心之间共享。

3）供应商的经济批量和连续补货数量基本持平，库存没有转移到供应商或物流服务商处。

4）供应商的生产制造具有计划性和稳定性，消除了供应渠道中可能出现的不确定性。

5）备件产品质量稳定。

在不增加企业的生产启动成本和采购订货成本的前提下，设定经济补货量，逐渐趋近一天的客户需求量。

因为存在采购的规模经济效益，供应商邻近备件配送中心，可通过与供应商和中间商建立紧密的物流协作关系，在供应链上共享生产制造计划和客户需求信息，减少供应链上的反应时间和波动。对需求量大的备件品种，可选择合适的备件供应商提供连续补货的供应策略，以实现与需求一致的备件在供应链上流动的效果。尽管与其他库存策略相比，管理供应渠道需要付出更多的精力，但由此带来的收益是能够在备件供应链前端渠道转运过程中保持最低的库存、降低物流设施的投资并提高客户服务水平。适时管理、快速反应和压缩时间，可以最大限度地降低供应渠道中所需的库存量。控制方法如下：

1）管理备件供应商前端制造计划，控制并缩减供应链周转时间。作为供应链源头，供应商制造计划水平会影响供应链的时间、库存和成本等绩效参数。

2）备件供应链上下游信息整合。整合的内容包括需求预测、库存规划、采购订货、运输规划、信息交流平台以及生产流程等。

3）实现备件物流供应链上一体化的信息交流。仅传递数据是远远不够的，数据不能代表信息，还需要对数据进行收集、分析、传递。供应商和第三方物流服务商将数据装载到他们的系统中后，再向他们的二级供应商传递数据。因此，数据的收集、分析、传递工作需要耗费大量的时间；相反，如果信息与信息系统能实现一体化，就可以加强信息传递的时效性、缩短信息传递时间、提高信息的准确性。

4）有选择性地实施一体化战略。选择与供应链上关键的供应商和第三方物流服务商共同实施一体化战略。

5）分析库存的流动形式和存储地点，加快库存的周转速度。

复 习 题

1. 什么是生产物流？
2. 生产物流有何基本特征？
3. 生产物流有哪些组织形式？
4. 什么是生产物流的空间组织和时间组织？

5. 什么是工艺专业化组织形式？
6. 什么是对象专业化组织形式？
7. 什么是成组工艺组织形式？
8. 什么是顺序移动方式？如何计算？
9. 什么是平行移动方式？如何计算？
10. 什么是平行顺序移动方式？如何计算？
11. 生产物流管理的基本内容包含哪些？
12. 生产物流分为哪些类别？
13. 生产物流管理中的预测主要有哪些类别？
14. 什么是需求预测、供给预测和价格预测？
15. 生产计划如何分级？一般分成哪些级别？
16. 生产物流计划的编制方法有哪些？
17. 汽车生产流程主要为哪些流程？
18. 影响汽车生产物流的主要因素有哪些？
19. DBR 系统的实施步骤有哪些？
20. 常用汽车备件的库存策略有哪些？
21. 汽车备件库存控制方法有哪些？

第四章

汽车企业销售物流

第一节 企业销售物流概述

销售物流（Distribution Logistics）是连接生产和消费的桥梁，是一切销售活动的保障。一般意义上的销售是指把企业生产、经营的产品或服务出售给消费者的活动。对生产企业来讲，销售活动大多发生在与各种中间商的交易过程中；对经销商和零售商来讲，销售是指向最终消费者出售商品或服务。销售物流包括订货处理、产成品库存、发货运输、销售配送等内容。它是企业物流与社会物流的转换点，与企业销售系统相配合，共同完成产品的销售任务。

一、销售物流的概念

企业的产品只有经过销售才能实现其价值，从而创造利润。销售物流是企业在销售过程中，将产品的实体转移给用户的物流活动，是产品从生产地到用户的时间和空间的转移，它以实现企业销售利润为目的。销售物流是储存、运输、配送等诸环节的统一。

对销售物流概念的理解包括以下几个方面：

1) 销售物流是一个系统，具有一体化特征。它是企业为保证自身的经营利润，不断伴随销售活动，将产品所有权转给用户的物流活动，包括订货处理、产成品库存、发货运输、销售配送等内容。

2) 销售物流是连接生产企业和用户的桥梁。销售物流是企业物流的一部分，是企业物流活动的一个重要环节。它以产品离开生产线进入流通领域为起点，以送达用户并经过售后服务为终点。

3) 销售物流是企业物流与社会物流的另一个衔接点。作为连接生产企业与用户的桥梁，企业销售物流与社会销售系统相互配合，共同完成企业的分销和销售任务。

4) 销售物流是生产企业赖以生存和发展的条件。对于生产企业来讲，物流是企业的第三利润源，降低销售物流成本是企业降低成本的重要手段。销售物流成本占据了企业销售总成本的20%左右，销售物流的好坏直接关系到企业利润的高低。

5) 销售物流具有很强的服务性。在现代社会中，市场环境是一个竞争越来越激烈的环境，卖方为了促成销售，通常会增加一些售中和售后服务内容，销售往往以送达客户并经过售后服务才算终止。因此，销售物流具有更强的服务性。

汽车销售物流是指整车从汽车生产企业到分销商或用户之间的物流。它与汽车企业的销售部门相互配合，共同完成商品车的销售任务，是企业物流的最后一个环节。

二、销售物流的功能和特点

销售物流是生产、流通企业出售商品时,物品从生产者或持有者转移至用户的物流活动,是以实现企业销售利润为目的的产品从生产地到用户的时间和空间的转移。其主要功能有产品包装、产品储存、运输与配送、装卸与搬运、流通加工、订单及信息处理和销售物流网络规划与设计。

1. 产品包装

产品包装分为销售包装和运输包装。销售包装的主要功能是展示、吸引客户、方便零售;运输包装的主要功能是保护商品,便于运输、装卸搬运和储存。

2. 产品储存

储存是满足客户对商品可得性的前提。通过仓储规划、库存管理与控制、仓储机械化等,提高仓储物流工作效率,降低库存量,提高客户服务水平。帮助客户管理库存,有利于稳定客源,维持与客户的长期合作。

3. 运输与配送

运输的主要功能是实现货物在空间位置上的位移;配送则是在局部范围内对多个客户实行单一品种或多品种的按时按量送货。通过运输与配送,客户得到更高水平的服务,企业可以降低物流成本,同时还可以减少城市的环境污染。

4. 装卸与搬运

装卸的主要功能是商品在局部范围内以人或机械装入运输设备或卸下;搬运是对商品进行以水平移动为主的物流作业。

5. 流通加工

流通加工的主要功能是根据客户需要进行分割、计量、分拣、刷标志、挂标签或组装等。

6. 订单及信息处理

订单及信息处理的主要功能是对客户的订单及销售物流各环节的流程信息进行及时的传递和处理。在考虑批量折扣、订货费用和存货成本的基础上,合理地为客户提供方便、经济的销售物流。

7. 销售物流网络规划与设计

销售物流网络是以配送中心为核心,连接从生产厂出发,经批发中心、配送中心、中转仓库等,一直到客户的各物流网点的网络系统。

一般来说,销售物流的目标应该是以最低的成本和最佳的服务将产品在适当的时间送达适当的地点。

为了保证销售物流的顺利完成,企业需要合理规划销售物流网络,组织销售物流。有效的销售物流网络规划能使企业的销售物流畅通、高效,降低物流成本。

销售物流的主要特点是:

1)销售物流是企业物流系统的最后一个环节,是企业物流与社会物流的一个衔接点。它与企业销售系统相配合,共同完成产品的销售任务。

2)销售物流具有服务性。与其说销售物流作业是一种生产性活动,不如说是一种特殊的服务活动更准确。销售物流过程中向客户提供的服务水平是影响客户购买和持续购买企业产品的关键因素。为客户服务的水平越高，预期的销售量也就越大。服务水平的提高，同时意味着费用的上升。企业应在较低费用与客户满意的服务之间进行平衡。

3）销售物流的信息化。销售物流活动之间的信息传递量较大，订货、储存、搬运、进出库、发货、运输、结算等各环节之间的信息，自动化机械设备的联网信息，计算机辅助设计和模拟，物流数据的生成系统，网上营销与电子商务条件下的销售物流信息等，是当代销售物流中常常需要传递的信息。因此，销售物流有向信息化方向不断发展的趋势。

第二节 汽车销售物流

一、汽车销售物流系统

汽车销售物流系统是一个由若干子系统构成的统一的整体，子系统的结构和功能决定了销售物流系统总体目标的实现程度。销售物流由订单处理、包装、仓储、运输、信息管理等多个环节组成，每一个环节都是一个相对独立的子系统，每一个子系统的运作都将影响整个销售物流活动的效果。

根据系统设计的开放性和整体性原则，在设计和运作每个子系统时，应注意以下几点：①要注意各子系统的独立性，运用模块化的思想，使各子系统具备良好的升级性和可替换性，以便于系统的升级改造；②要注意各子系统之间的交互性，统一各子系统之间的输入和输出口径，以确保各子系统与信息平台的顺畅联系，加强各子系统之间的沟通，使其能够集成为一个整体；③要注意系统的开放性，每个子系统都会与相关的外界发生联系，如运输管理子系统可能会租用外部运输工具，订单管理子系统要求与客户连接，仓储管理子系统可能会租用社会仓库等。因此，各子系统需要考虑与外界相对应的业务，按市场运行规则相互兼容。做到以上几点，需要运用先进的物流管理知识，并针对汽车物流的实际情况进行具体分析。

1. 订单管理子系统

订单是一切作业的开始。有效的订单管理子系统能提升客户服务水平，通过设定合理的管理措施和降低订单输入成本来保障一定的利润率。订单管理流程首先是接受订单，经过订单资料输入、资料核查确认，并按照订单进行库存分配和订单数据处理输出，最后经由客户签收、取款结账等整个循环作业。

对不同客户下达的订单，完成订单录入、单据打印及库存查询等最基本的物流运作控制操作。客户可以通过该系统的固定渠道向企业下达运作指令，查看和了解订单的执行情况，并获取相关订单的汇总和分析报表。企业销售物流信息处理部门通过该系统接收和确认订单的有效性，按照订单的运作要求，将订单分解到各执行部门，并对订单的执行情况进行汇总和分析。订单管理子系统是物流信息系统最主要的子系统之一，关系到订单的来源和处理结果的有效组合，是客户获取物流运作状况信息最主要的渠道和方式。

（1）**系统目标** 订单管理子系统的设计目标主要是简化订货作业，提高订货资料的正确性，以便快速下单，并避免资料重复输入。

订单的处理时间是对客户服务的开始，如果企业想通过短暂而稳定的订单周转时间实现高水平的顾客服务，关键是要认真管理好订单处理过程中的各项活动，如订单准备、订单传输、订单录入、订单履行等。因为订单管理子系统急需解决的问题是如何快速、准确地取得订货资料，并追踪、掌握订单的进度以提升对客户的服务水平，如何支持相关作业等问题。

（2）**订单准备及传输**　订单准备是指业务部门确定订单时所需要的一些参考资料的准备。当订单无法依客户要求交货时，业务部需要进行协调。由于一般都是在整车厂交付货物一段时间后，客户才予以结账。因此，在处理订单资料的同时，业务人员需要核查客户的资信状况。此外，在特定时段，业务人员还需要统计该时段的订货数量，并进行调货，分配出货程序及数量。

（3）**订单录入及状况的报告**　订单录入是指在订单履行前所进行的各项工作，主要包括核对订货信息的准确性，审查客户的信用，核查所需商品是否可得，必要时转录订单信息等。如果订货请求所包含的信息与要求的格式不符，则在交给订单履行部门执行之前就需要做额外的工作。订单录入可以由人工完成，也可以进行全自动处理。

在汽车销售物流系统的构建中，信息传输如果采用网络传输，则客户可以直接在互联网上下订单。该订单数据可以依照通用的标准被翻译成企业普遍接受的数据格式，传输到整车生产厂的客服部门，再由客服部门对订单进行处理。

在具体的处理过程中应该注意以下几点：

1）订单有效性的确定。

2）为使客服部门根据分拨中心的库存量决定当时能否满足客户的要求，在客服部门和第三方物流服务商分拨中心之间必须可以进行数据交换。

订单处理过程的最后环节是通过不断向客户报告订单处理过程或货物交付过程中的任何延迟，确保优质的客户服务。在汽车销售物流系统的设计中，该项活动包括：

1）在整个订单周转过程中跟踪订单。监控运送车辆是否到达地点以及是否按时到达目的地。

2）与客户交换订单处理进度、订单货物交付时间及货损情况等方面的信息。

2. 仓储管理子系统

仓储管理子系统能够对多个库房、多种产品进行到库位的动态实时货品管理。所有的库房都进行着相似的业务过程：入库、存放、挑选，然后装运出库。仓储管理子系统主要用于最大化地提高这些业务过程的有效性和精确性。从物流模式的角度，仓储管理子系统是实现快速订单响应所必需的运作系统，没有仓储管理子系统，就不可能实现"配送"模式。从物流技术的角度，仓储管理子系统是支持现代化配送及相应自动化设施运行的基本环境。仓储管理子系统的功能主要包括产品的接收、放置、数量统计和分拣，库存管理，条码管理，任务管理，质量保证，货品优化搭配，工单管理及发货等。

汽车仓储管理中，最重要的就是在库的库存管理，它主要包含库区管理、储位管理、入库管理、出库管理、退库维修和商品盘点等物流作业。仓储管理子系统需要结合以上这些作业，采用托盘、条码等自动识别技术以及先进的储位管理技术，对汽车的进、销、存等环节进行管理。

3. 运输管理子系统

运输管理子系统面向复杂的运输和配送业务，不仅仅实现运输业务流程的全程控制和路径优化，更重要的是在各种变化的运作约束条件下，面向既定的运输服务响应水平，以最低的成本，实现动态的运输计划。

高效的运输能使商品得到即时供应,这在激烈的市场竞争中越来越重要。同时,运输成本也是一种销售成本。管理者首先要根据销售系统的要求对运输方式做出选择,运输方式的运作特征包括服务可靠性、运送速度、服务频率、服务可得性和处理货物的能力,这些因素和所付运费都是影响运输方式选择的重要因素。

4. 物流信息管理子系统

现代物流是以信息技术为支撑的,没有信息化就没有现代物流的发展。现代汽车物流需要有一个好的信息系统平台支持,数据准确是其核心要求。汽车生产有其特殊性,一辆汽车是由上万个零部件组成的,必须进行全球采购,而且从全国乃至世界各地购买的零部件不可能要求同时进厂,因为任何企业都无法提供如此大的存储空间。因此,加快物流信息化的建设非常重要,没有信息管理子系统是不可想象的。一个高效的一体化的物流信息管理子系统可以大大提升汽车制造企业的核心竞争力。通过信息管理子系统,企业可以及时、准确地协调与控制产、供、销的关系。

二、汽车配件销售物流

1. 汽车配件销售物流的功用及特点

汽车配件销售物流相比整车销售物流要复杂得多。在汽车行业零部件全球采购的背景下,自生产厂家出厂的配件,从功用上分析,要满足多种用途:一部分提供给整车制造商,作为生产资料;另一部分提供给汽车维修部门或零售商,以满足汽车销售之后的维修功用。提供给整车制造商的部分批量往往很大,而提供给零售商和维修部门的批量相对要小得多。针对同一个运送目的地,要同时满足两方面的需要,这就决定了汽车配件物流配送的复杂性。另外,汽车配件具有品种繁多、外形差异大等特点,这就决定了物流运输和包装过程的复杂性。

2. 汽车配件销售物流与整车物流的区别

(1) **随机的需求** 配件和售后服务的需求是被不可预测的事件驱动的,使得预测和管理具有很大的难度。

(2) **没有缓冲的需求** 不像生产订单,客户对售后配件供应的响应速度要求高,售后服务的订单不可能排成一个长达六周的主计划,然后逐一按部就班地执行;而售后服务的交付也不可能像产品制造一样可以存放到成品仓库中。

(3) **令人失望的供应商的交货能力** 在许多情况下,售后配件供应商的交货记录表现得很差,几个月的提前期甚至不到60%的订单履行率并不少见。这与生产配件及主机配套零部件的供应商有着天壤之别。

(4) **工作量巨大的配件计划** 如果需要在汽车配件的最底层进行计划,如果没有恰当的辅助分类工具,意味着需要对50万个库存单元分别进行预测、调配并制订补货计划。

(5) **具有很强的服务性** 在现代社会中,汽车市场是一个竞争激烈的买方市场,因此,汽车配件销售物流必须以满足用户的需求为出发点,快速、及时、准确地实现销售和完成售后服务。

3. 汽车配件销售的主要模式

(1) **国外汽车配件销售的主要模式** 目前国际上汽车售后市场的经营模式有两种:"四位一体"和"连锁经营"模式。

"四位一体"的汽车服务起源于欧洲。所谓"四位一体",是指汽车营销工作中四种营销方法的动态整合,是一种战略组合,也是一种综合的销售方法。"四位"是指终端建设、营销推广、活动促销、广告传播;"一体"是指营销整体。"四位一体"不是四种营销方法的简单累加,而是要产生巨大营销效果的一种有机叠加。

　　除了"四位一体"模式外,还有以美国为代表的以品牌为纽带的综合性服务商,也就是"连锁经营"模式。美国汽配连锁的代表企业,如 NAPA、Auto-Zone、Pep Boys 的配件销量占据美国汽配市场的70%。连锁体系内的维修企业成员,可依托盟主的配件库存、进货渠道、配送力量和技术支持,在较少库存的经济模式下,实现及时、高质量的维修服务。连锁体系内的汽配店可依附盟主广泛、稳定的供货渠道,以小批量的订货获得规模订货的优势价格,以盟主总库的配件支持来减轻自己的库存规模;在享受品牌效应的同时,以网络内其他维修企业的服务为依托,增强自己的市场竞争力;由盟主完成配送、技术支持工作,使其工作更为简单。而对于车主,连锁体系在品牌、产品基础、技术和服务上提供了有效的保障;由于连锁体系成员是综合性配件供应商及维修商,不是专一车型的配件供应维修商,所以产品适用车型广、维修业务覆盖的车型多,在价格上具有优势。

　　(2) 国内汽车配件销售的主要模式　我国汽车工业由于起步较晚,综合实力与国外汽车工业强国相比差距较大,而且长期"重整车、轻配件"的观念也使得我国汽车配件业的发展水平明显低于整车行业。目前我国汽车配件销售的主要模式有以下几种:

　　1)汽配城。汽配城是目前我国汽车配件售后服务市场的主要营销模式,是非配套配件厂的供货渠道聚集地,客户主要有非特约售后服务站、路边快修点和出租车、长途客运车、货运车等汽车运营公司的驾驶员和修理工,以及少数私车驾驶者。

　　汽配城在配件产品的流通领域中主要充当批发渠道的角色。汽车修理用配件的60%都是源自汽配城。汽配城内产品品种齐全、数量繁多、资源丰富,给消费者提供了较大便利。但目前汽配城的经营和管理中存在一些问题,突出表现为只重招商,不重视市场建设和管理。一个汽配城有上千个摊位,多是现货交易,且管理不到位,导致产品质量无法保证,会损害消费者利益、损害汽配城的形象。

　　2)特约经销商和特约维修站。各个品牌特约经销商和特约维修站是售后服务市场"原厂配件"或"正宗配件"的主要流通渠道。目前,国内大型的整车企业都在全国范围内建立了集"整车销售、配件供应、维修、信息反馈"为一体的品牌专卖店以及品牌维修站,并通过严格规范的管理,要求只能从企业下设的专门负责配件供应的部门或设在各地的配件中心库订购配件,不得外购,尤其不能外购假冒伪劣配件,以确保消费者可以在全国任何一家特约经销商和特约维修站购买到质量有保障的正品配件。

　　特约经销商和特约维修站具有产品质量可靠、专业化程度高、价格统一、管理规范等优势。整车厂商供应给全国各地的配件产品,一般是统一进价、统一零售指导价,或者要求经销商在批发价的基础上有一定比例的浮动。这样有利于规范汽配售后服务市场,防止不正当竞争。但从特约经销商和特约维修站的位置、布局和覆盖区域来看,还存在服务网点少,布局不合理,服务网络建设不科学、不完善,产品价格过高等问题,导致其没有发挥出销售正品配件的主渠道作用。

　　3)汽车配件生产商建立的品牌经销店。一些有实力的汽车配件生产商采用特约经销方式或品牌方式销售产品。它们在全国各地实行区域代理,保证企业正品配件的供应,同时严把质量关。

这种由汽车配件生产商建立的品牌专营店和售后服务体系,可以提供优质、专业的产品和服务,有利于规范售后服务市场的秩序。我国汽车配件生产商建立的品牌经销店目前还处于起步阶段,国内成型的品牌经销店多是由国外引进的,如世界最多元化的汽车配件供应商之一德尔福公司。

4)路边汽配经销点和快修点。我国的汽车配件售后服务市场存在着巨大的需求,而由于非配套汽车配件产品的价格较低,在利益的驱使下,必然会出现大量的、小规模的路边汽配经销点和快修点。路边汽配经销点和快修点多是私人投资的,规模小、投资少、成本低,进入门槛也低。

由于目前我国汽车配件售后服务市场发展还不完善,销售正品配件的特约经销商数量不足,且其网络布局不合理,路边汽配经销点和快修点凭借其低廉的价格赢得了一定的市场。

三、汽车整车销售物流

1. 汽车整车销售物流的特点

1)汽车整车销售物流具有很强的服务性,它不仅是汽车制造企业创造自身价值的手段,同时还能在此过程中满足消费者对汽车产品的需求。

2)汽车整车销售物流有着时间和空间上的巨大变化维度,汽车制造厂家需要通过多种技术手段和操作进行处理,以实现汽车整车产品的最终销售。由于汽车产品可能就地销售,也可能出口到国外,这就使汽车产品物流在空间上有着巨大的变化范围;同时,又由于用户对汽车产品的需求比较迫切,因而需要汽车制造企业迅速响应、快速供货,也有可能客户对运输时限并不关注,这又使汽车整车销售物流在空间上有着巨大的变化范围。

3)汽车整车销售物流针对不同的市场需求状况,有不同的组织方式。因为市场需求有时集中有时分散,经销商订货时也会考虑自身利益,订货数量不规律,这就需要汽车整车销售物流系统具有比较好的灵活性。

2. 汽车整车销售物流管理的目标

(1)**服务目标** 汽车整车销售物流是连接生产者与消费者的纽带,其服务性是汽车整车销售物流管理的首要目标,具体表现在要以用户为中心,树立"用户第一"的观念。

(2)**及时目标** 销售物流的时间越短、速度越快,资本发挥的效益就越大。快速、及时不仅是用户和消费者的要求,也是企业发展的要求。它既是一个传统目标,更是一个现代目标。

(3)**规模化目标** 生产企业的规模化生产早已被承认,但是由于物流系统比生产系统的稳定性差,因而难以形成标准的规模化格式。而规模化目标则要求汽车整车销售物流在销售过程中,在相对稳定的条件下,力求达到规模化的物流。

(4)**节约目标** 在销售过程中,由于流通过程消耗大而且增加的商品价值有限,所以依靠节约来降低投入是相对提高产出的一个重要手段。

(5)**库存调节目标** 销售物流是通过库存对消费者和用户的需求起到保证作用的。在汽车销售过程中,准确确定库存数量、减少库存费用就是这一目标的体现。

3. 汽车整车销售物流的运作模式

(1)**自营物流模式** 自营物流模式是指汽车制造企业依靠自身的力量,结合自身的经营特点,建立适合自身的物流体系,从汽车产品原材料、零部件、辅助材料等的购进,到汽车产品的生产、储运、包装和销售等物流活动,全部由企业自身来完成。汽车制造企业既是汽车生产活动的组织者、实施操作者,又是企业物流活动的组织者与实施者。自营物流是第一方物流,是封闭性很强的企业内部物流。在这种模式下,企业拥有完整的物流设施和人员配备,隶属于企业的销售部门。这种自营物流模式对企业的运作水平要求较高,要求企业对物流、商流和信息流进行有效的整合管理,才能够充分发挥自营物流的优势。

企业自营物流的优点主要有:

1)掌握控制权,有利于改善客户服务和对整个物流系统运作进行协调和控制。对于企业内部的采购、制造和销售活动环节,原材料和产成品的性能、规格,供应商以及销售商的经营能力,企业自身掌握最详尽的资料。企业自营物流可以运用自身掌握的资料,有效协调物流活动的各个环节,能以较快的速度解决物流活动管理过程中出现的问题,获得供应商、销售商以及最终客户的第一手信息,从而有利于改善客户服务和对整个物流进行协调和控制。

2)能使原材料和零部件采购、配送以及生产支持实现战略上一体化,准时采购,增加批次,减少批量,调控库存,减少资金占用,降低成本,从而实现零库存、零距离和零营运资本。

但自营物流也存在一些缺点:

1)投资巨大,企业负担重,市场竞争能力减弱。企业为了建立自营物流,就必须投入巨资兴建基础设施、购买物流设备(如运输车辆)、支付维护费用和人员开支等,这就会减少企业对其他重要环节的投入,削弱企业的市场竞争能力。对于一些规模较小的企业,甚至会出现对物流的投资比重过大而导致企业无法正常运转的情况。

2)不能充分发挥分工的经济优势,会降低汽车产品的总体物流效率。

3)很难形成规模经济效应。由于多数自营物流只是企业的后勤,主要服务于本企业的产品配送,而且配送的品种比较单一,产品数量有限,所以很难形成规模经济效应。这样,一方面会导致物流成本过高,产品在市场上的竞争能力下降;另一方面,由于规模有限,物流配送的专业化水平非常低,也不能满足企业的需要。

4)无法进行准确的效益评估。由于许多建立自营物流的企业内部各职能部门彼此独立地完成各自的物流,没有将物流分离出来进行独立核算,因此,企业无法计算出准确的产品的物流成本,也就无法进行准确的效益评估。

目前,我国汽车行业中仍然有很多汽车企业采用供、产、销一体化的自营物流。从目前看,这一模式能够保证汽车制造商对汽车物流全过程供应、制造及分销的完全控制权,掌握第一手客户信息,有利于改善客户服务和对整个物流进行协调与控制。但随着汽车消费需求个性化、供应全球化、贸易电子化和交货迅捷化,对汽车物流也提出新的挑战,若汽车制造企业仍旧采取自营物流,必然会加重其资金负担,不能发挥分工优势,就会导致核心竞争力降低。

(2)第三方物流模式 第三方物流在国外也称为契约物流,是 20 世纪 80 年代中期在欧美国家出现的概念。

一般来说,第三方物流是指由物流劳务的供方、需方之外的第三方完成物流运作方式从而完善供应链的过程。第三方是指提供物流交易双方的部分或全部物流功能的外部服务提供者。第三方物流总的演变过程是由简单的契约式物流向企业外包和集成式供应链管理发展。第三方物流便于处理供应链末端任务，在尽可能靠近消费者或者卖主的地方完成产品的制造，降低运输成本，减少供货时间，便于提供定制化产品，增加收益，提高客户满意度。

具体地说，第三方物流的优点主要表现在：

1）能大大降低物流成本。引入第三方物流，一方面可以减少汽车制造业大量的人、财、物投入；另一方面，第三方物流企业可以依托其先进的物流理念和强大的网络优势，为营运车辆调配回程货，从而大大减少空车率，提高运营车辆的利用率，降低成本，节省车辆的在途时间，还可以帮助客户提高单证处理效率，从而减少单证处理费用，降低存货水平，削减存储成本等。

2）能提升企业核心竞争力。现代化生产突出的是专业化分工和协作，每个企业只做自己最擅长的事情，发挥自己的核心优势，争取实现最大附加值。由于任何企业的精力与资源都是有限的，很难成为业务上面面俱到的专家。为此，企业可通过分工细化、业务外包，将物流等非核心业务外包给其他专业公司，从而集中有限的精力、资源实现其核心业务的发展，而在该行业形成自己的核心竞争力。

3）能提高企业的客户服务水平和顾客满意度。客户在购买企业产品时，最关心的是企业交货的及时性和维修保养等的方便快捷。而汽车本身由上千种零部件组成，面对的是众多客户，如果依靠企业自身去完成零部件配送和整车运输、仓储等功能，是一项庞大而复杂的工程，而且由于非专业性致使物流效率低下、成本居高不下。第三方物流企业拥有丰富的物流管理经验，便捷、畅通的运营网络，能够根据企业的需要向最终客户提供多样性、个性化的服务。

因此，通过第三方物流可以向客户提供更多的服务品种，从而提高企业客户服务水平和顾客满意度。

4）市场反馈信息速度快。第三方物流企业铺设了高效的网络信息平台，可以与各区域分拨中心等进行实时信息交流，因此，可以得到比较快速的市场反馈信息，为汽车制造商提供较为准确的市场销售信息。

5）能进行实时跟踪，提供良好的信息服务。通过铺设高效的信息平台和配置先进的系统，第三方物流企业可以对货物进行实时跟踪；另外，通过建立应急事件的处理流程，可以较为高效地处理运输或保管过程中发生的意外事件，保障货物的安全。

6）能分散企业风险，适应能力强。企业可以通过外向资源配置，分散由政府、经济、市场、财务等因素产生的风险。因为企业本身的资源是有限的，通过资源外向配置，与第三方物流企业分担风险，企业可以变得更有柔性，更能适应外部变化的环境。

当然，由于我国第三方物流的分工协作体系还没有形成，与自营物流相比较，除了上述几方面能为企业提供便利的同时，也会给企业带来诸多不利，如企业不能直接控制物流职能，企业的物流技术得不到开发，会流失一部分利润等。

（3）过渡型物流模式 过渡型物流模式是企业逐渐引入第三方物流模式的一种过渡型模式。它是指企业在原有的物流职能部门的基础上成立独立的物流公司，该物流公司具有独立企业法人资格和经营自主权，并且自负盈亏，业务上以满足原制造企业的服务需求为主，在有能力富余的情况下，可以承接社会上其他企业的物流业务，并随着业务运作专业化程度的加深以及业务范围的扩大，逐渐转变为完全社会化的第三方物流企业。

目前，由于国内的物流公司大多是由传统的储运公司转变过来的，能真正满足制造企业汽车整车销售物流需求的很少。因此，国内许多大型汽车制造企业便利用已有的丰富资源自建物流公司，从而形成了这种过渡型物流模式。这种模式是自营模式向第三方物流模式的过渡，随着业务量的扩大，将逐渐发展为完全社会化的第三方物流模式。

过渡型物流模式的优点主要有：

1）能强化企业对供应和分销渠道的控制。企业在市场营销战略的统筹规划下，专注于关键物流网点（如地区性配送中心或分销中心）的设置、物流服务标准的制定和物流信息资源的协调配置等。

2）更了解企业的生产和销售特点，更好地满足企业需求。

过渡型物流模式的缺点主要有：

1）汽车作为一种高端产品，对物流服务技术性要求很强。企业自建物流公司一开始往往缺乏专业化运作，效率低。

2）独立运作会使配送成本增加，如果是功能自备型，更是需要企业有较大的资金投入，从而相对削减了企业对产品研发的投入力度，可能会削弱企业的核心竞争力。

四、汽车销售网络的建立与管理

汽车产品与其他商品一样，自汽车制造商生产以后，并不能立即销售出去，而是需要通过一定的销售网络、销售渠道，才能将汽车产品送到消费者手中。销售网络是由销售网点与销售渠道所形成的信息共有、风险共担、利益共享的网络化销售系统。

销售网络可以创造时空便利、扩大市场覆盖、降低销售成本、提高承担风险能力、沟通相关信息，使之形成综合竞争优势。建立汽车销售网络的主要目的是将产品以最有效的方式、最佳的渠道送到消费者的手中。对于汽车来讲，单位价值较高，一般以直接销售为主，渠道不宜过长。

1. 汽车营销模式

现代营销模式最大的特点是销售方式扁平化，制造商的产品不需经过层层经销商的推销。所谓的扁平化，就是指通过减少管理层次，压缩职能部门和机构，使企业决策层和操作层之间的中间管理层级尽可能减少，以便企业快速地将决策权延伸至企业生产、营销的最前沿，提高企业效率。目前，汽车营销模式主要有品牌专卖店模式、汽车超市模式、汽车交易市场与汽车园区模式、汽车大道营销模式、网络直销模式。

（1）品牌专卖店模式 品牌专卖店模式是以汽车厂家的营销部门为中心，以区域管理中心为依托，以特许经销商为基点，受控于厂家的全新营销模式。它是由汽车制造或销售厂家授权，一般只经营销售单一汽车品牌，为消费者提供全方位购车服务的汽车交易场所，具有规范性、全程性和排他性等特点，是市场经济和市场竞争发展到一定程度的必然产物。

（2）汽车超市模式 汽车超市可以代理多家汽车品牌，即一家经销商可以同时提供多种品牌的汽车产品和服务。汽车超市的特点是以汽车服务贸易为主，并千方百计拓展服务的外延，促使服务效益最大化。

对于汽车超市模式，由于它可以同时经营多种汽车产品，投资风险比较低。目前我国的整车厂中，大部分厂家的年销售量不足10000辆，大部分汽车生产商没有实力采用品牌专卖店模式，而汽车超市模式则以其优势可成为我国汽车营销模式的主流。

(3) 汽车交易市场与汽车园区模式 汽车交易市场是指众多汽车经销商集于同一场地,形成多品种、多商家的汽车交易市场。如北京的亚运村、北方汽车交易市场便是我国汽车交易市场的代表。

从经营方式上来讲,汽车交易市场可以分为三种类型:①以管理服务为主。该模式的主要特征是管理者不参与经营销售,由经销商进场经营售车,市场只做好硬件建设及完善的服务管理。②以自营为主,其他的入市经销商很少,即市场管理者同时也是主要汽车销售者。③自营与其他的入市经销商各占一半。

汽车园区是汽车集约型交易市场发展的新阶段,它以更加以用户为中心的服务理念,即更宽松的购物环境为特点。相对于汽车交易市场,汽车园区的最大优势就是功能的多元化、服务的规范化。如果说汽车交易市场是集市,那么汽车园区就是现代化的购物广场。

(4) 汽车大道营销模式 汽车大道营销模式是目前欧美汽车大国的汽车市场集合模式,它设在方便顾客进入的快速道路两侧,聚集若干品牌的专卖店,形成专卖店集群。汽车大道营销模式集汽车交易、服务、信息、文化等多种功能于一体,具有规模大、环境好、交易额大、影响大等特点,体现了国际汽车营销由专一专卖店向集约化、趋同化方向发展趋势。

汽车大道营销模式在西方颇受欢迎,但它作为西方汽车工业高度发达和当地地理人文条件形成的产物,并不适合我国当前的汽车市场。

(5) 网络直销模式 随着电子商务的发展,网络直销也开始作为一种全新的营销模式应用于汽车销售。对于消费者而言,他们能更详细、更具体地比较各种汽车产品的信息,由此可促使他们做出更成熟、更理智的购买行为;同时,消费者个性化的要求也能够得到更好的满足。对于汽车生产商来说,网络的运用大大提高了企业的反应速度,这对增强企业竞争力有很大的帮助,同样重要的是,企业借助互联网可节省大量的人力、物力和财力;同时,汽车销售渠道的大大缩短,汽车生产厂商库存和中间流通费用的减少,也将使汽车成本得到大幅度降低。

2. 汽车销售渠道管理

汽车销售渠道管理是汽车产品实现其价值过程中的一个重要环节。它包括科学地确定汽车销售路线,合理地规划汽车销售网络,认真地选择汽车经销商,高效地组织汽车储运,及时地将品质完好的汽车提供给消费者,以满足消费者的需要。

(1) 汽车销售渠道的物流管理 汽车产品由汽车制造商最终到达消费者手中,不仅要通过汽车所有权的转移,而且要经过订货、运输、仓储、存货等管理活动,才能实现汽车产品实体的空间转移。其中,最为重要的是运输和仓储,它们与企业的销售渠道相辅相成,构成了汽车销售渠道的物流系统。汽车制造商制定正确的物流策略,对于降低总成本、增强竞争能力、提供优质服务、提高企业效益具有重要的意义。

1) 物流成本。每个特定的汽车物流系统都由仓库数目、库址、规模、运输策略以及存货策略等构成,拥有一套总成本计算方法。汽车物流系统总成本通常包括运输总成本、固定仓储总成本、变动仓储总成本和因延迟销售所造成的销售损失的机会总成本等。在设计和选择汽车物流系统时,要考虑各个系统的总成本,然后从中选择总成本最低的物流系统。

2) 汽车的储存。汽车的储存是指汽车产品离开生产线而尚未进入消费领域之前,在汽车销售渠道流通过程中的合理停留。为了保证汽车企业再生产的顺利进行和满足消费者的消费要求,必须保持一定数量的汽车储存。汽车储存的策略主要包括汽车仓库的选择、汽车存货水平的控制和订货时间的确定。

3）汽车的运输。汽车的运输是指借助各种运输工具实现汽车产品由生产地运送到消费地的空间位置的转移。

汽车运输方式是实现汽车产品地区之间移动的物质条件。常用的运输方式有铁路运输、水路运输和公路运输。运输方式选择主要取决于运输成本、地理位置和消费者需要等因素。

进行汽车运输路线选择时，力求做到把货物交给消费者的时间最短，以确保及时交货，提高服务质量，减少运输里程，降低运输费用。

汽车的运输策略，即汽车生产企业选择何种运输方式和运输路线，将汽车产品运送到销售地点。在制定汽车运输策略时，除考虑企业的地理位置、运输方式的便利条件、运输成本、质量和速度等因素外，还必须考虑各种运输方式之间的协调关系及其他销售要素（如仓储和存货水平）的潜在影响。

(2) 汽车销售渠道的资金流管理 汽车产品的整个流动过程，不仅包括物流，还包括资金流。中间商的财务部是进行资金结算的管理部门和执行内部会计、财务功能的职能部门，它对资金进行规划和控制，因此必须建立严格的财务管理制度，以确保资金结算、融资业务、财务评估等资金流工作合理、有效地进行。资金流管理的内容包括如下四个方面：

1）资金结算管理。地区分销商在总经销商的汽车销售体系中担负的主要使命是从总经销商处购进汽车，通过其所管辖的经销商将汽车销售给最终消费者。地区分销商的其他一切活动均是为此目的服务的。

2）内部财务管理。内部财务管理的内容包括制定分销商内部财务、会计管理实施办法；编制销售收入、费用、利润、税金计划以及财务考核计划；统一管理分销商的固定资产、流动资金等。

3）对经销商的财务评估。对经销商财务评估的内容包括编制对经销商的财务评估计划；参与对经销商售车业务的审查，重点检查经销商售车时对售车价格政策的执行情况；评估、复核固定资产的账务处理及其公允价值，提出支付"投资毛利"的数额、支付方式与计划等的建议等。

4）融资售车业务管理。融资售车业务管理的内容包括向进行融资售车业务合作的承办行和协办行提供经销商的财务状况等有关资料；将分销商的信贷需求计划与销售部提供的汽车计划报告给总经销商和承办行、协办行；协助承办行和协办行做好汽车销售收入的划转、筹资结算和资金清算等。

(3) 汽车销售渠道的信息流管理 信息流几乎渗透到汽车销售渠道中的每一个环节，控制和利用好这些信息流可以及时掌握相关的信息，从而制订合理的销售计划，并依此进一步完善其内部管理，扩大汽车企业的业务规模。常用的信息系统包括营销管理系统、条码管理系统、库存管理系统、财务管理系统、PDI（Pre-delivery Inspection，交付前检查）管理系统等。

汽车销售网络和销售渠道体系及其科学的管理，对于汽车生产企业至关重要。加强对销售渠道的管理，保证销售渠道的正常运转，降低渠道运营成本，能够提升汽车制造商的市场竞争力，增加汽车品牌的信度，并且能够使消费者获得更好的服务。

第四章 汽车企业销售物流

3. 汽车销售物流计划的制订与销售物流决策方法

（1）汽车销售物流计划的制订　汽车销售物流的客户服务要求高、周转速度快、流程复杂，以及整车管理本身要求单车各种数据完整、及时和准确。作为汽车企业的资产，大量的成品车是通过代销方式存放在经销商以及各地营销中心的。对这部分没有形成回款的资产，管理上的要求是非常高的。而客户的需求，也就是市场和销售，是引导生产产品的品种、质量、数量的根本原因，也是影响和驱动汽车产品物流流向、流量和流速的根本因素。

汽车销售物流计划同样是按照汽车物流决策所确定的方案对其物流活动及其所需各种资源，从时间和空间上做出具体统筹安排的工作。其重要性可归纳为：汽车销售物流是决策的基础、应变的提防、统一经营的保障及有效控制的手段。

制订汽车销售物流计划的一般要求包括以下方面：

1）承诺性，即对用户的保证、对未来的承诺。

2）弹性，即适应未来的不确定性因素。

3）滚动性，即根据计划执行情况和环境变化而定期修订计划，使长期计划、中期计划、短期计划互相协调。

为保证计划的实施，应做好物流计划的执行与控制。要确保物流计划的执行，首先要将物流的总目标逐层分解，做到层层有对策计划；其次，要经常对物流计划的运行情况进行调整和修订。物流计划的制订方法如下：

1）滚动式计划法。滚动式计划法（预测、计划、实际、差异循环法）把计划分为若干期，根据物流计划执行一定时期的实际情况和环境变化，对以后各期计划的内容进行适当的修订，并向前推进一个新的执行期，如图4-1所示。

图4-1　滚动式计划法

这种方法的特点是远近结合、近细远粗、逐年滚动。这样既使物流计划保持严肃性，又具有适应性和现实性，有利于保持前后期工作的衔接协调，也可以使物流计划能够适应市场的变化，增强对外部环境的适应能力。其程序如图4-2所示。

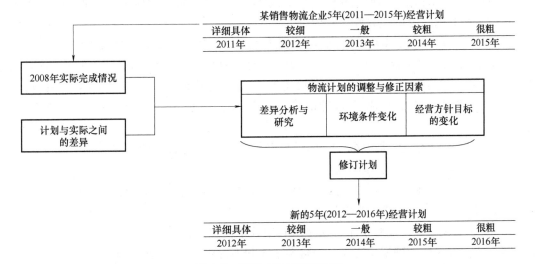

图4-2　滚动式计划法程序图

2）应变计划法。应变计划（应急计划）法是指当客观情况发生重大变化，原有计划失去作用时，物流企业为适应外部环境变化而采用备用计划的方法。一般物流企业在编制年度物流计划时都制订了备用计划，以便企业在内部调整计划时相对主动，从而避免慌乱、减少损失。

要保证物流计划的实现，必须在计划执行过程中加强控制，也就是按预定的目标、标准来控制和检查物流计划的执行情况，及时发现偏差，迅速予以解决。控制包括事前控制、事中控制和事后控制。为此，首先要制定各种科学的标准，如定额、限额、技术标准和计划指标等；其次要健全物流信息反馈系统，加强物流信息管理。

（2）销售物流决策方法 销售物流决策是物流企业决策者在拥有大量信息和个人丰富经验的基础上，对未来行为确定目标，并借助一定的计算手段、方法和技巧，对影响销售物流的因素进行分析研究后，从两个以上的可行方案中选择一个合理方案的分析判断过程。销售物流决策方法包括定性决策方法和定量决策方法两大类。

1）定性决策方法。定性决策方法是指决策者根据所掌握的信息，通过对事物运动规律的分析，在把握事物内在本质联系的基础上进行决策的方法。定性决策方法主要有下述几种：

① 头脑风暴法（Brain Storming）。头脑风暴法也称智力激励法是美国 BBDD 广告公司的 A. F. 奥斯本（A. F. Osborn）于 1938 年首创的一种创造性技术。

头脑风暴法是针对某一事实上的问题，召集由有关人员参加的小型会议，在融洽轻松的会议气氛中，与会者敞开思想、各抒己见、自由联想、畅所欲言、互相启发、互相激励，使创造性设想起连锁反应，从而获得众多解决问题的方法。

② 德尔菲法（Delphi Method）。德尔菲法又名专家意见法，是在 20 世纪 40 年代由 O. 赫尔默（O. Helmer）和 N. 达尔克（N. Dalkey）首创，经过 T. J. 戈尔登（T. J. Gordon）和兰德公司进一步发展而形成的。该方法依据系统的程序，采用匿名方式，即专家之间不得互相讨论，不发生横向联系，只能与调查人员发生关系，通过多轮次调查专家对问卷所提问题的意见，组织预测小组对每一轮的意见进行汇总整理后作为参考，再发给各专家，供他们分析判断以提出新的论证。几轮反复后，专家意见渐趋一致，最后的预测结果供决策者进行决策。这种方法具有广泛的代表性，较为可靠。

③ 戈登法（Gordon Method）。这是美国人戈登于 1964 年提出的决策方法。该方法与头脑风暴法相似，由会议主持人先把决策问题向会议成员做笼统的介绍，然后由会议成员（专家成员）讨论解决方案。当会议进行到适当时机时，决策者将决策的具体问题展示给小组成员，使小组成员的讨论进一步深化，最后由决策者吸收讨论结果进行决策。

④ 淘汰法。这种方法是根据一定的条件和标准，对全部备选的方案筛选一遍，淘汰达不到要求的方案，缩小选择的范围。

⑤ 环比法。这种方法是在所有方案中进行两两比较，优者得 1 分，劣者得 0 分，最后以各方案得分多少作为标准选择方案。

2）定量决策方法。定量决策方法是指利用数学模型进行优选决策方案的决策方法。定量决策方法一般可分为确定型决策、风险型决策和不确定性决策方法三种。

① 确定型决策方法。这种方法只有一种选择，决策没有风险，只要满足数学模型的前

提条件，数学模型就会给出特定的结果。确定型决策方法主要有盈亏平衡分析模型和经济批量模型。

② 风险型决策方法。这种方法是一个决策方案对应几个相互排斥的可能状态，每一种状态都以一定的可能性出现，并对应特定结果。风险型决策方法的目的是使收益期望值最大或者损失期望值最小。期望值是某一方案的各种损益值与其相应概率乘积之和。

③ 不确定型决策方法。这是指不能够判断各种状况出现的概率时使用的方法。常用的不确定型决策方法主要有冒险法（又称大中取大法）、保守法（又称小中取大法）和折中法。

五、汽车销售物流订单管理

1. 汽车销售物流订单管理的范围

订单管理是一切作业的起始，它的成效将直接影响后续的运输、配送等作业流程。

物流中心在销售物流里起着连接制造商与零售商的桥梁作用，所接触的物流组织为商品供给者，即制造商、进口商、代理商以及商品销售的零售商。

就物流流程来说，可以将物流中心的订单管理界定为处理分销商的订货、下单作业，而不包含物流中心向供货商的订货、下单作业。销售物流订单管理的范围如图4-3所示。

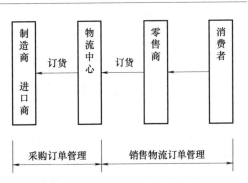

图4-3 销售物流订单管理的范围

2. 汽车销售物流订单管理的作用

(1) 订单管理开启物流作业 在物流中心每天的营运活动中，订单管理扮演着开端的角色，即客户端接受订货资料，将其处理输出，以便开始拣货、理货、分类、配送等一连串物流作业。因此，其处理的正确性和效率极大地影响着后续的作业绩效。

(2) 订单管理开启信息流 信息的产生是随着作业而来的，订单管理既开启物流中心的物流作业，也开启整个信息流作业。订单管理是物流中心的物流和信息流的开端，其处理结果影响着后续作业及其处理过程中需要考虑、支持的相关操作系统。

3. 汽车销售物流订单管理作业程序

(1) 订单业务流程 汽车销售物流订单管理的作业流程始于接单，经由接单所取得的订货信息，经过订单资料输入、资料核查、确认，并按此订单进行库存分配和订单数据处理输出，订单业务流程通常包括以下内容：

1）经销商提出月度需求计划。
2）大区汇总各商家需求，并传至汽车制造商。
3）汽车制造商依据全国计划制订生产月、周计划。
4）资源入库，经销商在系统中做出启票订单（即经销商的登记订单）。
5）启票订单导入，即将订单由经销商系统导入销售公司系统。
6）启票订单计划，即由启票人员对订单进行物料保留，当因车型、状态、颜色不能满足时，经销商可等待或与启票人员沟通修改订单。

7)启票订单登记,即确认地址、价格等无误后登记订单。

8)启票订单打印,即对登记的订单进行打印。

9)销售折让对接,即对有折让的单位启票单,应注明内容进行对接,完成后转到财务。

(2) 订单财务流程 订单财务流程主要包括以下内容:

1)经销商余额审查,余额足够可正常通过。

2)销售订单财务审核,审核通过后直接导入发运系统。

(3) 订单发运流程 订单发运流程主要包括以下内容:

1)销售订单发运分配,即将发运通知单交承运车队。

2)销售订单商品出库,打印出库通知单,出库后发运。

3)由物流客户服务部进行在途监控发运车辆途中的位置。

4)经销商收车后入库。

某汽车公司销售物流订单流程如图4-4所示。

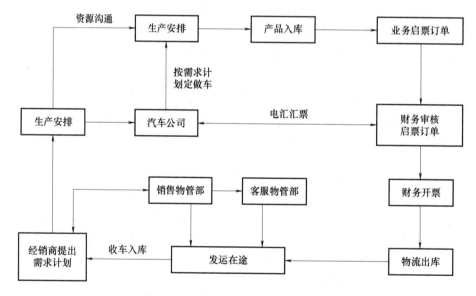

图4-4 某汽车公司销售物流订单流程

六、汽车销售物流运输管理

运输管理是一项复杂、细致、富有挑战性的工作,是成功物流系统的重要保障。随着物流管理理念的逐步提升,运输管理的基本责任、内容及作业流程也发生了一定的变化。图4-5为运输管理作业流程。

1. 确定运输管理部门的职责

确定运输管理部门的职责是汽车销售物流运输管理的一项基础性内容,确保以最低的成本为企业提供所需要的运输服务以及为企业提供有关原材料、供应品和产成品移动方面的技术支持。

物流系统中的运输部门除了要做好各项与运输相关的本部门内的工作外,还要协助企业内其他部门的运营和为决策提供支持。具体工作包括:协助市场营销部门向销售人员报出准确的运费,就可能的运输费用节约为销售折扣的数量提供依据,选择合适的线路以确保产品配送;帮助生产制造部门对包装和原料搬运提供建议,同时确保随时提供充足的运力;为外向运输提供运输方式和线路选择方面的指导,填发运输单据,促进多式联运的使用;就如何控制内向配送的成本、质量向采购部门提出建议,并协助追踪重要投入品的运输。

2. 选择运输方式

在汽车整车物流中,常用的运输方式有铁路运输、公路运输、水路运输和多式联运。

(1) 铁路运输 铁路运输的优点是运载量大,运输的连续性较好,在途运送速度快,有专门的运输线路,安全性好,可以适应不同种类的货物,运输成本较低。但是,该运输方式的运输路线固定,为了较高的安全性而使车次受到限制,并且只能将货物运到货运站场,不能直接实现门到门服务。由于国家政策的原因,铁路物流属于垄断经营,乘用车采用铁路物流运输,可选择的承运商少,运力有限,运价也难以商榷,短期内运力和运价都不能形成市场化竞争环境。

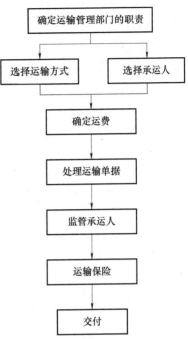

图 4-5 运输管理作业流程

(2) 公路运输 公路运输的优点是机动性强,对道路条件要求不高,可以直达,起运快,由于单车运量小,所以始末端装卸时间和费用少,适合中短途运输。但是,该运输方式途中运送速度低,远途运输需要中途停歇,连续性差,并且单次运输能力较差,能耗高,回程空驶率高,对环境污染较大。它是目前乘用车的主要运输方式。

(3) 水路运输 水路运输的优点是承载能力强,运输的连续性好,成本最低,适货能力也比较强。但是,其运输必须有水路通道,通道受适航条件的影响和限制比较大,因此,其运输通达性不好,安全性也相较铁路运输略差,运送速度慢,准时性差,在途货物多,不可抗力的因素影响大,这些都会增加整车物流企业的风险和成本负担。

(4) 多式联运 多式联运是指由两种及以上的交通工具相互衔接、转运而共同完成运输过程的复合运输。多式联运的运载机具包括火车、汽车、飞机、轮船等,是各种运输方式的有机组合,可以发挥不同运输方式的优势,使组合后的整体运输效率提高、服务质量上升。该运输方式是未来物流运输的发展方向。

在对运输方式进行选择时,通常要综合考虑以下几个方面:

1) 各种运输方式的经济性。
2) 各种运输方式的最佳运距。
3) 不同运输方式所需的时间与预期客户服务水平的匹配等问题。

物流运输方式的选择就是要发挥各种运输方式的优点,并尽量弥补彼此的缺点,从而获得良好的经济性和满意的客户服务水平。

3. 选择承运人

不同的运输方式和运作类型有各自的特点和优劣。运输管理者必须对这些运输方式和运作类型进行分析之后，选择恰当的方式和运作类型，然后在初步选定的运输方式和运作类型范围内选出合适的承运人。

初步确定范围后，要在运输能力指标相近的承运人中做出选择。这就需要对可能影响承运人服务质量的多项指标进行比较，其中比较重要的指标依次为货运过程中处理破损的经验、处理索赔的程序、运输时间的可靠度、有无货物跟踪服务、门到门运输时间、上门取货和配送服务的质量、是否只提供单向运输服务、运输设备状况等。

选择好承运人以后，企业必须与承运人签订货物运输合同。

4. 确定运费

随着各国运输业自由化和市场化的进程加速，运输费率体系越来越复杂，要达到运输的低成本化，企业的运输管理人员必须对各种运输费率体系十分了解，并据其确定企业可利用的最低费率。

整车运输在计算运输费用时，要考虑运输方式（可分为零公里运输、驮背运输和非零公里运输、商品车直接开到目的地等）、运输路线长度费用。另外，按公里数的不同要执行分段计费标准。系统能够快速打印与承运商结算费用的单据，准确地记录承运商的运输车辆数量、目的地、运输方式，对运输结果的有效性进行确认，根据不同的运输费率来计算费用，定期打印账单，与承运商进行运输费用的对账。

如果是运输量较小的企业，运输费率可以根据承运人公布的运价来计算，运输部门要尽量收集多家承运人的运价信息，从中选取适合企业的最低运费。通常要由企业和承运人双方的代表组成费率等级确定小组进行商谈后确定费率。运输部门管理人员应通过各种途径对该小组人员施加影响，使其确定尽量低的费率和较少的等级。

对于货物运输量常年较大的企业而言，往往更适合需要与承运人进行单独谈判的特殊费率。运输部门管理人员的主要精力应花费在与承运人就运输合同进行的商谈上。

5. 处理运输单据

处理运输单据也是企业运输管理部门的职责。现在，有许多承运人向货主提供相应的软件，以便通过计算机输出通用的运输单据，也有些货主运用其订单处理软件输出运输单据，如公路运输托运表、公路运输货运单、水路运输货运单、水路运输托运计划、航空货运单、货物交运单、货物清单等。

6. 监管承运人

在企业销售运营管理中，要使企业的商品在合适的时间运到合适的地方，很重要的一环就是对承运人的监管与控制。运输部门将企业的产品交给承运人之后，还需要负责监督和跟踪货物在运输中的情况，以确保货物安全、及时、准确、完好无损地送达客户或送到指定的地点。

7. 运输保险

汽车作为大宗货物，在运输过程中若出现意外情况，不但会给企业带来不小的经济损失，同时也会耽搁经销商或客户对整车的使用。为了万无一失，整车运输企业尤其要做好运输保险工作。

在企业的物流保险上，财产一切险、货物运输险、公众责任险已覆盖了物流作业的大部分环节，而涉及运输环节的主要是货物预约险（又称货物运输险）。它是指公路、水路、铁路以及多式联运过程中的货物，在遭受自然灾害和意外事故时，能够对所造成的损失得到赔付的险种。其保障程度按基本险、综合险以及特别约定而有所差别。

七、汽车销售物流配送管理

配送是汽车销售物流中最具增值性的物流活动，也是汽车销售物流的重要环节之一。国外汽车制造企业十分重视配送中心的规划设计，通过科学布局，合理选择和使用仓储设备，提供多样化、专业化的增值服务，应用先进的信息管理系统等方法，降低物流成本，提高经济效益。例如，美国通用汽车公司为北美30多个制造厂和10多个主要供货厂商设立了一个配送中心，接收和集中各供货厂商送来的零部件，然后重新组合发送到各制造工厂。配送中心使用计算机、条码、激光扫描技术，并借助完善的计算机管理系统，降低了费用，为通用汽车公司及其供货厂商节约了800多万美元。

而我国汽车制造企业配送中心多数是充当着仓库和运输中转站的角色，功能主要是储存和保管，而忽略了增值服务的功能。由于缺乏具体分析和专业人才紧缺等原因，建筑物、机械设备、运输操作系统等各部分没有构成有机的整体，降低了配送中心的运营效率。我国汽车制造企业配送中心的计算机网络应用程度较低，尚未做到信息的实时传播和及时更新，对物流信息系统开发和应用的适应性相对滞后。

从西方汽车行业的发展来看，汽车行业的未来趋势是加强行业分工，汽车零部件生产功能和物流配送功能都将从汽车制造企业中剥离出来，把物流管理的部分功能委托给第三方物流企业管理。第三方物流对汽车制造企业改善物流环境、提升企业核心业务竞争力具有显著效果。常见的第三方配送系统运作模式如图4-6所示。

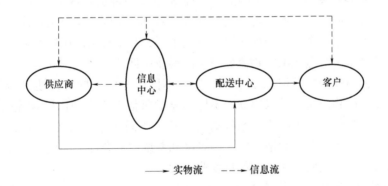

图4-6 常见的第三方配送系统运作模式

第三方物流企业下设信息中心和仓储配送中心，客户（汽车制造商）可以通过互联网、电话或传真直接向信息中心发送配送指令或订单，信息中心将配送指令或订单信息传送给配送中心，配送中心根据工厂的要求进行分拣配货作业，并按时间要求向工厂进行实物配送。同时，配送中心将库存情况和配送执行的信息实时反馈给信息中心，信息中心处理后再传给客户（汽车制造商）。客户（汽车制造商）根据配送中心的库存情况决定配送中心的进货时机，并通过互联网、电话或传真向相应的配套零件供应商下订货单。供应商确认订单后向信息中心发送交货通知和交货单，信息中心向配送中心下达接货指令，由供应商组织进货运输，将货物运至配送中心。

第三节　汽车国际贸易与物流管理

一、国际物流的含义与特点

1. 国际物流的含义

国际物流就是物流活动超越国家疆界的限制，延伸到其他国家和地区。这种物流是国际贸易的一个组成部分，各国之间的相互贸易最终通过国际物流来实现。对于跨国公司来讲，国际物流不仅是由商贸活动决定的，而且也是本身生产活动的必然产物。企业国际化战略的实施，使企业分别在不同国家生产零件、配件，又在另一些国家组装或装配整机。企业的这种生产环节之间的衔接也需要国际物流的支持。

随着经济全球化进程的加快，不论是已经实现国际化的跨国公司，还是一般有实力的企业，都在积极地推进国际化战略。而汽车这一结构复杂、技术覆盖范围宽广的商品，以其产品的复杂性和技术的高科技含量决定了其企业必然要参与到国际化竞争中来。

国际物流的实质是按国际分工协作的原则，依照国际惯例，利用国际化的物流网络、物流设施和物流技术，实现货物在国际上的流动与交换，以促进区域经济发展和世界资源优化配置。

2. 国际物流的特点

国际物流与国内物流相比，具有以下特点：

（1）**物流环境存在差异**　国际物流的一个非常重要的特点是各国的物流环境存在差异，这种差异来自多方面的因素，尤其是物流软环境的差异。不同国家有关物流的适用法律使国际物流的复杂性远高于一个国家国内物流的发展水平，甚至会阻断国际物流。不同国家的不同经济和科技发展水平会造成国际物流处于不同科技条件的支持下，甚至有些地区根本无法应用某些技术，而迫使国际物流系统水平下降。不同国家的不同标准也造成国际"接轨"的困难，因而使国际物流系统难以建立。不同国家的风俗人文也使国际物流受到很大局限。物流环境的差异，迫使一个国际物流系统需要在几个不同法律、人文、习俗、语言、科技、设施的环境下运行，无疑会大大增加物流的难度和系统的复杂性。因此，国际物流相对于物流来说，要形成完整、高效物流系统的难度非常大。

（2）**物流系统的范围广**　物流本身的功能要素、系统与外界的沟通已经很复杂了，而国际物流还要在这复杂的系统中增加不同国家的因素和不断变化的各种因素。这不仅使国际物流在地域、空间上更广阔，而且所涉及的内外因素更多、所需的时间更长，其直接后果是难度和复杂性增加、风险增大。因此，国际物流只有融入现代化信息技术之后，其效果才比以前更显著。

（3）**国际物流必须有国际化信息系统的支持**　国际化信息系统是国际物流，尤其是国际联运非常重要的支持手段。国际物流面对的市场变化多、稳定性差，因此对信息的提供、收集和管理具有更高的要求，国际信息系统建立的难度大（管理困难、投资巨大）。另外，由于世界上有些地区的物流信息水平较高，有些地区较低，信息水平不均衡，因而信息系统的建立更为困难。当前，建立国际物流信息系统的一个较好办法就是与各国海关的公共信息系统联机，以便及时掌握各个港口、机场和联运线路、站场的实际状况，为供应或销售物流决策提供支持。国际物流是最早发展"电子数据交换"(EDI)的领域,以 EDI 为基础的国际物流对物流的国际化和单证格式标准化产生了重大影响。

(4)国际物流的标准化要求较高　国际物流要使国与国之间的物流互相接轨,并达到畅通,统一标准是非常重要的。可以说,如果没有统一的标准,国际物流水平是不可能提高的。这些标准包括国际基础标准、安全标准、卫生标准、环保标准及贸易标准等,在此基础上还制定并推行了运输、包装、配送、装卸、储存等技术标准。目前,美国、欧洲基本实现了物流工具、设施的统一标准,如统一的托盘规格、统一的集装箱规格及条码技术等,这样就大大降低了物流费用,降低了转运难度。不向这一标准靠拢的国家,必然会在转运、换车底等许多方面多耗费时间和费用,从而削弱其国际竞争能力。

二、汽车国际物流系统组成

汽车国际物流系统是一个极其复杂的大系统,它是由众多分系统、子系统相互连接、共同组成的一个运作协调的开放经济系统。从国际物流系统的功能要素角度看,汽车国际物流系统是由商品包装、储存、运输、商品检验、流通加工和再包装、配送以及国际物流信息等子系统组成的。汽车国际物流系统组成如图 4-7 所示。

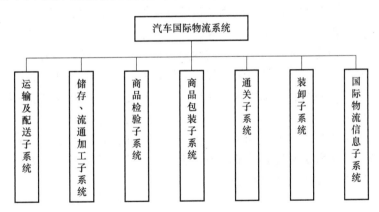

图 4-7　汽车国际物流系统组成

1. 运输及配送子系统

运输的作用是将商品的使用价值进行空间移动,物流系统依靠运输作业克服商品生产地和需要地点的空间距离,创造了商品的空间效益。国际物流系统依靠运输作业,克服在不同国家(或不同地区)的生产地点和需要地点的空间距离。物品通过国际货物运输作业由供方转移给需方。

国际货物运输具有线路长、环节多、涉及面广、手续繁杂、风险高、时间性强等特点。国际运输费用在国际物品价格中有时会占很大的比重。国际运输管理主要考虑运输方式的选择、运输路线的选择、承运人的选择、运输费用的节约、运输单据的处理以及运输保险等方面的问题。总之,运输子系统是国际物流系统中的核心子系统。

2. 储存、流通加工子系统

物品的储存会使物品在流通过程中处于一种或长或短的相对停滞状态,因而有人称储存是运输中的"零速度运输"。即使是在"零库存"的概念下,国际物流中物品的储存也是完全必要的,因为国际物品的流通是一个由分散到集中、再由集中到分散的源源不断的流通过程。例如,国际贸易或跨国经营中的物品从生产厂或供应部门被集中运送到装运港口,通常需临时存放一段时间,再装运出口,这就是一个集散的过程。它主要在各国的保税区和保税仓库进行,因此会涉及各国保税制度和保税仓库建设等方面的问题。

从现代物流的理念看,在国际物流中应尽量减少储存时间、储存数量,加速物品的周转,实现国际物流的高效率运转。由于储存保管可以克服物品在时间上的差异,因此能够创造时间效益。

3. 商品检验子系统

国际物流中的物品是国际贸易交易的货物或跨国经营的商品,其具有投资大、风险高、周期长等特点,因此,商品检验子系统成为国际物流系统中重要的子系统。通过商品检验,确定交货品质、数量和包装条件是否符合合同的规定。如发现问题,可分清责任,向有关方面索赔。在买卖合同中,一般都定有商品检验条款,其主要内容有检验时间与地点、检验机构与检验证明、检验标准与检验方法等。

4. 商品包装子系统

最初的商品包装是生产领域的活动,包装的设计往往主要从商品生产终结的要求出发,一般不考虑满足流通的要求。而商品的物流包装既能够有效地保障商品的品质与数量,还能够保护商品在物流过程中不被损害。在国际物流活动中,商品包装子系统成为国际物流系统中的重要组成部分。物流包装是根据商品的性质,使用适当的材料或容器将商品加以包封,并且加以适当装潢和标志。良好的包装不仅能够保护商品、保障运输安全,还能够提高商品价格、吸引顾客、扩大销路、增加售价,并且在一定程度上显示出口国家的科技、文化、艺术水平。

杜邦定律(由美国杜邦化学公司提出)认为,63%的消费者是根据商品的包装进行购买的。国际市场和消费者是通过商品来认识企业的,而商品的商标和包装就是企业的面孔,它反映了一个国家的综合科技文化水平。

5. 通关子系统

国际物流的一个重要特点就是货物要跨越国境。由于各国海关的规定并不完全相同,因此对于国际货物的流通而言,各国的海关可能会成为国际物流中的瓶颈。要消除这一瓶颈,就要求物流经营者熟知各国的海关制度,在适应各国的通关制度的前提下,建立安全有效的快速通关系统,保证货畅其流。

6. 装卸子系统

国际物流运输、储存等作业离不开装卸搬运,因此,国际物流系统中的又一个重要子系统就是装卸搬运子系统。装卸是短距离物品的搬移,是储存和运输作业的纽带和桥梁,它也能够提供空间效益。高效地完成物品的装卸搬运,就能够更好地发挥国际物流节点的作用;同时,节省装卸搬运费用也是降低物流成本的重要途径之一。

7. 国际物流信息子系统

国际物流信息子系统的主要功能是采集、处理和传递国际物流和商流的信息情报。没有功能完善的信息系统,进行国际贸易和跨国经营将比较困难。国际物流信息的主要内容包括进出口单证的作业过程、支付方式信息、客户资料信息、市场行情信息和供求信息等。国际物流信息子系统的特点是信息量大、交换频繁、传递量大、时间性强、环节多、点多、线长。所以,要建立技术先进的国际物流信息系统。国际贸易中,EDI 的发展是一个重要的趋势,我国也在国际物流中加强推广 EDI 的应用,建立国际贸易和跨国经营的高速公路。

国际物流系统中的信息子系统应该与配送子系统、包装子系统以及流通加工子系统等有机联系起来,统筹兼顾,全面规划,建立适应国际竞争要求的国际物流系统。

三、汽车国际物流组织运作

汽车国际物流组织运作管理是在充分把握物流需求特性的基础上,利用相关国家提供的政策支持国际物流资源,构建有竞争力的国际物流网络,并对其运行过程进行持续的监控、评价、优化和再造。组织运作包括四个组成部分:物流网络的规划与构建、物流信息系统的开发与维护、物流运行过程的控制、运作过程的优化与再造。汽车国际物流组织运作管理的组成如图 4-8 所示。

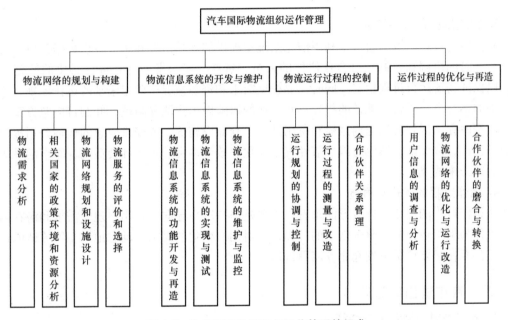

图 4-8 汽车国际物流组织运作管理的组成

1. 物流网络的规划与构建

首先要对物流的需求进行系统分析,把握需求的品种、频率、数量、包装要求和成本需求,然后研究供应地的位置和供应能力、相关国家的政策环境和物流服务提供者的资源水平;在把握需求、能力和环境条件的基础上,进行运输线路规划、运输方式选择和仓储、转运点布局,制定物流运作方案,并对其服务水平和服务成本进行评价,确定满意度最高的国际物流网络;与潜在的物流链上的各服务商进行商务谈判,建立战略伙伴关系。网络规划与构建过程是一个持续的过程,是一个随着国际商务需求特点的变化、运作环境政策的调整、合作伙伴能力的变化而不断动态优化的过程。这是领导者应长期关注的重点,是战略层面的思考和行动。

2. 物流信息系统的开发与维护

物流信息系统的开发与维护是物流规划得以实现、运作过程的效率得到保障的重要技条件。大的汽车物流公司可以有自己的系统开发团队或子公司支持，也可以寻找信息系统开发商作为长期的战略合作伙伴，特别是在日常运营维护层面，几乎所有大公司都有外部的信息系统运营服务商提供日常支持，从而保证服务效率和质量。信息系统的开发是为了保证物流运行中的信息需求；反过来，对于管理者和客户来说，也要求得到物流运行状态的反馈信息。

既要满足业务执行信息需求，又要满足管理和控制的需求，如订单、运单、包装和发运计划、货物报关和检验的状态、财务结算状况、索赔认可及执行情况、货物运输和储存的位置、客户的意见及执行效果等。要保证利益相关方都能对其关切的信息具有可获得性、准确性和及时性，这就需要综合运用现代信息技术手段，如 EDI 技术、互联网通信、条码技术、RFID（射频识别系统）技术、智能化调度技术（路线规划、配载方案开发等）以及统计、分析和预测技术。物流信息系统建成后，要进行测试与试运行，并在正式运行后做好维护与监控。

3. 物流运行过程的控制

物流运行过程的控制通常是利用信息系统中提供的差异信息和统计分析数据，对运行过程进行适时的协调和控制，对合作伙伴的人员、资产、能力发展计划进行必要的监督和支持，以保证物流运行过程稳定。同时，要根据需求和资源情况，确定滚动的运作计划，为物流链中的参与方提供资源准备的指导；对潜在的风险做出预测和防范，并制订应急方案，如建立安全库存，规划备用运输路线和备用港口、仓储设施等，或安排应急的运输公司提供紧急服务支持，以保证能够应对因季节性气候变化、政治冲突、重大社会活动、军事活动等给物流运行带来的风险。

4. 运作过程的优化与再造

从运作过程的优化与再造方面来看，主要是坚持用户导向，将用户现实需求和潜在需求的满足作为组织运作管理改进创新的目标，针对用户变化的需求，动态地调整物流链的运作方式，甚至在必要情况下发起业务流程再造。

四、汽车进出口管理

1. 汽车进出口销售及其特征

汽车进出口是指以汽车为交易对象的进出口活动，其实质就是汽车产品跨越国界的交换，即在双边或多边的条件下进行。由于汽车产品的交换活动越过了国界，就会出现国内销售中不存在的约束和特点。不同国家和地区的当事人根据各国法律、国际公约和国际惯例，通过贸易准备、谈判和签订汽车进出口合同、履行合同等阶段来实施汽车的跨国界交换。这就要求汽车进出口活动在双方或多方都认可的交易条件下进行，在双方或多方均掌握、接受的基础上完成交易的全过程。汽车进出口销售的特征可以概括为以下几点：

1）汽车进出口企业所面临的综合环境十分特殊且不确定。与国内销售不同，汽车出口销售面临的环境是进出口双方或多方乃至国际政治、经济、文化和法律环境。

2）汽车进出口销售中的规则不是某一个国家单方面制定的，而是多方面甚至国际认可的国际惯例和国际公约，如《联合国国际货物销售合同公约》《2010 年国际贸易术语解释通则》《跟单信用证统一惯例》（国际商会 500 号出版物）等。

3）汽车进出口销售中的资金、商品等要素的流动更具风险性。由于汽车商品交易跨越国界，资金交割必然面临着汇率风险及信用风险，货物在跨国的运输途中也容易受到损坏。

2. 汽车进出口销售方式

国际汽车贸易已经发展得比较成熟，选择合适的汽车进出口销售方式将大大节省成本、提高效率。常用的销售方式有包销、代理、寄售、展卖、对销贸易、加工装配贸易等。

(1) 包销 包销是指汽车出口方通过协议把其旗下的某种品牌或某种品牌下的某类汽车产品在某一个地区和期限内的经营权单独授予某个客户或公司的贸易方式。就其实质而言，汽车出口方与包销方之间是一种买卖关系。采用包销方式，汽车出口方与包销商之间的权利义务是由包销协议确定的。

(2) 代理 代理是众多汽车企业在进出口业务中的惯用做法。在汽车进出口销售中，代理是指汽车企业作为委托人授权代理人招揽生意、签订汽车进出口销售合同或办理与交易有关的各项事宜，由此而产生的权利与义务直接对委托人发生效力。代理与包销的性质不同，包销是一种买卖关系，而代理不是买卖关系，汽车代理商不用垫付资金，不担风险，不负盈亏，只获取佣金。例如，我国上海汽车进出口公司在回避进出口业务风险时就经常充当多家汽车企业的代理人。

(3) 展卖 展卖是指利用汽车展览会以及其他汽车交易会，对汽车产品实行展销结合的一种贸易方式。目前，各种汽车展览会层出不穷，这种形式对于新款车型推向国际市场非常有利，也有利于直接听取客户意见，通过货比货来发现问题。

(4) 寄售 寄售是一种委托代售的贸易方式，很多时候是在进口方收货有变动或市场行情突变时，汽车进口方或出口方灵活机动的一种应变措施。它是指委托人（货主）先将货物运往寄售地，委托国外一个代销人（受托人），按照寄售协议规定的条件，由代售人代替货主进行销售，在货物出售后，由代销人向货主结算货款的一种贸易方式。

(5) 对销贸易 对销贸易是在易货贸易基础上发展起来的以进出口相结合为基本特征的一种贸易方式，在汽车进出口销售中也经常使用。这种方式包括易货、互购、产品做转手贸易等货物买卖，以进出结合、用出口来抵补或部分抵补进口为共同特征的一系列贸易方式的总称，现在还包括抵消贸易等融通资金和资本流动一体化的交易方式。

(6) 加工装配贸易 加工装配贸易是一种委托加工的方式。汽车企业将原材料运交汽车加工方，并未发生所有权的转移，汽车加工方是作为受托人按照汽车企业的要求，加工成成品。在加工过程中，加工方付出了劳动，获取的加工费是劳动报酬。因此，这是以汽车商品为载体的劳动出口，是劳动贸易的一种形式。

3. 汽车进出口销售的相关合同条款

由于汽车进出口业务是在双方签订合同的基础上进行的，为了维护汽车进出口双方的经济权益和利益，进出口双方都十分重视合同中明确规定的权利和义务。在汽车进出口业务的实质性阶段——贸易磋商阶段，进出口双方就交易的内容，即各项交易条件逐一进行磋商，只有双方意思表示完全一致，合同才宣告成立。一般而言，汽车进出口合同包含的条款有品质、数量、包装、价格、交货、支付、保险、检验和索赔、仲裁、不可抗力等内容。

(1) 品质 汽车商品的品质是汽车商品的外部形态、结构与内部质量功能的综合指标。它是汽车使用价值的决定因素，更是汽车进出口合同的物质基础。因此，在汽车进出口业务中，不仅要明确规定汽车商品的品名，更重要的是要明确规定商品的品质。具体可以体现为以下性能指标：

1）汽车主要尺寸参数（轴距、轮距、外观尺寸、前悬架、后悬架）。

2）汽车主要质量参数（载质量、整备质量、总质量、整备质量利用系数、汽车的载荷分配等）。

(2) 数量　数量条款是汽车进出口合同的必要式条款之一，是双方履行合同的依据。汽车进出口业务并不像大宗货物贸易那样数量在装船时难以精确把握，而且在运输途中自然磨损也不会很厉害，因此只要严格规定汽车商品的数量即可。

(3) 包装　一般而言，商品的包装一方面起到保护商品的作用，另一方面是实现商品价值的重要方式。虽然汽车商品是一种无须包装的产品，但是，由于进出口业务往往要经历长途运输，所以运输包装也是非常重要的。汽车商品一般采用包装箱、包装袋等方式，以便集装运输。

(4) 价格　在汽车进出口业务中，汽车商品在国际市场上的价格是浮动的，各国各地区贸易当事人的政策和销售意图，也会直接影响汽车商品价格的变化。为了维护交易双方的权益及促成交易顺利进行，在汽车进出口合同磋商时以及在合同中，都应对价格做出明确的约定。

汽车进出口业务中，交易双方责任的划分依靠共同认可的术语来实现，这些责任主要包括风险（Risk）、费用（Costs）和手续（Formalities）。国际商会制定的《2010 年国际贸易术语解释通则》（Incoterms 2010）中规定的 11 种贸易术语不仅是汽车进出口业务的依据，更是世界大多数贸易业务中的公认惯例，如装运港船上交货（Free on Board，FOB）、成本加保险费、运费（Cost Insurance and Freight，CIF）、成本加运费（Cost and Freight，CFR）等。

(5) 交货　交货分为象征性交货和实际交货两种形式，主要是通过不同的贸易术语来体现的。

象征性交货是指在 FOB、CIF、CFR 这三种术语条件下，买方把商品装上开往目的港的运输工具，提交货运单据，就完成了交货责任。象征性交货中要明确装运港。

实际交货是指在其他贸易术语条件下，都是卖方把货物交给买方才算完成交货责任，买方才付款收货。交货过程的顺利完成离不开明确的交货时间，在不同的贸易条件下，交货时间有所不同，一般都是规定一个交货期限，交货期限可以规定明确的年、月、日。

(6) 支付　遵照合同中的规定，按买方已约定的金额、货币、方式和时间支付货款，是买方所承担的基本义务。支付方式是合同中规定的，包括支付时间、支付地点和支付方法。交易中货款的支付一般有汇付、托收和信用证三种方式。在汽车进出口业务中，因为金额比较大，往往使用信用证方式。

(7) 保险　汽车进出口贸易中存在许多风险，为了在风险和损失发生时能够得到及时补偿，就需要对汽车货物进行保险。汽车进出口业务中遇到最多的是运输保险。目前世界上的保险机构众多，我国汽车商品进出口一般遵照"中国保险条款"（CIC）。保险本身也有多种险别，如在国际海运中，一般有平安险、水渍险和一切险三种。

(8) 检验和索赔　检验又称为商检，是指商检机构对商品的品质、数量和包装等进行检查和鉴定，并把检查和鉴定的结果写入检验证书。对于进口汽车商品来说，检验的程序分为表面检验和质量检验。由于检验可以由出口方所在地的商检机构和进口方商检机构分别检验，检验的时间、地点也有所不同，所以进出口双方需对由何方检验和检验的时间、地点在合同中做规定，并订立检验条款，以利于在双方对商品有疑义时，根据检验书明确双方的责任。

汽车进出口双方中，有一方不履行合同或不完全履行合同的义务，致使另一方遭受损失，受损方要求赔偿的行为就是索赔。在汽车进出口贸易中，违约的行为是多方面的，如出口方延期交货，商品的品质、数量和包装与合同条款不符，进口方接货延期等。在合同索赔条款中，通过双方洽谈订立的具体赔偿规定是索赔的依据。索赔条款大致包括两部分：针对汽车商品的品质、数量和包装订立的索赔条款；针对卖方延期交货或买方延期接货订立的罚金条款。

以上都是汽车进出口合同需要明确约定的条款。除此之外，还有不可抗力、仲裁条款以及一些非必要的补充条款等。

五、汽车国际物流信息管理

1. 国际物流中心信息系统的构成

国际物流作业中参与的成员虽然很多，但按照实体作业来区分，可以将其视为两个以上的国内物流中心作业再加上进出口的报关与海空运（运输）作业。根据国际物流中心信息系统的功能，大致可将其归纳为以下五个部分：

（1）**采购管理系统** 采购作业最主要的功能是接受客户的委托，有条件地办理客户产品的进货事宜，消除客户对物流中心存货状况的担心，只需专注市场的反应即可。采购作业除了可以有效地缩短进货作业的前置时间外，还可以掌握供货商交货日期的正确性。

（2）**卷标系统** 从货物进货开始就将其贴上条码，条码中的数据包含货品数据、委托客户数据等，出货时再贴上包含送货客户数据、交货地点、预订送达时间等信息的条码，整个物流作业过程中均需要经过读条码的环节，以方便客户查询货物情况。

（3）**客户服务系统** 提供给客户的增值服务大多与信息分析有关，如送货客户的交货状况、最近出货变动分析、存货管理信息等，以协助客户实时掌握市场的最新动态，并迅速给予相应配合。

（4）**货况管理系统** 一般来说，客户将货物委托给物流中心后，只能被动地通过一些定期报表或向物流中心查询才能得知货物的情况。获知货物现状的最好办法，是由统一的机构负责收集国际物流作业中的各项信息。客户可通过此渠道（互联网）主动获得货物在交货过程中的各项状态，而送货客户、供应商也能利用此渠道预估是否需要提高产品库存等后续作业。有了这种渠道，能有效加强上下游之间的伙伴关系。

（5）**接口管理系统** 国际物流中心的营运活动在于提供来自不同国家的产品、不同对象（委托客户、送货客户、物流合作伙伴、海关）与文件（信息）往来，而各个对象所需耗费的时间、文件数据皆不相同，因此必须有一个专门负责的系统来规范与转换彼此所需的信息。

2. 国际物流中心信息系统的流程

在信息分享与协同作业方面，国际物流中心信息系统最主要的功能是将有用的信息往上、下游传递并与合作伙伴间的信息流整合在一起，再根据当时的作业状况做出最佳安排。这些数据包括基本数据、进出信息、财会信息、附加信息以及其他信息。国际物流作业流程中参与的机构众多，包含进出口供货商、物流业者（运输业者、第三方物流公司、仓储中心、物流中心）、运输业者、海关及货主。

以进口货物为例来说明国际物流作业的信息流程。当供货商完成产品生产后，随即委托给物流业者处理，该批货物的物流信息即进入信息协同作业流程，由客户的订单信息转为供货商的出货单、发票以及包装明细表。在供货中心阶段，数据已转成收货的订单信息和报关所需的相关文件，经由空运的打包作业或海运的装柜作业，会产生仓单内容。同时，出口地的物流业者已将货物信息传递到进口地的物流合作伙伴，一方面成为国际物流中心的进货订单，另一方面也进行着通关作业和商品审验的文件处理。最后，货物经由运输业者的配送作业送到客户手中。这些运送的文件也早已在运输业者的系统之中，等货物交到客户手中时，取得到货证明文件，即结束进口货物的国际物流作业。

3. 国际物流中心的信息协同模式

在国际物流作业中，参与机构众多，由单独的公司来进行所有的作业是不可行的。所以，必须以信息协同的理念来构建系统的功能与基本的运作模式。

通过信息的协同将物流作业的部分信息透明化，让众多成员之间可以相互分享信息以及进行流程整合，这样可以缩短上下游之间产品的流动时间，降低相关企业的成本，增强企业的竞争优势。这种信息架构主要包括以下几个部分：

（1）数据交换接口管理　数据交换接口管理是与外界沟通的桥梁，共有客户电子数据交换、战略伙伴电子数据交换和报关电子数据交换三种。其主要功能是帮助物流成员信息系统的数据交换，如执行电子数据交换所需的通信软件与转换软件。另外，国际物流中心也是通过客户电子数据交换，将配送产品、数量、到达时间、地点等有关物流方面的信息传递给委托客户和送货客户。

（2）关务系统管理　通过第三方物流公司传递给国际物流中心的进口产品物流信息，先由关务人员进行确认，再将相关的电子信息通过数据交换接口传送到关贸网络，并等待海关的回复，最后把结果传递给物流信息系统。整个报关作业均由国际物流中心关务人员负责统筹，可以有效地节省信息传递的时间及费用。此系统还包含查询服务系统，可为海关、货主提供报关相关信息的查询。

（3）Web 服务器与应用程序　利用互联网的便利性，设立网站，供成员或客户通过联机直接在网站上做数据传输或查询相关的关务信息，也可以让客户直接在网站下订单。另外，设置 Web 服务器，可以有效分担客户与服务端的工作量，提升信息系统的运作效能，并统筹和管理物流作业，进一步降低物流作业的复杂性。

（4）物流信息系统　这一信息系统包含采购、卷标、出货订单、流通加工、仓储、拣货、出货、财会、营运、设备等系统的物流数据。每项物流作业完成后，都会将数据传送到 Web 数据库，并在协议的时间内自动进行与伙伴间的数据交换，定期将货物的状况传递给货主。除了客户关系管理外，还可以提供更多不同的信息或物流服务，提高客户的忠诚度。

（5）运输管理系统　由于各送货客户的要求不尽相同，为保留各自的运作弹性，该系统并不负责送货客户的配送规划，而仅负责汇总送货客户的出货要求给运输业者，由运输业者自行与送货客户协商并提出配送计划给国际物流中心，以便汇报委托客户。

（6）客户服务系统　国际物流中心除了物流作业外，提供信息也可以提升本身的附加价值。通过信息分享，可以将市场信息经过适当的分析后迅速反馈给客户，就好像一个庞大的商业数据库摆在客户面前一样，供客户自行取用，彼此共创商机。

使用这一系统的各成员均可以通过国际物流中心联系彼此，节省各自建立信息传递及数据转换的成本，货况查询与信息分享也非常便利，对于整体物流作业而言，是利大于弊的。在此系统构架下，对企业或战略伙伴的物流作业并不会额外增加负担，还可以通过系统的辅助做更有效率的安排，进而达到合理分配储位、多频率配送、妥善调度车辆及派遣人员等目标，使得物流成员能各司其职，使企业更具竞争力。总之，在国际物流中心信息系统架构下，除了可以实现资源共享外，还能充分利用信息系统的优点，帮助物流业者增加竞争优势。

复 习 题

1. 什么是销售物流？
2. 什么是汽车销售物流系统？汽车销售物流系统由哪些环节组成？
3. 汽车整车销售物流有何特点？
4. 汽车整车销售物流管理的目标有哪些？
5. 汽车整车销售物流有哪些运作模式？
6. 汽车营销模式主要有哪些？
7. 汽车销售渠道的物流管理包括哪些方面？
8. 汽车销售渠道的资金流管理包括哪些方面？
9. 什么是汽车销售物流计划？对汽车销售物流计划有哪些要求？
10. 什么是汽车销售物流决策？
11. 汽车销售物流决策方法有哪些种类？
12. 汽车销售订单管理有何作用？
13. 订单作业流程通常包括哪些内容？
14. 如何选择承运人？
15. 汽车物流常用的运输方式有哪些？
16. 如何选择汽车物流运输方式？
17. 什么是运输保险？
18. 国际物流的含义是什么？有何特点？
19. 汽车国际物流系统的组成有哪些？
20. 汽车进出口销售常用的方式有哪些？
21. 汽车进出口合同条款主要包含哪些内容？

第五章

汽车产品逆向物流

第一节 逆向物流概述

随着社会经济的发展和人们环保意识的增强,逆向物流逐渐引起人们的重视,吸引了越来越多的目光,成为物流系统不可或缺的组成部分。逆向物流能够充分利用现有资源,减少对原材料的需求,常被发达国家作为建设循环经济的重要举措。

发达国家早在 20 世纪 80 年代就开始对汽车工业再循环工程进行研究与实践,目前已达到较高水平,而我国在这方面起步相对较晚。高新技术的迅猛发展提高了生产效率,加剧了市场竞争的激烈程度,也缩短了产品更新换代的周期。当各种丰富的产品进入市场时,也就意味着有大量使用后的产品需要处理。这不仅关系到产品回收处理对企业经营决策的影响,更关系到环境保护和资源的有效利用。因此,逆向物流是一个值得关注的课题。

一、逆向物流的概念及特征

1. 逆向物流的概念

逆向物流(Reverse Logistics)是一个相当广泛的概念,最早见于斯托克(Stock)在 1992 年给美国物流管理协会的一份报告中,指出逆向物流是一种包含产品退回、物料替代、物品再利用、废弃处理、再处理、维修与再制造等流程的物流活动。

尽管逆向物流涉及的范围较广,但主要是废、次产品及包装材料从顾客、零售店向分销商或生产制造商的逆向流动。逆向物流着眼于使物品从最终目的地向上游回流的过程,其目的在于对回流的物品进行适当的处理并获取价值和利润。从流动对象看,逆向物流是产品、包装材料及相关信息等从它们的最终目的地沿着正向物流系统"反向"流动的过程;从目的看,逆向物流是为了重新获得退货品、回收品或废弃产品的使用价值,或是对最终产品的废弃物进行正确的处置;从活动构成看,逆向物流包括对产品或包装物的回收、重用、翻新、改制、再生循环等多种形式。因此,企业设计逆向物流系统,是保证物品的回收并恢复其使用价值的必要方式。通过对产品的重用、翻新、改制和废料的再生循环等活动形式,实现对资源的最有效利用和对生态系统的最少量输入,从而节约自然资源,降低生产成本和污染治理成本。逆向物流是一种可以节约资源、降低污染,能为企业产生明显经济效益的企业战略。

从广义上讲,逆向物流代表了与产品和材料再利用相关的所有操作,对这些操作的管理与回收管理涉及再加工生产、重新打磨等活动。逆向物流并不只是包装容器的再利用和包装材料的再循环,还包括重新设计包装以减少原材料利用,减少运输和其他重要活动中的能量使用以及污染等。逆向物流也涉及处理由于损害、季节性库存、存货过量等原因引起的退货，还包括循环计划、危险材料计划、过时设备的处置和资源回收等。

从狭义上讲，逆向物流可以定义为这样一个过程：以资源回收和合理处理废旧物品为宗旨，基于成本效益原则，有效地计划、实施和控制从顾客消费端到原始产出端之间的原材料、库存、产成品以及相关信息的流通。

逆向物流包含正向物流中的各项活动，但以相反的方向运作。它涉及的范围很广，不仅包括废旧产品或包装的回收利用，还包括生产过程中废品和副产品的回收利用，缺陷产品召回或维修退回处理，以及由于产品过时、过期、不合格、错发等原因引起的退货处理。逆向物流是物品在渠道成员间的反向传递过程，即从产品消费地到产品来源地的物理性流动。正向物流和逆向物流共同构成了一个闭环的供应链系统。企业通过这一过程中的物料再循环、再利用，使其在环境管理方面更有成效。

我国国家标准《物流术语》（GB/T 18354—2006）将逆向物流分解为两大类：

（1）回收物流　不合格物品的返修、退货以及周转使用的包装容器从需方返回到供方所形成的物品实体流动。

（2）废弃物物流　将经济活动或人民生活中失去原有使用价值的物品，根据实际需要进行收集、分类、加工、包装、搬运、储存等，并分送到专门处理场的物流活动。

2. 逆向物流的特征

与正向物流相比，逆向物流具有以下特征：

（1）流动的逆向性　逆向物流的流动方向与正向物流恰好相反，即消费者—中间商—制造商—供应商。

（2）分散性　废旧物资可能产生于生产领域、流通领域或生活消费领域，涉及任何领域、任何部门、任何个人。这种多元性使其具有分散性。

（3）不确定性　逆向物流发生的时间、地点和数量难以事先确定，而且因为发生地点分散、无序，不能集中一次向上游转移，难以实现运输和仓储的规模效益。其主要体现为回收产品数量的不确定性、回收产品质量（指损坏情况）的不确定性、回收处理要求和方法的不确定性、回收产品去向的不确定性、对再生产品需求的不确定性、回收和再加工成本的不确定性。由于这些不确定性的存在，逆向物流网络设计、逆向物流库存控制、逆向物流生产计划具有高度的复杂性。

（4）目标的多样性　除了要满足成本和供应的要求外，还要考虑环境保护等因素。

（5）网络结构的收敛性　从拓扑结构看，逆向物流网络属于"多对少"的收敛结构，与正向物流正好相反。

（6）利润结构不同　逆向物流系统的价值增加更多体现在回收阶段，再加工阶段增加的价值比率较低；正向物流系统利润来源于收入与费用之差，价值增加来源于从原材料到成品的加工阶段和销售阶段。

（7）物流网络集成困难　主要体现在以下几方面：多数正向物流系统没有处理反向物流活动的设施（或条件）；逆向配送成本可能比从制造地点将原始产品移动到消费者处的成本更高，比如，通过逆向渠道召回产品的成本比前向配送至少高出2~3倍，这主要因为小规模运输、波动和不确定的需求召回过程的紧急性；回收的商品经常不能在正常渠道以同样方式进行运输、储存或处理。

二、逆向物流的作用

（1）**降低对环境的危害，提升企业形象**　逆向物流活动的实施有助于减轻废旧产品对环境的危害，提高资源的利用效率。为了保护环境，各国都制定了环保法规，为企业的生产行为规定了约束性标准。企业通过实施逆向物流管理，有效减少了废弃物的排放量，为改善人类环境承担了更多的社会责任，关心人们的身体健康，从而可以提升企业自身的形象。

（2）**降低物料成本，增加企业效益**　随着社会经济的快速发展，资源短缺日益严重，资源的供求矛盾更加突出，逆向物流越来越显示出其优越性。由于废旧产品的回收价格低，对这些产品进行回购加工可以大幅度降低企业的物料成本，从而增加企业效益。

（3）**有利于改进产品设计、包装，促使企业不断创新**　企业为了实现节约资源、降低产品成本的目标，根据逆向物流中的信息流，在产品设计时尽量采取可重复使用的原材料，并采用标准件设计，以便统一安排运输，从而促使企业在产品设计、生产、包装、运输等方面进行不断的创新。

（4）**有利于企业发现运作中存在的问题**　逆向物流发生的规模、频度往往反映了企业运作中存在的问题。例如，退货物流、回收物流都有一部分能够体现出企业某些方面出了问题，从而导致上述物流的出现。

三、逆向物流活动

所有逆向物流都存在从不需要的旧产品市场到另一个再生产品需求市场这样的跨越。一般包括以下活动：

1. 收集

收集是指取得可用旧产品并将其物理性运送到一些能够进一步加工处理地点的所有活动。一般而言，收集可能包括购买、运输和储存活动。需要注意的是，在一定程度上，收集可能是法律强制要求的。

2. 检查/分离

检查/分离表示决定回收产品去留的所有作业。因此，检查/分离的结果导致旧产品出现明显的再用和处置选择。检查/分离可能包括拆解、撕碎、测试、分类和储存等步骤。

3. 再生过程

再生过程意味着从旧产品到可再用产品的一个实际转化过程。这种转化可能采取包括上述再生形式中的一种或几种。此外，也可能涉及清洗、更换等。

4. 处置

处置对于由于技术或经济原因而不能再用的产品是必需的。这些包括由于过分的修理要求拆解后被放弃的产品，或者不能满足市场潜在需求的产品，如过时产品。处置可能包括运输、填埋和焚烧等步骤。

5. 再配送

再配送是指将可以在潜在市场中出售的再生产品运送到使用者处。它可能包括销售、运输和储存等步骤。

上述每个活动都可能包括运输、储存等步骤，因此这里没有把它们作为反向物流的活动专门列出。

四、逆向物流与正向物流的联系与区别

逆向物流和正向物流是一个完整物流系统的两个子系统，逆向物流中实物和信息的流动基本都是由供应链末端成员或最终消费者引起的，正向物流则相反。但在一定条件下，两者可以相互转化。正向物流中损坏或者废弃的物品会流入逆向物流的渠道进行处理；逆向物流中的物品经过修理、整修、再造等加工过程，也会流入正向物流渠道进行再次配送。因此，两者不是完全独立的两个物流范畴，相互之间既有联系又有区别。

1. 逆向物流与正向物流的联系

从物流系统的职能环节看，逆向物流与正向物流一样，也包括数个职能环节。从这个意义上说，对逆向物流的管理符合传统正向物流供应链管理的思维模式，提倡各环节之间的协调运作，而不是分开单独考虑。

从物流系统可持续发展的角度看，不仅要考虑物流资源的正常合理使用，发挥正向物流主渠道的作用，保持系统的革新与发展，同时还要实现物流资源的再使用（回收处理后再使用）、再利用（不用的物品处理后转化成新的原材料或产品使用）。为此，应当建立起生产、流通、消费的物流循环往复系统。逆向物流系统分成两个部分：一部分是由生产企业治理，如退货、维修等逆向物流活动；另一部分是由专业逆向物流公司或政府监督控制部门治理。因为不少逆向物流问题是社会问题，不是哪一家企业能够处理好的，由公共的专业逆向物流公司通过提供有偿服务、国家税收财政资助等手段，能够实现逆向物流的有效治理。

2. 逆向物流与正向物流的区别

逆向物流不是正向物流的对称图形，两者存在明显的不同。逆向物流与正向物流的区别如表 5-1 所示。

表 5-1 逆向物流与正向物流的区别

比较项目	逆向物流	正向物流
起终点数目	多点到一点的运输	一点到多点的运输
实施的强制性	对某些行业具有强制性	不具有强制
目的地的明确性	目的地不明确	目的地明确
运送速度的重要性	速度较容易被忽视	速度的重要性得到认可
产品包装的完好性	包装多数已破损	包装一致、完好
市场的可预测性	预测较困难	预测较容易
成本收益的可视性	核算十分复杂	较容易界定和核算
库存管理的连续性	库存管理不连续	库存管理连续
信息技术的普及性	缺乏功能强大的信息系统，不易追踪产品信息	拥有较为完善的信息系统，易于追踪产品信息

（1）起终点数目 起终点数目不同是逆向物流和正向物流的最大区别。正向物流是将产品从产地最终配送至零售商或消费者处的过程，由于生产地往往只有一个，而零售商和消费者有很多个，因此正向物流一般是从一点到多点的运输。而逆向物流是将退货或废弃物从零售商或消费者处运往回收中心的过程，因此逆向物流一般是多点到一点的运输。起终点数目的不同直接影响物流的管理运作，正向运输都是按一定的路线逐店送货，配货的时候也是

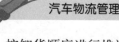

按卸货顺序进行堆放,因此如果在送货的同时回收退货,这些退货会挡住下一站即将送出的新货,且退货多比较零散,比新货难于搬卸。基于这些原因,很多企业为避免操作难和共同作业日程安排的麻烦,选择建立独立的退货处理中心,而不实现逆向物流退货处理中心和正向物流配送中心在仓储、运输等资源方面的共享。

(2) **实施的强制性** 逆向物流的实施对某些行业带有强制性,这一特点在逆向物流的相关法规中有所体现。例如,美国禁止填埋含阴极射线管(CRT)的计算机显示器,要求制造商回收处理,因为阴极射线管中所含有的锡、铅等多种有害物质会造成长期的危害。我国作为计算机拥有量极大的国家,目前在这方面的规定还比较少,但是大批旧计算机的显示器必然面临如何处理的问题。

(3) **目的地的明确性** 在正向物流中,当新产品到达配送中心时,只要根据订单按客户要求来安排发送时间和地点,并且在有些情况下,新产品在运抵配送中心之前,就已经知道其最终目的地。但是,在逆向物流中,被退还的产品运达退货处理中心时,其下一步去向并不明确。管理人员需要花费相当长的时间来决策,同样的产品有可能会进入二级市场或被送到工厂整修。

(4) **运送速度的重要性** 在正向物流中,迅速准确地履行客户订单是至关重要的,如果不能及时满足客户需要,就会导致客户索赔,甚至客户流失。而逆向物流中通常不存在事先订货,产品的运送速度和时间往往都是由生产商决定的。但值得一提的是,退货如果处理及时,同样可以获得较高利润。如果因为不重视,使得一些季节性或节日性商品等长期滞留于处理中心,则有可能导致其真正地贬值。

(5) **产品包装的完好性** 包装在运输中转过程中,对产品可以起到很好的保护作用,也方便装卸、搬运和托盘集运。从产地运出的新产品一般包装完好,可以整齐地堆叠在托盘中集运;而从零售商或消费者处退回的商品,它们的包装一般已经损坏或者被打开,不适用于托盘运输,结果就是一大堆散货杂乱不堪地堆放在车上,大大增加了运输难度。完好包装的作用还在于对产品型号和存储单元的识别上。正向物流可以充分利用包装来实现条码、射频技术的应用;而对于逆向物流中的退货,工作人员可能无法从包装上获取所需的相关信息,从而加大了拣货和存储的难度。

(6) **市场的可预测性** 在正向物流中,企业只需要预测未来的市场需求,每一个作业环节都是基于对市场的预测进行的,整个过程具有较强的可预测性。而逆向物流则是基于对下游成员或消费者行为的反应,企业不仅要考虑消费者对再加工产品的需要,还要分析是否可以获得回流源。因为下游成员或消费者在决定是否退货时会受到很多因素的影响,企业无法确定产品的回收率和回收时产品的状态。因此,逆向物流具有很大的不确定性。

(7) **成本收益的可视性** 逆向物流与正向物流在实际运行操作中的不同会直接体现在物流成本和产品收益上。正向物流中成本的决定因素相对比较稳定,新产品的质量和价格也基本一致,因此一般拥有较为标准的成本、收益方面的量化指标和计算方法。而逆向物流中退回或回收产品的品质良莠不齐,在进行处置时产生的成本必然存在差异。在收益方面,有些退货可以按新品出售,有些则需要降价,也会使得收益出现个体差异。

(8) **库存管理的连续性** 正向物流中关于库存管理的理论研究很多,但一般很难运用于逆向物流的库存管理,因为这些研究基于的假设对逆向物流并不合适。例如,最常用的经济批量模型要求供给和价格是确定和已知的,而逆向物流中产品的退货和回收是随机的,产品再出售的价格也因时间和处理方式等的不同而具有较大差别。

(9) 信息技术的普及性 理想的逆向物流信息系统可以将产品状态的相关信息及时传递给退货处理中心，以便管理人员根据退货的品种和数量，提早做出决策。但是，在现实情况中，物流信息系统尚未达到这种先进程度。大部分企业对逆向物流缺乏重视，不愿意投入重金组建逆向物流信息系统，导致管理人员制订退货处理计划和处置决策的难度大大增加。而正向物流经过多年的发展，基本上已经建立了较为完善的信息系统，能够较容易地对正向物流系统中的产品进行追踪。

通过逆向物流和正向物流的比较分析可以发现，逆向物流业务对企业的生产能力、物流技术、信息技术、人员素质等都提出了更高的要求，需要企业和全社会投入更多的人力、物力和财力。

综上所述，逆向物流和传统的正向物流在实际运行操作中有许多不同之处，而这些不同最直接的体现就是在物流的管理成本中：在正向物流中，决定成本的因素相对比较稳定，成本的计算直接且可控制性强；而在逆向物流中，产品所涉及的成本内容广泛，而且由于产品回流的原因各不相同，对各种产品的价格与成本的核算标准也不尽相同，另外对于部分产品，在逆向渠道中还要进行适当的处理之后才能够再次出售，这又会生成一部分附加成本，因此，对逆向物流的成本核算十分复杂且可控制性较差。逆向物流与正向物流的成本比较如表 5-2 所示。

表 5-2　逆向物流与正向物流的成本比较

各项成本	与正向物流比较
运输	较高
库存持有成本	较低
价格缩水	大幅下降
过期损失	可能较高
收集	大幅增加
分拣、质量诊断	大幅增加（非标准的产品或部件）
处理	大幅增加
翻新表现显著，重新包装	在逆向物流中表现显著，在正向物流中很少出现
账面价值改变	在逆向物流中表现显著，在正向物流中不存在

五、逆向物流的运作模式

1. 影响逆向物流运作模式的因素

鉴于目前逆向物流的紧迫性，许多企业都会面临逆向物流的决策问题。而在逆向物流决策过程中，以下因素不可忽视：

(1) 法律法规与政府管制 为了保护资源和环境，世界各国和不少国际组织纷纷制定了许多法律法规和协议公约，这些法律法规和协议公约是企业实施逆向物流必须考虑的首要因素。

(2) 逆向物流的价值 逆向物流的回报率是企业必然要考虑的因素。通常情况下，逆向物流系统中回流物品的价值较低，而运输、仓储和处理的费用却相对高昂，而且逆向物流需要的初期投资可能比较大，回收期长，企业将产品回收处理却不一定能获得即时的经济利益，甚至还可能出现暂时的亏损。

（3）逆向物流外包的可行性 外包是指企业利用其外部优秀的专业化资源，从而达到降低成本、提高效率、充分发挥自身核心竞争力和增强企业对环境的迅速应变能力的一种管理模式。如果企业自身实力不足或者不愿从事逆向物流，可以将其外包。企业逆向物流外包要慎重考虑以下因素：首先是成本，外包可以将企业的固定成本转化为可变成本，但是也会增加信息成本、外包时的交易成本和市场的不确定性风险等；其次是质量，企业要考虑外部服务提供商是否比本企业更具有专业优势，能否提供更高质量的逆向物流服务；最后是核心业务，外包可以使企业集中精力处理核心业务，同时也会加强对外部供应商的依赖程度，还可能削弱企业进一步发展的基础，降低企业的抗风险能力。

（4）行业的竞争状况和企业的实力 行业内企业的数量和资金技术实力也会影响企业的逆向物流决策。如果行业内企业数量多、规模小，大多不具备实施逆向物流的实力，它们可能会选择向政府缴纳环境税；反之，如果有一家或者几家企业的实力较强，它们就有能力建立独立或者联合的逆向物流系统。

2. 逆向物流的运作模式

在考虑上述几种因素的条件下，企业可以选择相应的运作模式建立逆向物流系统。可供选择的逆向物流运作模式主要有以下几种：

（1）公益性社会机构负责逆向物流的模式 在生产流通过程中和消费后产生的价值较低的报废品，如生活垃圾以及工业、建筑垃圾等，其回收处理或者再生利用的成本较高，而其生产企业通常规模较小，不具备从事逆向物流业务的实力，即使在政府管制的情况下，仍然可能不愿实施逆向物流。

在这种情况下，政府需要委托公益性社会机构（主要是公用事业机构）或者实力较强的国有企业等来承担，同时考虑到该行业的公益性质，政府会给予适当的政策优惠。

该模式的典型代表就是城市垃圾处理行业。目前，在我国一些城市已经开始垃圾回收再利用的尝试，如上海、北京、广州、天津、深圳、珠海、杭州、宁波、温州、武汉等许多城市已经建成或正在规划建设垃圾焚烧发电厂。

（2）生产企业联合建立的逆向物流系统 在诸如废旧家用电器、电子产品、家具、生产过程中报废的金属器具、塑料制品及橡胶制品等回收价值较高的废旧物品中，有些在回收之后经过简单修理就可以进入二手市场，有些经过拆解之后可以作为零件重新使用，还有些经过处理之后可以作为工业原料重新进入生产领域。因此，对于生产企业来说，废旧物品可以作为重要的零部件或原料来源，其中蕴藏着巨大的商机。另一方面，如果这些废旧物品不经过适当处理，很可能会对环境产生巨大的破坏，特别是一些塑料橡胶制品、危险化学品、含有重金属的废旧电子和电器产品等。

对这些废旧物品进行回收处理需要较大的投资，而这往往是单个企业不愿意或者不能负担的。在这种情况下，同行业的多家企业可能通过合资等方式，建立面向各合作企业甚至整个行业的专门从事逆向物流的企业。在政府管制的条件下，建立联合的逆向物流系统，不仅可以减轻单个企业的资金压力，更具有专业优势，而且可以保证企业运作过程中的原材料来源问题，容易实现规模经营。

（3）生产企业独立自建的逆向物流系统 企业自建逆向物流的模式适合比较广泛的回

流物品,包括产品退货、维修和召回,报废品的回收处理,包装材料的循环使用等。一般来讲,需要建立独立逆向物流系统的企业,其回流产品的数量较大,回收价值较高,对环境的潜在危害也比较严重。

实施逆向物流,不仅是企业应对环境管制的策略,更具有战略性意义。对生产企业来说,实施逆向物流,不仅可以降低原材料成本,节约资源,还可以了解本企业产品的缺陷,不断提高产品质量;可以消除顾客的后顾之忧,提高顾客忠诚度,还可以塑造良好的企业形象,增强企业的竞争优势。

通用汽车、奔驰、戴姆勒-克莱斯勒、宝马、福特等世界著名的汽车制造商都曾有过汽车召回的记录。

(4) 生产企业逆向物流的外包模式 一些有远见的厂商逐渐认识到废旧物品回收行业中的巨大的商机,他们主动进入该行业,专门为生产企业提供逆向物流服务。虽然从事该行业需要的初期投资较大,环保要求很高,初期回报率不是很高甚至可能出现暂时的亏损,但这是社会发展所必需的公益性行业,政府也会给予政策上的支持,而且随着产品种类、数量的增加,政府的环境管制措施越来越严格,这个行业的前景会非常广阔。

在芬兰,以回收利用废旧金属起家的芬兰库萨科斯基公司,专门为大量使用电子设备的客户提供全套产品逆向物流服务,根据不同客户的需求,制订产品回收计划并签订回收协议,定期到这些公司、机构及政府有关部门回收废旧物品。目前该公司每年回收处理超过1万t废旧家电和电子产品,占芬兰每年回收处理总量的50%左右。

第二节 汽车逆向物流

一、汽车逆向物流的内涵

汽车从生产至终端消费的过程同样面临生产报废和副品回收、商业退回、包装物返还、投诉退回、终端退回以及产品召回六大类别的逆向物流。但是,其中对汽车行业最重要的是产品召回、终端退回和包装物返还几大部分,即缺陷汽车召回、报废汽车回收利用和包装物返还。

其中,退回物流是指不合格产品的返修、退货以及周转使用的包装物等从需方返回到供方的物品流动。如在运输过程中因商品不合格或型号、数量有错误而造成的产品退回,以及将使用过但仍有利用价值的产品回收后,经过重新维修加工作为商品出售。此外,还有可再利用物品的回收分类与再加工。废弃物物流是指对物流过程产生的无用物资进行运输、装卸、处理等过程,进行回收、检测、分类等,并送到专门处理场所的物流活动。可以说,相对退回物流,废弃物物流具有更大的社会效益,可以减少资金的消耗,同时更好地保障生活和生产的正常秩序,因而对废弃物进行综合利用很有必要。

二、汽车逆向物流的内容

如前所述,汽车逆向物流的内容及其体系主要由以下几方面构成:

1. 汽车召回

产品召回制度源于20世纪50年代的美国汽车行业。经过多年实践,美国、日本、欧洲、澳大利亚等对缺陷汽车召回都已经形成了比较成熟的管理制度。汽车召回制度实质上就是将那些出现缺陷、威胁到消费者安全的车辆返回到制造商,对其产品存在的缺陷进行维修、改进,以消除隐患。该制度的实行有利于促进汽车供应商的整体绩效提高。

汽车作为一种复杂的机电一体化产品,在设计制造的过程中出现缺陷是难以避免的,但其性能和质量的可靠性直接关系到消费者的人身安全,因此,国际上普遍采用汽车召回制度来保护消费者权益。我国也于2004年10月1日实行了汽车产品召回制度,并公布了《缺陷汽车产品召回管理规定》。汽车企业主动召回缺陷产品,可以有效地避免安全事故的发生和扩展,保障汽车消费者的权益,体现汽车企业对用户的责任感。在现代生产中,科技创新是许多企业追求的目标,较短周期的创新产品的生产体系及生产工艺的不成熟可能增加出现缺陷产品的风险。随着产品召回制度的形成和不断成熟,产品召回的次数和数量呈现增长趋势。

2. 汽车退回

汽车退回主要是指缺陷产品及担保期退货,以及中下游企业因平衡库存的需要、运输中商品受损、产品本身有缺陷以及未销售完产品的退货等。在大规模生产配送过程中以及运输及存储等各环节,都有可能造成产品的缺陷。对于此类问题产品,顾客在购买以后可以进行退货,供应链上游企业可以向制造商退货。中国消费者协会公布的统计数据表明,2017年度,汽车产品(含零部件)投诉2万多件,比2016年增加5000多件,增长率为34.3%。其中家用轿车占比最大,其次是汽车零部件,占比25.77%。2018年汽车产品(含零部件)投诉19000多件,相比上一年下降了5.8%,而且这一数据是在2018年全国汽车保有量同比上一年增长10.51%、总量达2.4亿辆的前提下达成的。可以说,在2018年汽车产品的投诉数量有明显下降,但仍然是投诉率较高的产品。但是,汽车产品被投诉后不一定全部需要退货,有些问题可以通过维修解决。有些情况是产品本身无缺陷,因消费者使用方法不当或企业员工对产品了解不够、未严格把关而造成的汽车产品的退回。

3. 生产过程中产生的废弃物

这主要是指汽车制造企业在汽车生产过程中产生的报废零部件、边角废料,不合格产品和其他副产品。这类废弃物来自企业的内部生产,如加以合理利用,可以帮助企业节约资源,降低制造成本。

4. 包装材料的回收

包装材料的回收是逆向物流的一个重要内容。一些包装物,如箱、托盘、集装箱等,这类包装不需要再加工处理就可以直接再利用。运输包装不仅回流的周期短,而且重复利用率高、回收价值大。此外,包装材料还包括整车及零部件在运输过程中的废弃包装物,如车内座椅包装及其他回收利用价值低但易造成环境污染的包装物。

5. 报废汽车的回收处理

报废汽车是汽车逆向物流中最重要的组成部分。任何一种产品都有其使用期限,汽车在经过一定年限的运行之后,其零部件磨损程度很高,废气排放量变大,安全性能变差。无论从保护人身安全的角度还是保护环境的角度出发,都必须对达到使用年限及相应磨损程度的汽车予以报废。对报废汽车的不合理处置将对社会带来严重的负面影响,而且会导致资源的枯竭以及自然环境的恶化。

由于受制造水平的限制和汽车实际使用过程中的差异,当汽车报废时,汽车内部各系统的零部件磨损程度大不相同，有些需要直接报废，而有些仍可以继续使用，还有些经维修后可以使用，绝大部分材料可以回收重新利用。

推行报废汽车回收工程，发展循环经济，不仅可以促进汽车行业的可持续发展，而且是解决报废汽车引发社会难题的重要途径。

报废汽车的回收利用方式如图 5-1 所示，大致可分为直接重用、再制造和再循环三种方式。

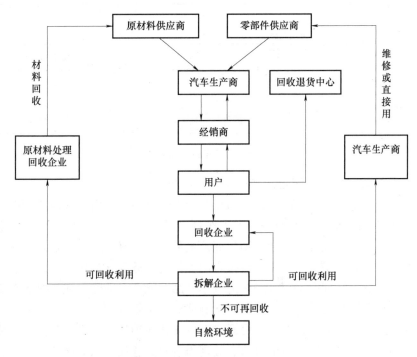

图 5-1　报废汽车的回收利用方式

1）直接重用。对仍具备完好使用性能的零部件直接加以利用，或者只需对其进行简单的再处理，如发动机、变速箱的箱体等。

2）再制造。以废旧零部件做毛坯，采用先进表面技术和其他加工技术对其磨损或锈蚀的部位进行修复和强化，使其恢复可用状态，实现再利用。

3）再循环。将无法修复的零部件和报废材料回收、重熔之后作为汽车原材料，或稍加改变作为材料，参与其他产品的生命周期循环。

三、汽车逆向物流的组织与管理

汽车逆向物流的内容不同，其流程也不尽相同。下面以汽车召回为例来说明汽车逆向物流的组织和管理。

1. 汽车召回的概念及流程

汽车召回，在我国是指按照《缺陷汽车产品召回管理规定》要求的程序，由缺陷汽车产品制造商进行的消除其产品可能引起人身伤害、财产损失的缺陷的过程。具体包括制造商以有效方式通知销售商、修理商、车主等有关方面关于缺陷的具体情况及消除缺陷的方法等事项，并由制造商组织销售商、修理商等通过修理、更换、收回等具体措施有效消除其汽车产品缺陷的过程。汽车召回流程如图5-2所示。

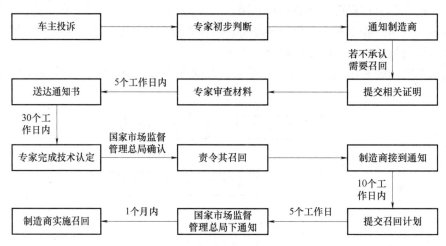

图5-2 汽车召回流程

2. 汽车产品缺陷的报告、调查和确认

制造商确认其汽车产品存在缺陷，应当在5个工作日内以书面形式向主管部门报告。制造商在提交上述报告的同时，应当在10个工作日内以有效方式通知销售商，停止销售所涉及的缺陷汽车产品，并将报告内容通告销售商。境外制造商还应在10个工作日内以有效方式通知进口商停止进口缺陷汽车产品，将报告内容报送商务部并通告进口商。

销售商、租赁商、修理商发现其经营的汽车产品可能存在缺陷，或者接到车主提出的关于汽车产品可能存在缺陷的投诉，应当及时向制造商和主管部门报告。

车主发现汽车产品可能存在缺陷，可通过有效方式向销售商或主管部门投诉或报告。主管部门根据其指定的信息系统提供的分析、处理报告及其建议，认为必要时，可将相关缺陷的信息以书面形式通知制造商，并要求制造商在指定的时间内确认其产品是否存在缺陷及是否需要进行召回。制造商在接到主管部门发出的通知，并确认汽车产品存在缺陷后，应当在5个工作日内，以书面报告形式向主管部门提交报告，并按照缺陷汽车产品主动召回程序实施召回。

制造商能够证明其产品无须召回的，应向主管部门提供翔实的论证报告，主管部门应当继续跟踪调查。必要时，可委托国家认可的汽车质量检验机构对相关汽车产品进行检验。检测结果确认其产品存在缺陷的，应当书面通知制造商实施主动召回，有关缺陷鉴定、检验等费用由制造商承担。如果制造商仍拒绝主动召回，主管部门应责令制造商按照相应规定实施指令召回程序。

3. 缺陷汽车产品主动召回程序

制造商确认其生产且已售出的汽车产品存在缺陷并决定实施主动召回的，应当按要求向主管部门报告，并及时制订包括以下基本内容的召回计划，提交主管部门备案。

1）有效停止缺陷汽车产品继续生产的措施。
2）有效通知销售商，停止批发和零售缺陷汽车产品的措施。
3）有效通知相关车主有关缺陷的具体内容和处理缺陷的时间、地点和方法等。
4）客观公正地预测召回效果。

境外制造商还应提交通知进口商停止缺陷汽车产品进口的措施。

汽车制造商在向主管部门备案的同时,应当立即将其汽车产品存在的缺陷、可能造成的损害及其预防措施、召回计划等,以有效方式通知有关进口商、销售商、租赁商、修理商和车主,并通知销售商,停止销售有关汽车产品,进口商停止进口有关汽车产品。汽车制造商应设置热线电话,解答各方询问,并在主管部门指定的网站上公布缺陷情况供公众查询。

制造商依规定提交报告之日起 1 个月内,制定召回通知书,向主管部门备案,同时告知销售商、租赁商、修理商和车主,并开始实施召回计划。制造商按计划完成缺陷汽车产品召回后,应在 1 个月内向主管部门提交召回总结报告。

4. 缺陷汽车产品指令召回程序

我国制定并颁布了《缺陷汽车产品召回管理规定》等法规来规范缺陷汽车产品召回程序。主管部门依规定经调查、检验、鉴定确认汽车产品存在缺陷,而制造商又拒不召回的,应当及时向制造商发出指令召回通知书。国家认证监督管理部门责令认证机构暂停或收回汽车产品强制性认证证书。对境外生产的汽车产品,主管部门会同商务部和海关总署发布对缺陷汽车产品暂停进口的公告,海关停止办理缺陷汽车产品的进口报关手续。在缺陷汽车产品暂停进口公告发布前,在运输途中的,或已到达我国但尚未办理海关手续的缺陷汽车产品,应由进口商按海关有关规定办理退运手续。

主管部门未批准召回计划的,制造商应按主管部门提出的意见进行修改,并在接到通知之日起 10 个工作日内,再次向主管部门递交修改后的召回计划,直至主管部门批准为止。

制造商有合理原因未能在此期限内完成召回的,应向主管部门提出延长期限的申请,主管部门可根据制造商的申请适当延长召回期限。

制造商应自发出召回通知书之日起,每 3 个月向主管部门提交符合要求的阶段性召回进展情况的报告。主管部门可根据召回的实际效果,决定制造商是否应采取更为有效的召回措施。对每一辆完成召回的缺陷汽车,制造商应保存符合规定要求的召回记录单。召回记录单一式两份,一份交车主保存,一份由制造商保存。

主管部门认为制造商所进行的召回未能取得预期的效果,可责令制造商采取补救措施,再次进行召回。如制造商对审查结论有异议,可依法申请行政复议或提起行政诉讼,在行政复议或行政诉讼期间,主管部门的决定暂不执行。

主管部门应及时公布制造商在我国境内进行的缺陷汽车召回、召回效果审查结论等有关信息,通过指定网站公布,为查询者提供有关资料,并向商务部和海关总署通报进口缺陷汽车的召回情况。

5. 产品召回对物流的影响

产品召回对物流提出了更多、更高的要求,将对其产生深远的影响。一般意义上的物流是指"为满足顾客的需要,对商品、服务及相关信息从产地到消费地高效、低成本流动和储存而进行的规划、实施及控制过程"。而在推行产品召回制度的背景下,相关配件或改进品、替代品的补给及维修、技术服务等的提供需要更为高效、快捷的物流支撑,相关信息及产品(不仅仅是废弃品等的回收)迅速、准确的逆向流动赋予物流全新的使命。能否第一时间发现产品批量性存在缺陷或瑕疵的可能性,能否迅速、完善地实施产品主动召回,对减少企业的损失,保持甚至提升消费者对企业的信心指数,改善与政府部门、社会团体的公共关系等都大有裨益。不论制造商自己从事物流,还是部分由第三方提供,其受到的主要影响

及相应的建议如下:

1)对物流信息系统实时采集范围的要求将更为广泛,对实时分析处理功能的要求更高。与处于供应链的企业在共赢的基础上建立伙伴关系,能使制造商减少原材料、产品的库存,使得JIT、敏捷制造等成为可能。正因为存在这样的共赢伙伴关系,在供应商、销售商、进口商、租赁商、修理商之间,即在其所处供应链的范围内,整合物流信息系统容易达成共识。必须补充完善与消费者互动的信息系统,除了面对面交流、电话、书信等传统方式外,还可通过企业网站、电子邮件等更便捷、低廉的方式采集更为翔实的信息。在此基础上,必须将产品消费地的国家或地方的相应法规、行业标准及相关社会团体的信息实时动态地纳入。例如,环保组织的活动可能会影响到法规、行业标准的变更,从而可能有利于企业的产品召回决策,甚至对设计变更、产品研发都有所帮助。

如此丰富的信息必须实时进行整理、分析、加工处理,否则冗余的信息会造成堵塞、混乱。所以,在完善系统硬件的同时,开发或引进相应软件、配备高素质的运行维护人员,可以保证信息通道的畅通,实时提炼有用信息,为产品召回提供决策依据,监控整个产品召回过程。

2)对维修、改进等技术服务的需求峰值飙升,且时间不确定,而这种服务又具有不可储存性,技术人员"库存"也不经济。以往一般采用设置售后服务网点、开设特约维修点等方式对产品缺陷或瑕疵进行处理。由于各种原因,很多需要召回产品的消费者不能享有其应有的权利,或者因成本过高而放弃了相应的权利。但推行产品召回制度后,消费者可以方便、低成本甚至零成本地享有自己应有的权利。综上所述,企业的成功与否与产品召回之间并不存在必然的关联,因此从理论上讲,任何企业都可能面临产品召回,而产品召回一旦实施,企业将可能面临一个维修、改进等技术服务需求的高峰期;并且尽管企业的物流信息系统可能极为完善,但其到来的时间在一定程度上是随机的,所以对突然飙升的需求峰值,企业可考虑就地提供服务或者运回企业集中处理。这就要在满足时间要求的前提下,对就地服务成本与集中处理成本进行对比分析,然后做出决策。

关于如何应对由此可能产生的技术人员需求暂时性激增的问题,企业可以提前采取一定的措施。例如,企业平时就可以通过对员工进行轮岗或采取其他培训方式来提高自身的技术力量,当由于产品召回技术人员需求骤增时,可以有更大的抽调自由度。

3)配件或改进品、替代品的补给必须更为可靠、迅速。配件、替代品若是由供应商提供,则制造商应主要致力于与其建立良好的伙伴关系,这不仅可满足产品召回时补给的可靠与迅速要求,而且可以使得JIT、敏捷制造等更富有成效。

复习题

1. 逆向物流的概念是什么?
2. 逆向物流如何分类?
3. 逆向物流与正向物流相比有何特征?
4. 逆向物流的作用是什么?
5. 逆向物流活动包括哪些内容?
6. 逆向物流与正向物流有哪些区别?

7. 逆向物流的运作模式如何？
8. 汽车逆向物流的含义是什么？
9. 什么是退回物流？
10. 什么是废弃物物流？
11. 汽车逆向物流的内容包括哪些？
12. 报废汽车的回收利用方式有哪些？
13. 什么是再制造？
14. 什么是再循环？
15. 什么是汽车召回？
16. 车主投诉的汽车召回程序是怎样的？
17. 制造商主动召回缺陷汽车产品的召回程序是怎样的？

第六章

汽车产品的包装、装卸与搬运

 第一节 包装及分类

一、包装的概念

包装是在物流过程中为保护产品、方便储运、促进销售，按一定技术方法，使用容器、材料及辅助物等将物品包封并予以适当装潢和标记的工作总称。简言之，包装是包装物及包装操作的总称。

在社会再生产过程中，包装处于生产过程的末尾和物流过程的开头，既是生产的终点，又是物流的起点。

作为生产的终点，产品生产工艺的最后一道工序是包装，因此，包装对生产而言，标志着生产的完成。从这个意义讲，包装必须根据产品性质、形状和生产工艺来进行，必须满足生产的要求。

作为物流的起点，包装完成之后，经过包装的产品便具有了流通的能力。在整个物流过程中，包装始终发挥对产品的保护作用，直至实现销售。从这个意义上来讲，包装对物流具有决定性的作用。

从汽车物流来看，成品车（整车）运输不需要包装，只有零部件和总成的运输才需要包装。零部件和总成的包装，与普通商品的包装基本相同。

二、包装的特性与功能

包装有三大特性，即保护性、单位集中性及便利性。这三大特性具有保护商品、单元化、便利性和促进销售四大功能。

1. 保护商品

这是包装的首要功能，是确定包装方式和包装形态时必须抓住的主要矛盾。只有进行有效的保护，才能防止商品受到损伤，顺利完成流通过程，实现所有权的转移。

包装的保护作用体现在以下几个方面：

1）防止商品破损变形。这就要求包装能承受在装卸、运输、保管过程中各种力的作用，如冲击、振动、颠簸、挤压等，形成对外力破坏抵抗的防护作用。

2）防止商品发生化学变化，即防止商品吸潮发霉、变质、生锈。这就要求包装能在一定程度上起到阻隔水分、溶液、潮气、光线、空气中的酸性气体的作用，起到对环境、气象的影响进行保护的作用。

3）防止腐朽霉变、鼠咬、虫食。这就要求包装有阻隔霉菌、虫、鼠侵入的能力，形成对生物的防护作用。

此外，包装还有防止异物混入、污物污染，以及防止丢失、散失和盗失等功能。

2. 单元化

包装具有将商品以特定的单位集中的功能，这就称作单元化。包装成多大的单位为好，不能一概而论，而要视商品生产、消费的情况，商品的种类、特征，以及物流方式和条件而定。

一般来讲，包装的单元化主要应达到两个目的：方便物流和方便商业交易。

从物流方面考虑，包装单位的大小要与装卸、保管、运输条件的能力相适应。在此基础上，应当尽量做到便于集中输送，以获得最佳经济效果；同时要求能分割及重新组合，以适应多种装运条件及分货要求。从商业交易方面考虑，包装单位大小应适合进行交易的批量。从零售商品方面考虑，包装应适合消费者的一次购买。

3. 便利性

商品的包装还有方便流通及方便消费的功能。这就要求包装的大小、形态、材料、重量、标志等各个要素都应为运输、保管、验收、装卸等各项作业提供方便。要求容易区分不同商品并进行计量，包装及拆装作业应当简便、快速，拆装后的包装材料应当易于处理。

4. 促进销售

与商流相关的包装功能是促进销售。在商业交易中促进销售的手段很多，包装在其中起着重要作用。恰当的包装能够唤起人们的购买欲望。包装的外部形态、装潢与广告宣传一样，都是很好的宣传品，对顾客的购买起着说服的作用。这样看来，适当的包装可以推动商品销售，具有很大的经济意义。对于包装的这个功能有许多描述，比如"包装是不会讲话的推销员""精美的包装胜过1000个推销员"等，都形象地说明了这一点。

三、汽车产品包装的分类

包装的类型很多，按包装目的、包装层次、包装容器质地、包装使用范围及使用次数等有不同的分类。

1. 按包装目的分类

（1）**商业包装** 商业包装是以促进销售为主要目的的包装。这种包装的特点是外形美观，有必要的装潢，包装单位适合顾客的购买量以及商店陈设的要求。在流动过程中，商品越接近顾客，越要求包装具有促进销售的作用。

（2）**运输包装** 运输包装是以强化输送、保护产品为主要目的的包装。

对生产资料来说，这两点尤其突出。生产资料的生产及消费特点之一是批量大。在运输中，生产资料的输送数量一般大大超过生活资料，因此采用适合大批量、高效率输送的包装是很重要的。

运输包装的重要特点，是在满足物流要求的基础上使包装费用越低越好。为此，必须在包装费用和物流中的损失两者之间寻找最优效果。为了降低包装费，包装的保护作用也往往随之降低，商品的流通损失必然增加，这样就会降低经济效果；相反，如果加强包装，商品的流通损失就会降低，包装费用必然增加。如果完全不允许存在流通损失，就必然存在所谓的"过剩包装"，物流及包装费用必然会大大增加，由此带来的支出增加会大于不存在过剩包装时必然的损失，同样会降低经济效果。因此，对于普通商品，包装程度应当适中，才会获得最优经济效果。

2. 按包装层次分类

（1）**个包装** 个包装是指一个商品为一个销售单位的包装形式。个包装直接与商品接触，在生产中与商品装配成一个整体。它以销售为主要目的，一般随同商品销售给顾客，因而又称为销售包装或小包装。个包装起着直接保护、美化、宣传和促进商品销售的作用。

（2）**中包装** 中包装（又称内包装）是指若干个单体商品或包装组成一个小的整体包装。它是介于个包装与外包装中间的包装，属于商品的内层包装。中包装在销售过程中，一部分随同商品出售，另一部分则在销售中被消耗掉，因而被列为销售包装。在商品流通过程中，中包装起着进一步保护商品、方便使用和销售的作用，并且方便商品分拨和销售过程中的点数和计量，方便包装组合等。

（3）**外包装** 外包装（又称运输包装或大包装）是指商品的最外层包装。在商品流通过程中，外包装起着保护商品，方便运输、装卸和储存等作用。

3. 按包装容器质地分类

（1）**硬包装** 硬包装（又称刚性包装）是指包装内的充填物或内装物取出后，容器形状基本不发生变化，且材质坚硬或质地坚牢的包装。这类包装中，有的质地坚固，能经受一定的外力冲击，也有的虽质地坚硬，但脆性较大。

（2）**半硬包装** 半硬包装（又称半刚性包装）是介于硬包装和软包装之间的包装。

（3）**软包装** 软包装（又称挠性包装）是指包装内的充填物或内装物取出后，容器形状会发生变化，且材质较软的包装。

4. 按包装使用范围分类

（1）**专用包装** 专用包装是指根据被包装物的特点进行专门设计、专门制造，只适用于某种专门产品的包装。

（2）**通用包装** 通用包装是指不进行专门设计制造，而是根据标准系列尺寸制造的包装，用以包装各种无特殊要求或标准规格的产品。

5. 按包装使用次数分类

（1）**一次用包装** 一次用包装是指只能使用一次，不再回收重复使用的包装。它是随同商品一起出售或在销售过程中被消费掉的销售包装。

（2）**多次用包装** 多次用包装是指回收后经适当加工整理，仍可重复使用的包装。它主要是商品的外包装和一部分中包装。

（3）**周转用包装** 周转用包装是指工厂和商店用于固定周转，多次重复使用的包装。

6. 包装的其他分类方法

（1）**按运输方式分类** 按运输方式不同，包装可分为铁路物流包装、汽车货运包装、船舶货运包装、航空货运包装及零担包装和集合包装等。

（2）**按防护目的分类** 按防护目的的不同，包装可分为防潮包装、防锈包装、防霉包装、防震包装、防水包装、遮光包装、防热包装、真空包装、充气包装和防冻包装、危险品包装等。

（3）**按操作方法分类** 按操作方法的不同，包装可分为罐装包装、捆扎包装、裹包装、收缩包装、压缩包装和缠绕包装等。

此外，还可以根据包装内装物的数量、包装组合方式、收货人的不同等进行分类。

第二节 汽车物流的包装材料与包装技术

一、汽车物流的包装材料

常用的包装材料有纸、塑料、木材、金属、玻璃等。从各个国家包装材料生产总值比较来看，使用最广泛的是纸及各种纸制品，其次是木材，而塑料材料的使用量正在快速增长。

1. 纸及纸制品

常用的纸及纸制品包装材料有以下几种：

（1）**牛皮纸** 牛皮纸可用做铺衬、内装和外装，可制成纸袋，还可用作瓦楞纸面层，有较高强度和耐磨性，柔韧性也好，有一定的抗水性。其规格有 $32g/m^2$、$38g/m^2$、$40g/m^2$、$50g/m^2$、$60g/m^2$、$70g/m^2$、$80g/m^2$、$120g/m^2$ 等多种。

（2）**玻璃纸** 玻璃纸是透明或半透明的防油纸，有 $30g/m^2$、$40g/m^2$、$50g/m^2$ 等规格，用于内装、小包装和盒外、瓶外封闭包装，具有装饰、绝潮隔尘等作用。其主要特点是美观、透明，有很强的装饰性能；其缺点是强度较低。

（3）**植物羊皮纸** 植物羊皮纸是用硫酸处理的半透明纸，也称硫酸纸。适用于带一定装饰性的小包装，如用于包装食品、茶叶、药品等，可在长时间存放中防止受潮、干硬、走味。

（4）**沥青纸、油纸及蜡纸** 沥青纸、油纸及蜡纸包装是原纸分别浸渍沥青、油和蜡而制成的，有较强的隔水、隔汽、耐磨的保护性能。它主要用于个装、内装和箱、盒包装内衬，在工业品包装中采用较多。

（5）**板纸** 板纸有以稻草及其他植物纤维为原料的档次较低的草板纸，又称黄板纸，多层结构而面层以漂白纸浆制成的高档白板纸，以及严密度较高的箱板纸三种类型。草板纸用作包装衬垫物及不讲究外观效果的包装匣、盒；白板纸用于价值较高商品的内装及中、小包装外表；箱板纸用于强度要求较高的纸箱、纸盒、纸桶等。

（6）**瓦楞纸板** 瓦楞纸板是纸质包装材料中最重要的一种，由两层纸板和芯层瓦楞芯纸黏合而构成。面层纸板主要是箱板纸；瓦楞芯可制成不同形状，按芯的瓦楞高度和密度分为 A、B、C、D 四种，工业品包装采用较厚的、强度较高的 A、B、C 三种。瓦楞纸板的主要参数及性能如表 6-1 所示。

表 6-1 瓦楞纸板的主要参数及性能

种类	瓦楞纸板高/mm	瓦楞数	耐平均压力排序	耐垂直压力排序	耐平行压力排序
A	4.5~4.8	120	3	1	3
B	2.5~30	170	1	3	1
C	3.5~3.7	140	2	2	2
D	1.1~1.2	320	—	—	—

瓦楞纸板单层强度有限，为扩展其包装适用范围，可制成多种层形的：有仅一张面层和一层瓦楞的单面瓦楞纸板；有一层芯层和两层纸板的三层瓦楞纸板；有三张面层和二层芯层复合的五层瓦楞纸板；还有四张面层和三层芯层的七层瓦楞纸板。瓦楞纸板的主要特点是和

相同厚度的其他纸制品相比，重量轻、强度高，有较好的抗震性及缓冲性，其生产成本也较低，面层又有一定装饰和促销作用。

2. 塑料及塑料制品

常用的塑料及塑料制品包装材料有以下几种：

（1）聚乙烯　聚乙烯有高压聚乙烯、中压聚乙烯及低压聚乙烯三种，其密度情况是：高压聚乙烯为低密度，而中、低压聚乙烯密度较高。在包装中，聚乙烯主要用于制造塑料薄膜，也用于制造瓶、桶及包装箱、盒，其中尤以高压聚乙烯薄膜使用广泛。聚乙烯薄膜能透过氧及二氧化碳等气体，很适合蔬菜、水果包装保鲜，也适用于工业品个装、内装。发泡后的半硬质泡沫塑料可用于防震包装。

（2）聚丙烯　聚丙烯的特点是无毒，没有增塑剂的污染及溢出，可制成薄膜、瓶、盖以及用薄膜扁丝编成的包装袋。它通常用于食品、药品包装及各种外装包装，集装袋等大型袋也采用聚丙烯材料为基层材料。

（3）聚苯乙烯　聚苯乙烯主要用于制造盒、罐、盘等包装容器和热缩性薄膜包装材料。发泡后的聚苯乙烯泡沫塑料用作包装衬垫及内装防震材料。

（4）聚氯乙烯　聚氯乙烯可制成瓶、盒、箱及薄膜，用于小包装袋或周转塑料箱，也可发泡制成硬质泡沫塑料。由于聚氯乙烯在高温下可能分解出氯化氢气体，有腐蚀性，因而不宜用于防锈包装。

（5）钙塑材料　钙塑材料大多由填充材料改性塑料制成，由于低值填料的加入，大大降低了钙塑材料的成本，使之可以成为木材、纸板的代用材料。它可用于制造钙塑瓦楞纸板以及钙塑包装桶、包装盒等。

3. 木材及木制品

木材是一种应用广泛的传统包装材料，主要用于制造各种包装箱。常用的包装木材有杉木、松木等。

以木材为原料制成的胶合板、纤维板、刨花板等板材也用于制造包装箱、桶等。

木制品包装材料主要用于外包装。

4. 金属

常用的金属包装材料有以下几种：

（1）镀锡薄板　镀锡薄板俗称马口铁，是表面镀有锡层的薄钢板。由于镀锡层的作用，它除了具有一般薄钢板的优点外，还有很强的耐腐蚀性。当薄板的钢基成分或钢板工艺不同时，形成不同的调质加工性能，可加工成各种形状的容器。镀锡薄板主要用于制造高档罐容器，表面装潢之后成为工业和商业包装二合一的包装。

（2）涂料铁　涂料铁是镀锡薄板一面涂以涂料加工制成的。它主要用于制造食品罐。

（3）铝合金材料　铝合金材料是以铝为主要合金元素的各种铝合金，按照其他合金元素种类及含量不同，有许多型号，分别可制成铝箔、饮料罐、薄板、铝板及型材，可制成各种包装物，也可与塑料等材料复合制成复合薄膜，用作商业小包装材料。

铝合金材料的主要特点是隔绝水、汽及一般腐蚀性物质的能力强，强度重量比大，包装材料轻，无效包装较少，无毒，外观性能好，易装饰美化。

5. 玻璃、陶瓷

玻璃、陶瓷的主要特点是具有很强的耐腐蚀性能，强度较高，装潢、装饰性能好，因此广泛用于商业包装,较多用于个装,具有宣传、美化的推销作用。

其包装形态是制成瓶、罐,陶瓷可制成较大的罐、坛,主要用于食品、化工产品和药品等。

6. 复合材料

为避免各种包装材料的缺点,发挥其各自的优点,可将两种或两种以上的材料通过各种方法复合在一起制成复合材料,在包装领域也有广泛的应用。现在使用较多的是薄膜复合材料,主要有纸基复合材料、塑料基复合材料、金属基复合材料等。

二、汽车物流包装技术

1. 包装容器

(1) 包装袋 包装袋是柔性包装中的重要技术。其材料是挠性材料,有较高的韧性、抗拉强度和耐磨性。一般包装袋结构是筒管状结构,一端预先封死,在包装结束后再封装另一端。包装操作一般采用充填操作。包装袋广泛适用于运输包装、商业包装、内装、外装,因而使用较为广泛。包装袋一般可分成以下三种类型:

1) 集装袋。这是一种大容积的运输包装袋,盛装重量在1t以上。集装袋的顶部一般装有金属吊架或吊环等,便于铲车或起重机的吊装、搬运。卸货时可打开袋底的卸货孔,即行卸货,非常方便。它适用于装运颗粒状、粉状的货物。集装袋一般多用聚丙烯、聚乙烯等聚酯纤维制成。由于集装袋装卸、搬运货物都很方便,使装卸效率明显提高,近年来发展很快。

2) 一般运输包装袋。这类包装袋的盛装重量是 0.5~100kg,大部分是由植物纤维或合成树脂纤维制成的织物袋,或者由几层挠性材料构成的多层材料包装袋,如麻袋、薄膜扁丝包装袋、水泥袋等。其主要用于包装粉状、颗粒状和个体小的货物。

3) 小型包装袋(或称普通包装袋)。这类包装袋的盛装重量较少,通常用单层材料或双层材料制成,对某些具有特殊要求的包装袋也可用多层不同材料复合而成。其包装范围较广,液状、粉状、块状和异型等都可采用这种包装。

上述几种包装袋中,集装袋适用于运输包装,一般运输包装袋适用于外包装及运输包装,小型包装袋适用于内装、个装及商业包装。

(2) 包装盒 包装盒是介于刚性和柔性包装两者之间的包装技术,包装材料有一定挠性,不易变形,有较高的抗压强度,刚性高于袋装材料。包装结构是规则几何形状的立方体,也可裁制成其他形状,如圆盒状、尖角状,一般容量较小,有开闭装置,如图6-1所示。包装操作一般采用码放或装填,然后将开闭装置闭合。包装盒整体强度不大,包装量也不大,不适用于运输包装,适用于商业包装、内包装,以及适合包装块状及各种异形物品。

(3) 包装箱 包装箱是刚性包装技术中的一种重要类型,包装材料为刚性或半刚性材料,有较高强度且不易变形。包装结构和包装盒相同,只是容积大于包装盒,两者通常以10L为分界。包装操作主要为码放,然后将开闭装置闭合或将一端固定封死。包装箱整体强度较高,抗变形能力强,包装量也较大,适用于运输包装、外包装,包装范围较广,主要用于固体杂货包装。包装箱主要有以下几种:

1) 瓦楞纸箱。瓦楞纸箱是用瓦楞纸板制成的箱形容器(见图6-2)。按瓦楞纸箱的外形结构分类，有折叠式瓦楞纸箱、固定式瓦楞纸箱和异形瓦楞纸箱三种；按构成瓦楞纸箱体的材料分类，有瓦楞纸箱和钙塑瓦楞箱。

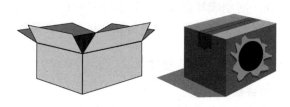

图 6-1　包装盒　　　　　　　　　图 6-2　瓦楞纸箱

2）木箱。木箱是流通领域中常用的一种包装容器，其用量仅次于瓦楞纸箱。木箱主要有木板箱、框板箱、框架箱三种。

① 木板箱。木板箱一般用于小型运输包装，能装载多种性质不同的物品（见图 6-3a）。木板箱作为运输包装容器具有很多优点，如有抗拒碰裂、溃散、戳穿的性能，有较高的耐压强度，能承受较大负荷，制作方便等。但木板箱的箱体较重，体积也较大，其本身没有防水性。

② 框板箱。框板箱是由木条与人造板材制成箱子的框板，再经钉合装配而成（见图 6-3b）。

③ 框架箱。框架箱是由一定截面的条木构成箱体的骨架，根据需要也可在骨架外面加木板覆盖（见图 6-3c）。这类框架箱有两种形式，无木板覆盖的称为敞开式框架箱，有木板覆盖的称为覆盖式框架箱。框架箱有坚固的骨架结构，因此具有较好的抗震和抗扭力，有较高的耐压强度，而且装载量大。

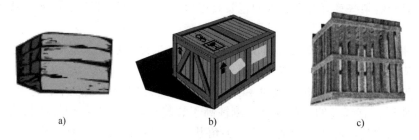

a)　　　　　　　　　　　　b)　　　　　　　　　　　　c)

图 6-3　木板箱、框板箱与框架箱
a）木板箱　b）框板箱　c）框架箱

3）塑料箱。塑料箱一般用于小型运输包装容器（见图 6-4）。其优点是自重轻，耐蚀性好、可装载多种商品，整体性强，强度和耐用性能满足反复使用的要求，可制成多种色彩以对装载物分类，手握搬运方便，没有木刺，不易伤手。

4）集装箱。集装箱是由钢材或铝材制成的大容积物流装运设备（见图 6-5）。从包装角度看，它也属一种大型包装箱，可归于运输包装的类别之中，也是大型反复使用的周转型包装。

图 6-4　塑料箱

图 6-5　集装箱

（4）包装瓶　包装瓶是瓶颈尺寸有较大差别的小型容器，是刚性包装中的一种，包装材料有较高的抗变形能力，刚性、韧性要求一般也较高，个别包装瓶介于刚性与柔性材料之间，瓶的形状在受外力时虽可发生一定程度变形，外力一旦撤除，仍可恢复原来瓶形（见图 6-6）。包装瓶的结构是瓶颈口径远小于瓶身，且在瓶颈顶部开口。包装操作是填灌操作，然后将瓶口用瓶盖封闭。包装瓶包装量一般不大，适合美化装潢，主要用于商业包装、内包装，主要包装液体、粉状货。包装瓶按外形可分为圆瓶、方瓶、高瓶、矮瓶、异形瓶等若干种，瓶口与瓶盖的封盖方式有螺纹式、凸耳式、齿冠式、包封式等。

图 6-6　包装瓶

（5）包装罐（筒）　包装罐是罐身各处横截面形状大致相同，罐颈短，罐颈内径比罐身内颈稍小或无罐颈的一种包装容器，是刚性包装的一种，包装材料强度较高，罐体抗变形能力强。包装操作是装填操作，然后将罐口封闭，可用于运输包装、外包装，也可用于商业包装、内包装。包装罐（筒）主要有以下三种：

1）小型包装罐（筒）。这是典型的罐体，可用金属材料或非金属材料制造，容量不大，一般用于销售包装、内包装，罐体可采用各种方式装潢美化（见图 6-7）。

2）中型包装罐（筒）。外形也是典型罐体，容量较大，一般用于化工原材料、土特产的外包装，起运输包装作用。

3）集装罐。这是一种大型罐体，外形有圆柱形、圆球形、椭球形等，卧式、立式都有。集装罐往往是罐体大而罐颈小，采取灌填式作业，灌填作业和排出作业往往不在同一罐口进行，另设卸货出口（见图 6-8）。集装罐是典型的运输包装，适合包装液状、粉状及颗粒状货物。

图 6-7　小型包装筒

图 6-8　集装罐

2. 包装的保护技术

(1) 防震包装 防震包装又称缓冲包装，在各种包装方法中占有重要的地位。产品从生产出来到开始使用要经过一系列的运输、保管、堆码和装卸过程，置于一定的环境之中。在任何环境中都会有力作用在产品之上，并使产品发生机械性损坏。为了防止产品遭受损坏，就要设法减小外力的影响，所谓防震包装，是指为减缓内装物受到冲击和振动，保护其免受损坏所采取的一定防护措施的包装。防震包装主要有以下三种方法：

1）全面防震包装方法。全面防震包装方法是指内装物和外包装之间全部用防震材料填满进行防震的包装方法。

2）部分防震包装方法。对于整体性好的产品和有内装容器的产品，仅在产品或内包装的拐角或局部地方使用防震材料进行衬垫即可。所用包装材料主要有泡沫塑料防震垫、充气型塑料薄膜防震垫和橡胶弹簧等。

3）悬浮式防震包装方法。对于某些贵重易损的物品，为了有效地保证其在流通过程中不被损坏，外包装容器比较坚固，然后用绳、带、弹簧等将被装物悬吊在包装容器内。这样在物流中，无论是什么操作环节，内装物都被稳定悬吊而不与包装容器发生碰撞，从而减少损坏。

(2) 防破损包装 缓冲包装有较强的防破损能力，是一种比较有效的防破损包装技术。此外，还可以采取以下几种防破损包装技术：

1）捆扎及裹紧技术。捆扎及裹紧技术的作用是使杂货、散货形成一个牢固整体，以增加整体性，便于处理及防止散堆来减少破损。

2）集装技术。利用集装，减少与货体的接触机会，从而防止破损。

3）选择高强度保护材料。通过高强度的外包装材料来防止内装物受外力作用破损。

(3) 防锈包装 目前，防锈包装技术主要有防锈油防锈包装技术和气相防锈包装技术。

1）防锈油防锈蚀包装技术。大气锈蚀是空气中的氧、水蒸气及其他有害气体等作用于金属表面引起电化学作用的结果。如果使金属表面与引起大气锈蚀的各种因素隔绝（即将金属表面保护起来），就可以达到防止金属大气锈蚀的目的。防锈油防锈蚀包装技术就是根据这一原理将金属涂封，防止锈蚀，如轴承的包装。

用防锈油封装金属制品，要求油层要有一定厚度，油层的连续性好，涂层完整。不同类型的防锈油要采用不同的方法进行涂覆。

2）气相防锈包装技术。气相防锈包装技术就是用气相缓蚀剂（挥发性缓蚀剂）在密封包装容器中对金属制品进行防锈处理的技术。气相缓蚀剂是一种能减慢或完全停止金属在侵蚀性介质中破坏过程的物质。它在常温下即具有挥发性，在密封包装容器中时，它在很短的时间内挥发或升华出的缓蚀气体就能充满整个包装容器内的每个角落和缝隙，同时吸附在金属制品的表面上，从而起到抑制大气对金属锈蚀的作用。

(4) 防霉腐包装 在运输包装内装运有机碳水化合物货物或其他易霉变货物时，货物表面可能生长霉菌，甚至伸延至货物内部，使其腐烂、发霉、变质，因此要采取特别防护措施。

防霉腐包装技术通常是采用冷冻包装、真空包装或高温灭菌方法。冷冻包装的原理是减慢细菌活动和化学变化的过程，以延长储存期，但不能完全消除食品的变质；高温杀菌法可消灭引起食品腐烂的微生物，可在包装过程中经高温处理防霉；有些经干燥处理的食品包装，应防止水汽浸入发生霉腐，可选择防水汽和气密性好的包装材料，采取真空包装和充气包装。

真空包装法也称减压包装法或排气包装法。这种包装可阻挡外界的水汽进入包装容器内，也可防止密闭的防潮包装内部存有潮湿空气，在气温下降时结露。采用真空包装法，要注意避免过高的真空度，以防损伤包装材料。

此外，防止运输包装内货物发霉，还可使用防霉剂。机电产品的大型封闭箱，可酌情开设通风孔或通风窗等，采取相应的防霉措施。

(5) **防虫包装** 防虫包装技术常用的是驱虫剂，即在包装中放入有一定毒性和气味的药物，利用药物在包装中挥发气体杀灭和驱除各种害虫。常用的驱虫剂有萘、对二氯苯、樟脑精等。也可采用真空包装、充气包装、脱氧包装等技术，使害虫无生存环境，从而防止虫害。

(6) **危险品包装** 危险品有上千种，按其危险性质，交通运输及公安消防部门规定分为十大类，即爆炸性物品、氧化剂、压缩气体和液化气体、自燃物品、遇水燃烧物品、易燃液体、易燃固体、毒害品、腐蚀性物品、放射性物品等。有些物品同时具有两种以上危险性质。

对有毒商品的包装要明显标明有毒的标志。防毒的主要措施是包装严密不漏、不透气。例如，重铬酸钾（红矾钾）和重铬酸钠（红矾钠）为红色带透明结晶，有毒，应用坚固的铁桶包装，桶口要严密不漏，制桶的铁板厚度不能小于1.2mm。对有机农药一类的商品，应装入沥青麻袋，缝口严密不漏，如用塑料袋或沥青纸袋包装的，外面应再用麻袋或布袋包装。用作杀鼠剂的磷化锌，有剧毒，应用塑料袋严封后再装入木箱中，箱内用两层牛皮纸、防潮纸或塑料薄膜衬垫，使其与外界隔绝。

对有腐蚀性的商品，要注意商品和包装容器的材质发生化学变化。金属类的包装容器，要在容器壁涂上涂料，防止腐蚀性商品对容器的腐蚀。例如，包装合成脂肪酸的铁桶内壁要涂上耐酸保护层，防止铁桶被商品腐蚀，从而导致商品也随之变质。又如，氢氟酸是无机酸性腐蚀物品，有剧毒，能腐蚀玻璃，不能用玻璃瓶作为包装容器，而应装入金属桶或塑料桶，然后再装入木箱。再如，甲酸易挥发，其气体有腐蚀性，应装入良好的耐酸坛、玻璃瓶或塑料桶中，严密封口，再装入坚固的木箱或金属桶中。

对于易燃、易爆商品，如有强烈氧化性的，遇有微量不纯物或受热即急剧分解引起爆炸的产品，有效的防爆炸包装方法是采用塑料桶包装，然后将塑料桶装入铁桶或木箱中，每件净重不超过50kg，并应有自动放气的安全阀，当桶内达到一定气体压力时，能自动放气。

各种保护性包装如图6-9所示。

(7) **特种包装** 特种包装技术主要有充气包装、真空包装、收缩包装、拉伸包装和脱氧包装等。

1) 充气包装。充气包装是采用二氧化碳气体或氮气等不活泼气体置换包装容器中空气的一种包装技术方法，因此也称为气体置换包装。这种包装方法是根据好氧性微生物需要氧代谢的特性，在密封的包装容器中改变气体的组成成分，降低氧气的浓度，抑制微生物的生理活动、酶的活性以及鲜活商品的呼吸强度，以达到防霉、防腐和保鲜的目的。

2) 真空包装。真空包装是将物品装入气密性容器后，在容器封口之前抽真空，使密封后的容器内基本没有空气的一种包装技术方法。

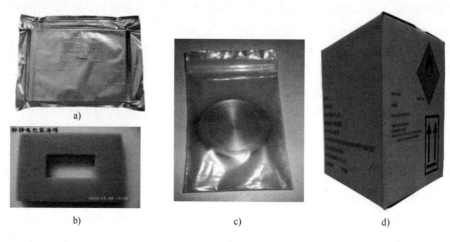

图6-9 各种保护性包装

a）防潮包装 b）防震包装 c）气相防锈包装 d）危险品包装

3）收缩包装。收缩包装就是用收缩薄膜裹包物品（或内包装），然后对薄膜进行适当加热处理，使薄膜收缩而紧贴于物品（或内包装件）的一种包装技术方法。

收缩薄膜是一种经过特殊拉伸和冷却处理的聚乙烯薄膜。由于薄膜在定向拉伸时产生残余收缩应力，这种应力受到一定热量后便会消除，从而使其横向和纵向均发生急剧收缩，同时使薄膜的厚度增加，收缩率通常为30%～70%，收缩力在冷却阶段达到最大值，并能长期保持。

4）拉伸包装。拉伸包装是20世纪70年代开始采用的一种新的包装技术，它是由收缩包装发展而来的。拉伸包装是依靠机械装置在常温下将弹性薄膜围绕被包装件拉伸、紧裹，并在其末端进行封合的一种包装方法。由于拉伸包装不需进行加热，所以消耗的能源只有收缩包装的1/20。拉伸包装可以捆包单件物品，也可用于托盘包装之类的集合包装。

5）脱氧包装。脱氧包装是继真空包装和充气包装之后出现的一种新型除氧包装方法。脱氧包装是在密封的包装容器中，使用能与氧气起化学作用的脱氧剂与之反应，从而除去包装容器中的氧气，以达到保护内装物的目的。脱氧包装技术方法适用于某些对氧气特别敏感的物品，使用于那些即使有微量氧气也会导致品质变坏的食品包装中。

3. 包装的操作技术

（1）充填技术 将内装物按要求的数量装入包装容器的操作称为充填。充填技术是关于如何将内装物准确充填到包装容器中的技术。充填技术主要用于销售包装，在运输包装中也有应用。

1）固体内装物充填方法。固体内装物按其形态可分为非黏性、半黏性和黏性三类。对于非粘性能自由流动的产品，可选用重力流动系统的充填机械充填；对于半黏性、黏性流动性较差的产品，可选用振动进料系统、螺旋推进系统、真空推进系统的充填机械充填。

2）液体内装物充填方法。液体内装物的充填又称灌装。其方法按原理可分为重力灌装、等压灌装、真空灌装和机械压力灌装四大类。

(2) 装箱技术　装箱技术可采用手工操作、半自动和全自动机械操作三种。其方法有装入式装箱法、套入式装箱法和裹式装箱法等。

(3) 裹包技术　裹包是用一层或者多层柔性材料包覆产品或包装件的操作。常用的裹包方法有折叠式和纽结式两种。折叠式裹包是从卷筒材料上切下一定长度的材料,将材料裹在被包物上,用搭接方式包成桶状,然后折叠两端并封紧;纽结式裹包方法是用一定长度的包装材料将一定的产品裹成圆筒形,其搭接接缝不需要粘接或热封,主要将开口端部分向规定的方向扭转形成纽结即可。

(4) 封口技术　封口是指将产品装入包装容器后,封上容器封口部分的操作。常用的封口方法有黏合法和封闭物封口法两种。

黏合法是用黏合剂将相邻两层包装材料表面结合在一起的方法。它具有工艺简单、生产率高、结合力大、密封性好、适用性广等优点,常用于纸、布、木材、塑料、金属等各种包装物的黏合。

封闭物封口法用于瓶、罐类包装件的封闭物,主要是盖（如螺丝盖、快旋盖、易开盖、滚压盖等）和塞（如软木塞、橡胶塞和塑料塞等）。用于袋包装件的封闭物主要有夹子、带环的套、按钮带、扣紧条等。纸盒、纸箱的封闭物除用胶带黏合外,还可用卡钉钉合。

(5) 捆扎技术　捆扎技术是将产品或包装件用适当的材料扎紧、固定或增强的操作。常用的捆扎材料有钢带、聚酯带、聚苯乙烯带、尼龙带和麻绳等。无论手工或机械捆扎,其操作过程相同,都是先将捆扎带缠绕于产品或包装件上,再用工具或机械将带拉紧,然后将带两端重叠连接。捆扎带两端的连接方式有铁皮箍压出几道压痕连接,用铁皮箍切出几道压痕并间隔地向相反方向弯曲连接,用热黏合连接以及打结连接等。

三、包装标记与包装标志的使用

1. 包装标记

包装标记是由生产方或销售方提供的,在产品或商品外包装上附加的起到标示、提醒信息的内容。一般的包装标记内容包括产品名称、产品型号、生产方/销售方信息、生产日期、包装数量及形式,以及包装和搬运途中的注意事项（如包装承重、最大叠放层数等）、产品的特殊信息（如防伪标识、法律要求的标志）等,如图6-10所示。

按照包装标记适用范围和用途,包装标记可分为:

1）一般包装标记,也称包装基本标记。

2）收发货地点和单位标记。

3）商品条码。

2. 包装标志

包装标志是为了便于货物交接,防止错发错运,便于识别,便于运输、仓储和海关等有关部门进行查验等工作,也便于收货人提取货物,在进出口货物的外包装上标明的记号。

1）指示性标志。它用来指示运输、装卸、保管人员在作业时需注意的事项,以保证物资的安全（见图6-11）。这种标志主要表示物资性质、物资堆放、开启、吊运等的方法。

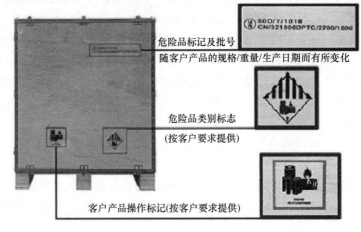

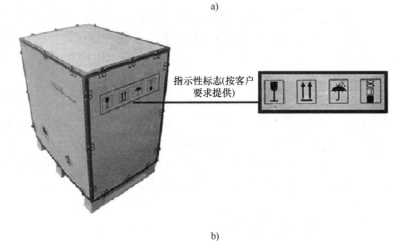

图 6-10　包装标记与标志

a）产品标记与危险货物警告标志　b）货物指示性标志

图 6-11　指示性标志

2）警告性标志。它是表示危险品的物理/化学性质以及危险程度的标志（见图 6-12）。它提醒人们在运输、储存、保管、搬运等活动中引起注意。

图 6-12　警告性标志

3. 包装标记与包装标志的使用要求

（1）对包装标记和标志图案或文字的要求　我国对商品包装标记和标志规定，包装标记和标志文字要精炼，图案清楚，易于制作，一目了然，方便查对。标记和标志的文字、字母及数字号码的大小应与包装件的标记和标志的尺寸相称，笔画粗细要适当。

（2）对涂刷、拴挂、粘贴包装标记和标志的要求　涂刷、拴挂、粘贴包装标记和标志的部位要适当。所有标记和标志都应位于搬运、装卸作业时容易看得到的地方。为防止在物流过程中某些标记和标志被抹掉或不清楚、难以辨认，应尽可能在同一包装物的不同部位制作两个相同的标记和标志。

（3）对包装标记和标志颜料的要求　制作包装标记和标志的颜料应具备耐温、耐晒、耐摩擦等性能，使之不易发生褪色、脱落等现象；要选用明显的颜色制作标记和标志。

（4）包装标记和标志尺寸的要求　包装标记和标志的尺寸要符合有关标准的规定。

第三节　装卸搬运

一、装卸搬运的概念及特点

1. 装卸搬运的概念

在同一地域范围（如车站范围、工厂范围、仓库内部等）内改变"物"的存放、支承状态的活动称为装卸，改变"物"的空间位置的活动称为搬运，两者全称装卸搬运。有时候或在特定场合，单称"装卸"或单称"搬运"也包含"装卸搬运"的完整含义。

在习惯使用中，物流领域（如铁路运输）常将装卸搬运这一整体活动称作"货物装卸"；生产领域常将这一整体活动称作"物料搬运"。实际上，活动内容都是一样的，只是领域不同。

在实际操作中，装卸与搬运是密不可分的，两者是伴随在一起发生的。因此，在物流科学中并不过分强调两者的差别，而是作为一种活动来对待。

搬运的"运"与运输的"运"区别之处在于，搬运是在同一地域的小范围内发生的，而运输则是在较大范围内发生的，两者是量变到质变的关系，中间并无绝对的界限。

装卸活动的基本动作包括装车（船）、卸车（船）、堆垛、入库，出库以及联结上述各项动作的短程输送，是随运输和保管等活动而产生的必要活动。

在物流过程中，装卸活动是不断出现和反复进行的，它出现的频率高于其他各项物流活动，每次装卸活动都要花费很长时间，所以往往成为决定物流效率的关键。装卸活动所消耗的人力也很多，所以装卸费用在物流成本中所占的比重也较大。以我国为例，铁路运输始发和到达的装卸作业费占运费的20%左右，水运占40%左右。因此，为了降低物流费用，装卸是一个重要环节。

此外，进行装卸操作时往往需要接触货物，因此，这是在物流过程中造成货物破损、散失、损耗、混合等损失的主要环节。例如，袋装水泥包装袋破损和水泥散失主要发生在装卸过程中，玻璃、机械、器皿、煤炭等产品在装卸时容易造成破损或损失。

2. 装卸搬运的特点

装卸搬运是附属性、伴生性的活动。装卸搬运是物流每一项活动开始及结束时必然发生的活动，是物流过程不可缺少的组成部分。例如，一般而言的"汽车运输"就实际包含了相伴随的装卸搬运，仓库中泛指的保管活动也含有装卸搬运活动。

装卸搬运是支持性、保障性活动。装卸搬运的附属性不能理解成被动的，实际上，装卸搬运对其他物流活动有一定的决定性，它会影响其他物流活动的质量和速度。例如，装车不当会引起运输过程中的损失，卸放不当会引起货物转换成下一步运动的困难。许多物流活动在有效装卸搬运的支持下才能实现高水平。

装卸搬运是衔接性的活动。任何其他物流活动互相过渡时，都是以装卸搬运来衔接的，因而装卸搬运往往成为整个物流的"瓶颈"，是物流各功能之间能否形成有机联系和紧密衔接的关键，而这又是一个系统的关键。建立一个有效的物流系统，关键看这一衔接是否有效。一种比较先进的系统物流方式——联合运输方式就是为着力解决这种衔接而出现的。

二、装卸搬运的分类

1. 按装卸搬运的设施、设备对象分类

按装卸搬运的设施、设备对象分类，可分为仓库装卸、铁路装卸、港口装卸、汽车装卸等。

（1）仓库装卸 仓库装卸配合出库、入库、维护保养等活动进行，并且以堆垛、上架、取货等操作为主。

（2）铁路装卸 铁路装卸是对火车车厢的装进及卸出，其特点是一次作业就需要实现

第六章 汽车产品的包装、装卸与搬运

整车厢的装进或卸出，很少有像仓库装卸时出现的整装零卸或零装整卸的情况。

（3）港口装卸 港口装卸包括码头前沿的装船，也包括后方的支持性装卸搬运，有的港口装卸还采用小船在码头与大船之间"过驳"的办法，因而其装卸的流程较为复杂，往往经过几次的装卸及搬运作业才能最后实现船与陆地之间货物过渡的目的。

（4）汽车装卸 汽车装卸一般一次装卸批量不大，由于汽车的灵活性，可以减少或根本省去搬运活动，而直接、单纯利用装卸作业达到车与物流设施之间货物过渡的目的。

2. 按装卸搬运的机械及机械作业方式分类

按装卸搬运的机械及机械作业方式分类，可分成使用起重机的"吊上吊下"方式、使用叉车的"叉上叉下"方式、使用半挂车或叉车的"滚上滚下"方式、"移上移下"方式及散装散卸方式等。

（1）吊上吊下方式 这种方式采用各种起重机从货物上部起吊，依靠起吊装置的垂直移动实现装卸，并在起重机运行的范围内或回转的范围内实现搬运，或依靠搬运车辆实现搬运。由于吊起及放下属于垂直运动，这种装卸方式属于垂直装卸方式。

（2）叉上叉下方式 这种方式采用叉车从货物底部托起货物，并依靠叉车的运动进行货物位移，搬运完全靠叉车本身，货物可不经中途落地直接放置到目的处。这种方式垂直运动不大而主要是水平运动，属于水平装卸方式。

（3）滚上滚下方式 这主要是指港口装卸的一种水平装卸方式，利用叉车或半挂车、汽车承载货物，连同车辆一齐开上船，到达目的地后再从船上开下，称"滚上滚下"方式。利用叉车的滚上滚下方式，在船上卸货后，叉车必须离船，利用半挂车、平车或汽车，则拖车将半挂车、平车拖拉至船上后，拖车离开船，而载货车辆连同货物一齐运到目的地，再原车开下或拖车上船拖拉半挂车、平车开下。滚上滚下方式需要专门的滚装船。

（4）移上移下方式 这种方式是在两车之间（如火车及汽车）进行靠接，然后利用各种方式，不使货物垂直运动而靠水平移动从一部车辆上推移到另一车辆上，称为移上移下方式。移上移下方式需要使两部车辆水平靠接，因此，对站台或车辆货台需进行改变，并配合移动工具实现装卸。

（5）散装散卸方式 这种方式是对散装物进行装卸，一般从装点直到卸点，中间不再落地。这是集装卸与搬运于一体的装卸方式。

3. 按被装物的主要运动形式分类

按被装物的主要运动形式分类，可分为垂直装卸和水平装卸两种。

4. 按装卸搬运对象分类

按装卸搬运对象分类，可分为散装货物装卸、单件货物装卸、集装货物装卸等。

5. 按装卸搬运的作业特点分类

按装卸搬运的作业特点分类，可分为连续装卸与间歇装卸两类。

（1）连续装卸 连续装卸主要是同种大批量散装或小件杂货通过连续输送机械，连续不断地进行作业，中间无停顿，货间无间隔。在装卸量较大、装卸对象固定、货物对象不易形成大包装的情况下适合采取这一方式。

（2）间歇装卸 间歇装卸有较强的机动性，装卸地点可在较大范围内变动。它主要适用于货流不固定的各种货物，尤其适用于包装货物、大件货物；散粒货物也可采取此种方式。

第四节 装卸搬运作业与设备

一、装卸搬运的准备和作业方法

1. 装卸搬运的准备

（1）确定装卸作业方式 根据"物"的种类、体积、重量、到货批量、运输车辆或其他设施状况确定装卸作业方式，确定装卸设备及设备能力的选用。

（2）确定装卸场地 预先规划好装卸地点及卸后货物的摆放位置及放置状态，预先确定站台及车辆靠接位置等。

（3）准备吊具、索具等附属工具 配合装卸方式，选择和准备有效的吊具、索具，是提高装卸效率、加快装卸速度及减少装卸损耗的重要一环。

（4）进行装卸作业 以人力或机械将货物装入运输设备或卸下。

2. 装卸搬运作业方法

（1）单件作业 单件作业是指对非集装按件计的货物逐个进行装卸操作的作业方法。单件作业对机械、装备、装卸条件要求不高，因而机动性较强，可在很广泛的地域内进行而不受固定设施、设备的地域局限。

单件作业可采取人力装卸、半机械化装卸及机械装卸。由于逐件处理，装卸速度慢，且装卸要逐件接触货体，因而容易出现货损，反复作业次数较多，也容易出现货差。

单件作业的装卸对象主要是包装杂货，多种类、少批量货物及单件大型、笨重货物。

（2）集装作业 集装作业是对集装货载进行装卸操作的作业方法，每装卸一次是一个经组合之后的集货货载，在装卸时对集装体逐个进行装卸操作。它与单件作业的主要异同点在于，两者都是按件处理，但集装作业的"件"，其单位远大于单件作业每件的大小。

集装作业由于集装单位较大，无法进行人力手工装卸，虽然在不得已时可用简单机械偶尔解决一次装卸，但对大量集装货载而言，只能采用机械进行装卸，同时必须在有条件的场所进行作业，不仅受装卸机具的限制，也受集装货载存放条件的限制，因而机动性较差。

集装作业一次作业装卸量大，装卸速度快，且在装卸时并不逐个接触货体，而仅对集装体进行作业，因而货损较小，货差也小。

集装作业的对象范围较广，一般除粉、粒、液、气状货物和特大、重、长的货物外，都可进行集装。粉、粒、液、气状货物经一定包装后，也可集合成大的集装货载；特大、重、长的货物经适当分解处置后，也可采用集装方式进行装卸。集装作业的方法有以下几种：

1）托盘装卸。利用叉车对托盘货载进行的装卸，属于"叉上叉下"方式。由于叉车本身有行走机构，所以，在装卸的同时可以完成小搬运，而无须落地过渡，因而具有水平装卸的特点。托盘装卸常需叉车与其他设备、工具配合，以有效完成全部装卸过程。例如，叉上之后，由于叉的前伸距离有限，有时需要利用托盘搬运车或托盘移动器来完成托盘的水平短距离移动。由于叉车叉的举升高度有限，有时又需与升降机、电梯、巷道起重机等设备配套，以解决托盘垂直位移的问题。

2）集装箱装卸。集装箱装卸主要利用港口岸壁起重机、龙门起重机、桁车等各种垂直起吊设备进行"吊上吊下"式装卸，同时，各种起重机都可以做短距离水平运动，因此可以同时完成小范围的搬运。如需一定距离的搬运，则还需与搬运车相配合。

小型集装箱也可以和托盘一样采用叉车进行装卸。

港口装卸利用叉车或半挂车，可以进行"滚上滚下"方式装卸。

3）货捆装卸。主要利用各种类型的起重机进行装卸，货捆的捆具可与吊具、索具有效配套，进行"吊上吊下"式装卸。短尺寸货捆可采用一般叉车装卸，长尺寸货捆可采用侧式叉车进行装卸。货捆装卸适用于长尺寸货物、块条状货物、强度较高无须保护的货物。

4）集装网袋装卸。主要利用各种类型的起重机进行"吊上吊下"作业，也可与各种搬运车配合，进行起重机所不能及的搬运。

货捆装卸与集装网袋装卸有一个共同的突出优点，即货捆的捆具及集装袋、集装网本身重量轻，又可折叠，因而无效装卸少，装卸作业效率高，且对相同货物而言，货捆捆具与集装袋、集装网的成本都较低，装卸后又易返运，因而在装卸上有优势。

5）挂车装卸。挂车装卸是利用挂车的可行走机构，连同车上组合成的货载一齐拖运到火车车皮上或船上的装卸方式。它属于水平装卸，是所谓"滚上滚下"的装卸方式。

其他集装作业方式还有滑板装卸、无托盘集装装卸、集装罐装卸等。

(3) 散装作业 散装作业是指对大批量粉状、粒状货物进行无包装散装、散卸的装卸方法。装卸可连续进行，也可采取间断的装卸方式，但是都需要利用机械化设施、设备。在特定情况下，且货物批量不大时，也可采用人力装卸。散装作业主要有以下几种方法：

1）气力输送装卸。其主要设备是管道及气力输送设备，以气流运动裹携粉状、粒状物沿管道运动而达到装、搬、卸的目的；也可采用负压抽取办法，使散货沿管道运动。气力输送装卸的管道密封性好，装卸能力高，容易实现机械化、自动化。

2）重力装卸。这是利用散货本身的重力进行装卸的方法。这种方法必须与其他方法配合，首先将散货提升到一定高度，具有一定势能之后，才能利用其本身的重力进行下一步装卸。

3）机械装卸。这是利用能承载粉粒货物的各种机械进行装卸的方法。它有两种主要方式：

① 利用起重机、叉车改换不同机具或用专用装载机，进行抓、铲、舀等形式的作业，完成装卸及一定的搬运作业。

② 利用皮带、刮板等各种输送设备，进行一定距离的搬运卸货作业，并与其他设备配合实现装货。

二、装卸搬运机械

装卸搬运机械是物流系统中使用频度最高、使用数量最多的一类机械装备。往往一次运输过程中，最少也要有四次装卸搬运过程，如果运输过程中还有中转、转运、储存、流通加工等活动，则会有更多的装卸搬运过程。在生产过程中，一个生产工艺过程往往由几十个物料搬运过程组成，反复不断地进行取、搬、装操作，装卸搬运机械工具则需要有效地衔接这些过程。这些过程有时是同一动作的简单重复，有时则是在特定条件下针对特定对象，专业性很强。因此，装卸搬运机械要满足这数量既多又各具特点的装卸搬运活动，就要有很多种类通用的以及专用的机械来满足不同作业的要求。

1. 装卸搬运机械的分类

（1）按作业性质分类 按装卸搬运作业性质不同，可分成装卸机械、搬运机械及装卸搬运机械三类。在这个领域中，有些机械的功能比较单一，只满足装卸或搬运一个功能。这种单一作业功能的机械有很多优点，即机械结构较简单，多余功能较少，专业化作业能力强，因而作业效率高、作业成本较低，但在使用上有局限性。

单一装卸功能的机械种类不多，其中手拉葫芦最为典型，固定式起重机如汽车起重机、悬臂吊等起重机虽然也有一定的移动半径以及一些搬运效果，但基本上还是看成单一功能的装卸机具。

单一功能的搬运机械种类较多，如各种搬运车、手推车，以及除斗式、刮板式输送机之外的各种输送机等。

物流科学很注重兼具装卸、搬运两种功能的机械，这种机械可将两种作业操作合二为一，因而有较好的系统效果。属于这类机械的最主要的是叉车，港口中用的跨运车、车站用的龙门吊车，以及气力装卸输送设备等。

（2）按工作原理分类 按工作原理分类，装卸搬运机械可分为以下几类：

1）叉车类，包括各种通用和专用叉车。

2）起重机类，包括门式、桥式、履带式、汽车式、岸壁式、巷道式各种起重机。

3）输送机类，包括辊式、轮式、皮带式、链式、悬挂式等各种输送机。

4）作业车类，包括手车、手推车、搬运车、无人搬运车、台车等各种作业车辆。

5）管道输送设备类。液体、粉体的装卸搬运一体化的由泵、管道为主体结构的一类设备。

（3）按有无动力分类 按有无动力分类，装卸搬运机械可分为以下几类：

1）重力式装卸输送机，如辊式、滚轮式等输送机属于此类。

2）动力式装卸搬运机械，又有内燃式及电动式两种，大多数装卸搬运机械都属于此类。

3）人力式装卸搬运机械，即用人力操作作业，主要有小型机械和手动叉车、手车、手推车、手动升降平台等。

2. 常用装卸搬运机械

（1）叉车 叉车又称铲车，是物流领域常用的具有装卸和搬运双重功能的机械。

1）叉车的特点。

① 有很强的通用性，在物流的几乎所有领域都有所应用，与托盘配合使其通用性进一步增强，可适合能装上托盘的各种货物的装卸搬运。

② 有装卸和搬运双重功能，是装卸搬运一体化的设备。在实际应用中，装卸和搬运两种操作合二为一，减少了一个物流环节，加快了作业速度。

③ 与各种叉车附件配合，可将通用性很强的叉车变成专用性很强的叉车，用于各种特定的作业，有利于提高作业效率。

④ 叉车机动性强、活动范围大，在许多其他机械难以使用的领域都可使用叉车。此外，场外作业在缺乏作业条件情况下，使用叉车也很方便。

2）叉车的分类。

按动力方式分类，叉车可分为以下几类：

① 发动机式叉车，又分为汽油机式叉车、柴油机式叉车及液化石油气式叉车。其中最常用的是汽油机式叉车，其特点是重量较轻、操作方便、输出功率较大、价格较便宜。

② 电动机式叉车，以蓄电池为动力，操作简单，不排放废气也无噪声，在仓库及配送中心使用较多。

③ 手动式叉车，如手动油压叉车，由于无动力，使用、维护简便。

按特性及功能分类，有平衡重式叉车、前移式叉车和侧叉式叉车三种基本类型。这三种也是常用类型，除此之外，还有插腿式叉车、集装箱叉车、拣选叉车、步行式叉车、堆垛叉车等。

按起重能力分类，可分成各不同起重级别的叉车，一般为1~10t，不同领域也使用0.5~40t叉车。

3）叉车选择时的参数。

① 起重能力。起重能力是选择叉车时的主要参数。叉车靠重力平衡或支脚平衡，如果选择不当，超出叉车设计荷重能力，在使用时便有翻倒的危险。

起重能力用额定起重量表示，是安全作业的最大起重能力。所谓安全作业，是在规定的安全距离范围内的作业，一般用载荷中心距表示。

② 最大起升高度。它是在额定起重量、门架垂直状态下，货叉可升至的最大高度。一般叉车最大起升高度为3m，现在配合立体仓库作业，最大起升高度可达5m以上。

③ 车体高度。车体高度是地面至门架上部或棚顶的高度。这一高度的选择是与仓库、车、船门高度配合，以利于叉车通过，也利于在低矮空间作业时对叉车的选择。

④ 最小转弯半径。它是在无载荷状态下，叉车转弯时能达到的最小半径。这一参数的作用是确定仓库内通道宽度、堆放场作业面设计，或在确定尺寸的作业区中选购合用的叉车。

此外，不同工作环境条件选用叉车时，还需要考虑叉车自重、最大爬坡度、最大运行速度、最大起升速度、门架倾角等。

4）各种主要叉车。

① 平衡重式叉车。这种叉车依靠车体及车载平衡，重块与起重之货物重量平衡。其特点是为保持平衡，因而自重大、轮距大、行走稳定、转弯半径大。

平衡重式叉车有内燃机式和蓄电池式两种（见图6-13）。一般而言，蓄电池式车身小巧，较为灵活，但一般都是小吨位车。

图6-13 平衡重式叉车

a）内燃机式叉车 b）蓄电池式叉车

平衡重式叉车主要是四轮型，个别电动叉车有三轮型，通过换装各种叉车附件，可用来装卸搬运多种货物，起重能力范围也很广泛，主要用于车站、工厂、货场等领域，尤其适用于路面较差、搬运较长的情况。

② 前移式叉车。前移式叉车的主要结构特点是，车前部设有跨脚插腿，跨脚前端装有支轮，和车体的两轮形成四轮支承，作业时，重心在四个轮的支撑面中，比较稳定，如图6-14所示。其门架或货叉可以前后移动，以便于取货及卸货。

图6-14 前移式叉车

前移式叉车的车体相较平衡重式叉车小，转弯半径小，可减小通道宽度，由于没有平衡重量的问题，因而自重轻，一般相同起重能力，车自重约500kg。前移式叉车主要靠电池驱动，行走速度较慢，且轮子半径较小，对地面要求较高，主要用于室内仓库，节省通道、面积，适用于配送中心及工厂厂房内，尤其是在运行地域狭小之处宜于选用这种叉车。

③ 侧面叉车。侧面叉车的门架及货叉安装在车体的一侧，而不是在车体的前方（见图6-15）。

侧面叉车的主要特点有两个：①在入出库作业时，车体顺通道进入后，货叉则面向货架或货垛，在装卸作业时不必再先转弯然后作业，这样可在窄通道中作业，节约通道的占地面积，提高仓容率；②有利于装搬条形长尺寸货物，叉上长尺寸货物，长尺寸货物与车体平行，作业方便，在运行时还可放于侧面台板上，运行也方便。而用其他叉车叉运长尺寸货物时，长尺寸货物横于车前，需要很宽的通道才能通过。

这种叉车的动力源主要是内燃机，车体较大，自重也重，驾驶员在进行叉装叉卸作业时不如其他种类的叉车方便。

图6-15 侧面叉车

④ 拣选式叉车（见图6-16）。拣选式叉车的主要特点是，拣选者能随装卸机械一起在车上进行拣货作业。当叉车行进到货位前，由叉车的货叉取出货盘之后，操作人员拣选出所需要的数量，再将货盘放回。

第六章　汽车产品的包装、装卸与搬运

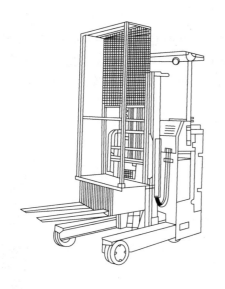
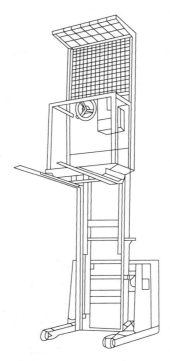

图 6-16　拣选式叉车

拣选式叉车是适应拣选式配货而使用的一种叉车，在少批量、多品种拣货作业时，这种叉车与高层货架配合，形成一种特定的拣选工艺。

由于拣货者与货叉同时升降，因而对这种叉车的安全性要求较高，一般采用电池式叉车，且起重量不大，行走稳定。在现代物流设施中，随着配送中心数量增加，拣货作业数量增加，拣选式叉车变得越来越重要。

⑤ 手动式叉车。这种叉车无动力源，由工人推动叉车，通过油压设备，手动油压柄起降货叉。这种叉车可由一个工人单独操作，灵活机动，操作方便简单，价格便宜，因此，从追求合理化角度看，在某些不需要大型机械的地方可以有效地应用。

手动式叉车的起重能力较低，不同型号叉车的起重能力在 200～1000kg，起升高度范围一般为 75～1500mm，在小件货物、精品仓库、商店、配送中心中可有广泛的应用。

⑥ 电动式人力叉车。这种叉车类似手动式叉车，也是一种轻便型叉车。这种类型的叉车也有不同的结构，可以是电动行驶及操纵货叉、人步行随机操作，也可以是人力移动机器、电力操纵货叉。

⑦ 多方向堆垛叉车。这种叉车在行进方向两侧或一侧作业，或货叉能旋转 180°，向前、左、右三个方向进行叉货作业（见图 6-17）。这种类型的叉车又有一些具体的种类，如仅能在行进方向左方或右方作业的称横向堆垛叉车，能在几个方向任意作业的称三方向堆垛叉车。

⑧ 伸缩臂式叉车（见图 6-18）。伸缩臂式叉车具有如下特点：适用的作业范围广，可以跨越障碍进行货物的堆垛作业；通过变换叉车属具，进行多种作业；整车重心后移，有利于提高运行的稳定性；通过臂杆的移动而不需要车辆移动来对准货位，有利于提高堆垛的稳

119

定性且前方视野良好。

⑨ 集装箱式叉车。集装箱叉车是集装箱码头和堆场上常用的一种集装箱专用装卸机械，主要用于堆垛空集装箱等辅助性作业，也可在集装箱吞吐量不大（年低于3万标准箱）的综合性码头和堆场进行装卸与短距离搬运（见图6-19）。集装箱叉车也有正面式和侧面式两类，它的主要特点是搬运的重量大。

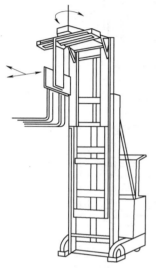

图6-17　多方向堆垛叉车　　　　图6-18　伸缩臂式叉车　　　　图6-19　集装箱式叉车

5）叉车属具。叉车改换装不同属具会使叉车的专用性大大提高，因而属具也成了叉车设备中重要工具。图6-20是几种安装了不同属具的叉车。

（2）起重设备　起重设备是一种以间歇作业方式对物品进行起升、下降和水平移动的机械设备的总称。起重设备对减轻劳动强度，降低运输成本，提高生产效率，加快车、船周转起着重要作用。

1）起重设备的分类。起重设备的类型很多，根据其动作的多少，起重设备可分为单动作和复杂动作两类。按其结构、性能的不同，起重设备可分为轻小型起重设备、桥式起重设备、臂架式起重设备和升降式起重设备四种类型。单动作起重设备主要有千斤顶、绞车、升降机、滑车、葫芦、电梯等；复杂动作起重设备主要包括旋转式和门（桥）式两种，前者有运行式和固定式，后者有龙门式和桥式。旋转运行式起重机包括汽车起重机、轮胎起重机、履带起重机和轨道起重机；旋转固定式起重机包括浮船式起重机、门座式起重机和固定简易式起重机等。

2）起重设备的工作参数。起重设备的工作参数用来表明起重设备工作性能和技术经济指标，也是评价和选用起重机技术性能的依据。起重机的主要工作参数有起重量、起升高度、幅度及各机构工作速度和质量指标等。对于门桥式起重机，还包括轨距、起重力矩等参数。

① 起重量。起重机的起重量通常是以额定起重量（m_e）表示的，单位为t。它是指起重机在各种工况下安全作业所允许起吊货物的最大重量。它随幅度的增大而减少。汽车和轮胎起重机的起重量一般不包括吊钩重量，但换装抓斗或电磁吸盘时，则包括其重量。汽车、

第六章 汽车产品的包装、装卸与搬运

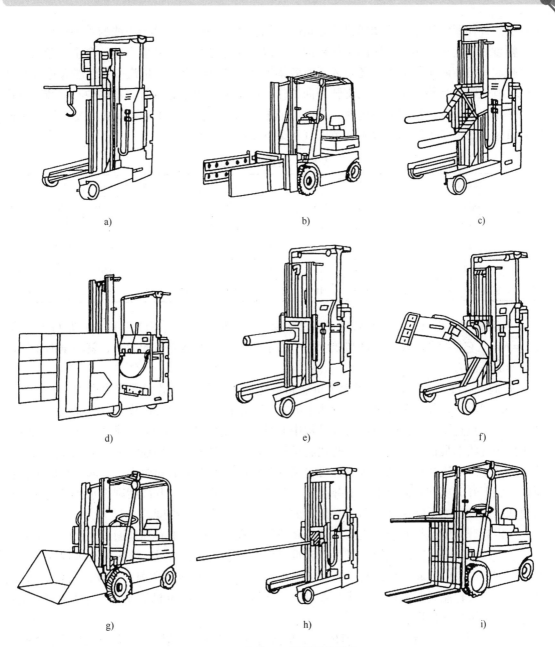

图 6-20 安装了不同属具的叉车

a）装吊钩 b）装夹具 c）装旋转货叉 d）装瓦楞纸箱夹 e）装钢管插柱
f）装桶罐夹具 g）装产斗 h）装柔性管插柱 i）装纸夹板

轮胎和履带起重机的名义吨位级（即名牌上标定的起重量），通常以最大额定起重量来表示。最大额定起重量是指基本臂处于最小幅度时所起吊货物的最大重量。

对于起重量较大的起重机，通常除主钩外，还装有起重能力较小、起重速度较高的副钩。副钩的起重量一般为主钩起重量的 20%～40%。

② 幅度。幅度是指起重吊具伸出起重机支点以外的水平距离 m。不同形式的起重机往往采用不同的计算起点。对回转架臂式起重机的幅度一般是指臂架下铰点至吊具中心线的水

平距离。外伸距常用于桥式卸船机,是指临水侧轨道中心线至吊具中心线的水平距离。

幅度表示起重机不位移时的工作范围。所以,它也是衡量起升能力的一个重要参数。为了反映起重机实际工作能力,还引入了有效幅度 A。对于轮胎式(指汽车和轮船起重机)起重机,有效幅度是指实质在使用支腿侧向工作,起吊最大额定重量时,吊钩中心垂线到该侧的水平距离。设计或选用起重机时,应合理选择 A 值。对于轮胎式起重机,按起重机不同的起重量,规定了不同的有效幅度范围(见表6-2)。

表6-2 起重力矩参数

起重量/t	3	5	8	12	16	25	40	65	100
有效幅度（A）/m	1.25	1.35	1.45	1.50	1.50	1.25	1.00	0.85	0.70
支腿横向宽度（$2a$）/m	3.1	3.3	3.5	4.0	4.5	5.0	5.5	6.0	6.6
工作幅度（R）/m	2.8	3.0	3.2	3.5	3.75	3.75	3.75	3.85	4.0
起重力矩（T）/(kN·m)	8.4	15	25.6	42	60	94	150	250	400
系列规定的起重力矩/(kN·m)	8.0	16	25.0	40	60	95	150	250	400

③ 起重力矩 T。起重机工作幅度 R 与此幅度下的起重量 m_e 的乘积为起重力矩 T(kN·m),即 $T=Rm_e$。它是综合体现起重量与幅度两个因素的参数。根据 T 值的大小,就能全面了解起重机的起吊能力。

④ 起升高度。起升高度是指起重机能将额定起重量起升的最大垂直距离 H。一般在岸上工作的起重机,如轮胎起重机、货场上的龙门起重机等,其起升高度是指地面或轨面升至最高位置的垂直距离。使用吊钩时按吊钩中心计算,使用其他吊具时,算至它们的最低点,抓斗按闭合状态最低点计算。对于桥式起重机,应空载置于水平场地上方,从地面开始测定其起升高度。对于桥式装卸船机等,可将吊具降至码头面以下的船舱内,其起升高度为在轨面以上的上升高度和轨面以下的下降高度之和。浮式起重机的起升高度则为水面以上的上升高度和水面以下的下降深度之和,它是考虑船倾后的实际起升高度。

额定起升高度是指满载吊钩上升到最高极限位置时,吊钩中心到地面或轨面的距离。

最大额定起升高度的确定,是根据起重机作业要求及其总体设计要求的合理性综合考虑的。例如,港口门式起重机的起升高度应考虑最大船舶在低潮、高潮、空载、满载的情况。目前,我国对轮胎式起重机、塔式起重机、电动门(桥)式起重机等制定了起升高度标准,作为设计选用时的依据。

⑤ 工作速度。起重机的工作速度主要是指起升、变幅、回转和运行时的速度,对伸缩臂式起重机还包括吊臂伸缩和支腿收放速度。起升速度是指起重机在起升至额定起重量时,货物均匀上升的速度(m/min);变幅速度是指起重机吊具从最大幅度值最小幅度沿水平方向运动的平均速度(m/min);回转速度是指回转起重机的回转部分在匀速转动状态下每分钟回转的圈数(r/min);运行速度是指起重机或起重小车匀速运行时的速度(m/min),对无轨运行的机械常称行驶速度(km/h)。

⑥ 生产率。起重机的生产率是指在单位时间内调运货物的总吨位,其单位通常用 t/h 表示。它综合了起重量、工作行程和工作速度等基本参数以及操作技能、作业组织等因素,是表明起重机工作能力的综合指标。起重机生产率 $Q(t/h)$ 可按式(6-1)和式(6-2)计算。

对件货:
$$Q = nm \qquad (6-1)$$

对散货： $$Q = nV\rho\varphi \qquad (6-2)$$

式中 m——吊货物的平均重量（t）；

V——抓斗的有效容积（m³）；

ρ——散粒货物的堆积密度（指在堆积状态下的单位体积所具有的重量）（t/m³）；

φ——抓斗填充系数，颗粒货物取 0.8~1.0；块状货物取 0.6~0.93；从薄层中抓取低限，从厚层中抓取高限；

n——起重机 1h 内工作循环的次数，$n = 3600/T$；

T——一个工作循环的时间（s），其包含该循环中起重机各机构的工作时间和挂、摘钩等辅助时间 $t_{辅}$。

由此可见，起重机的生产率不仅取决于起重机本身的性能参数，如起重量、工作速度等，还与货物种类、工作条件、生产组织以及驾驶员的熟练程度等有密切关系。

⑦ 轨距（跨度）、基距及轮距（轴距）。轨距是指起重机或其小车行走轨道中心线之间的水平距离。桥架类起重机的运行轨道中心线之间的水平距离或固定式起重机支腿之间的水平距离称为跨度。轨距的大小是由主参数——起重力矩确定的。

基距是指沿轨道方向上起重机两支腿中心线的距离。对于无轨道运行的起重机，通常为轮距或轴距。轮距是指左右两组行走轮中心线之间的距离，分为前轮距和后轮距；轴距是指前后轮中心线的间距。

门座式起重机和桥式卸船机的轨距取决于门架下方通过铁路线的数目，单线取 6m，双线取 10.5m，三线取 15.3m。目前国内用得最多的是双线轨距。门座式起重机的基距考虑稳定性和轮压，一般取与轨距相同或相近的尺寸（三线例外）。

为了改善轮胎起重机总体稳定性，其轮距应取得比标准汽车底盘大，一般为 2.4~2.5m，其轴距一般略大于轮距，通常为 2.8~4m。

⑧ 整车装备重量。起重机本身的重量称整车装备重量（m）。整车装备重量是指起重机处于工作状态无起吊货物时本身的全部重量。它是评价起重机的一个综合性指标，反应起重机设计、制造和材料的利用水平。

3）起重机

① 起重机的特点。

a. 通用性不强。大部分起重机车体移动困难，因而通用性不强，往往属于港口、车站、流通中心等处的固定设备。

b. 功能单一。起重机主要用于装卸，起垂直吊装吊卸作用，移动距离很短。

c. 作业空间高度大。起重机的作业方式是从物品上部起吊，因而作业需要空间高度较大，作业时比较平稳。

d. 机动性差。主要在设施内作业，个别种类起重机可在设施外作业。

e. 起重能力大，起重量范围较大。

② 起重机的种类。起重机的种类很多，在物流不同领域选用的起重机种类不同。主要起重机种类有桅杆式起重机、悬臂式起重机、龙门式起重机、桥式起重机、船用起重机、轮胎起重机、浮式起重机、缆索起重机等。

a. 简单起重机械。简单起重机械一般只做升降运动或一个直线方向移动，只需要具备一个运动结构，包括手拉葫芦、手扳葫芦、环链电动葫芦和升降机等（见图 6-21）。它们起升货物重量不大,作业速度及效率较低。

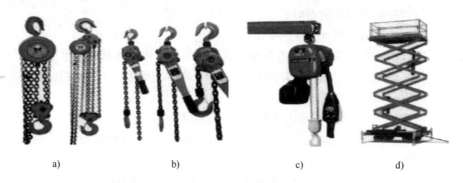

图6-21 各种简单起重机械

a) 手拉葫芦 b) 手扳葫芦 c) 环链电动葫芦 d) 升降机

b. 汽车起重机。汽车起重机是在汽车底盘上安装悬臂起重机的一种起重机(见图6-22)。这种汽车安装起重机后,就成了可移动作业的起重机,作业时放下支脚便可进行起重装卸作业。也有的汽车仍以运输为主,但也附设悬臂吊,其主要作用是本车的装卸。

汽车起重机的吊臂工作有油压式和机械式两种,油压式汽车起重机的起吊能力可达45t,机械式汽车起重机的起吊能力可达150t。汽车起重机的特点是:作业半径越小,起重能力越大;吊臂倾斜角越小,作业半径则越大,起重能力相应降低。

汽车起重机是起重机中机动性最好的,在设施外使用这种起重机独具优越性。

c. 履带式起重机。这也是一种移动式起重机,其移动方式是通过履带车与地面的作用而移动的(见图6-23)。由于地面对履带的阻力较大,其机动性不如轮式起重机。并且履带对地面有一定的破坏作用,有些道路不允许其通行,使用范围受到一定限制。但是,这种起重机自重大,起吊能力强。

图6-22 汽车起重机

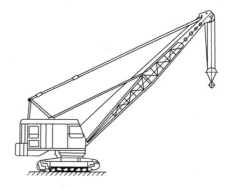

图6-23 履带式起重机

d. 门式起重机。门式起重机是桁架结构的起重设备(见图6-24)。它通常有门式轨道起重机和门式轮胎起重机两种类型。门式轨道起重机由两个沿轨道运行的支脚及横跨在其上部的梁组成,支脚沿轨道运动;轮胎式门式起重机则不受轨道限制,运动范围较大,起重机在梁架上运动完成起吊作业和纵横两个方向的移动搬运。

图 6-24 门式起重机
a) 门式轨道起重机 b) 门式轮胎起重机

门式起重机起重量较大,可达 300t 以上,与汽车起重机不同,可在载荷状态下移动,同时完成装卸和搬运两项作业。

门式起重机有时有较长的悬臂,悬臂伸离支脚轨道范围,覆盖火车装卸区和汽车或船舶装卸区,所以在物流转运中心、港口及车站特别适合采用这种机具。

e. 桥式起重机。桥式起重机又称天车,是与门式起重机原理基本相同的机具(见图 6-25)。不同的是,门式起重机有两端的高支腿,在地面的轨道上行走,而桥式起重机支腿很短,轨道架设在建筑物的立柱跨梁上,这样便节省了支脚所占用的地面,常在仓库内或汽车主机厂房内采用,由于占室内面积少而有其优越性。

桥式起重机的主要优点是,由于从货物上部作业,房间内无须留有通道,靠桥架的纵向运动和天车在桥架上的横向运动,桥式起重机可覆盖整个厂房平面或库房平面,因而就仓库而言,库容的利用率可高达 90%,这是其优于叉车之处。桥式起重机在生产物流中应用广泛。

f. 门座式起重机。门座式起重机是码头上常用的一种大型起重机,有一个门式底座,底座可沿码头顺轨道移动,门座上部安装旋转式起重机,可使起重臂在 360°范围旋转,其起重臂还可俯仰(见图 6-26)。其起重范围的一边可覆盖靠停在码头的货船,另一边可覆盖货场,通过起重臂的回转完成岸上货场和货船之间的装卸。门座式起重机主要用于码头、物流转运站的集装箱及量大体重的货物装卸。

图 6-25 桥式起重机　　　　　　图 6-26 门座式起重机

g. 船吊（浮吊）。船吊是水面上浮动的机动起重机，主要用于码头外装卸或水上过驳装卸。码头机具不足时，也可采用浮吊作为补充手段。

（3）输送机 输送机是以搬运为主要功能的物流载运设备，有些输送机兼具装卸功能。输送机的共同特点是能实现连续搬运，这是叉车、起重机无法比拟的优点。由于连续作业，作业效率高，可实现小范围的移动，输送机的运输路线是确定的，只有在重新安装时才会改变路线，因而易于规划统筹，作业稳定。

输送机有三大类型，即牵引式输送机、无牵引式输送机及气力输送机。

1）牵引式输送机。主要有带式输送机（传送带）、链式输送机、悬挂输送机、斗式提升机、自动扶梯、板式提升机等。

① 带式输送机。带式输送机是将输送带张紧在辊柱上，外力驱动辊轮转动，则带动输送带循环转动，依靠输送带与物料之间的摩擦力，移动置于其上的物料（见图6-27）。

图6-27 带式输送机

带式输送机有三种主要类型：①固定式带式传送机，固定在两个区域进行搬运；②移动式带式传送机，可利用人力移动位置，随时改变搬运区域；③往复式带式传送机，其输送带回程也设计成运货通路。

一般来讲，固定式带式输送机可以进行长距离搬运，可制成运能很大的大型运输机，用于港口、车站装卸散、块材料。移动式带式输送机一般是小型运输机，作为衔接性搬运，在集货、物流配送、拣选货物领域作为配套机械使用，也用于设施外的装卸搬运。往复式带式输送机主要用于物流仓库，配送中心等设施内。

带式输送机可用于输送散、粒、块状物料，也常用于输送中、小包装货物，一般不用于集装物的输送。

② 链式输送机。链式输送机是利用链条牵引、承载，或由链条上安装的板条、金属网带和辊道等承载物料的输送机，可分为链条式、链板式、链网式和板条式等。它常与其他输送机、升降装置等组成各种功能的生产线。汽车物流中常用的是链条式输送机，如图6-28所示。

链条式输送机以链条作为牵引和承载体输送物料，链条可以采用普通的套筒滚子输送链，也可采用其他种类的链条。链条输送机的输送能力大，主要输送托盘、大型周转箱等。输送链条的

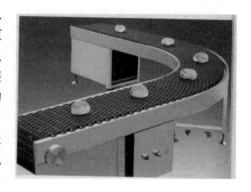

图6-28 链式输送机

结构形式多样,并且有多种附件,易于实现货物输送,可用作装配生产线或作为生产车间各工位之间物料的传递或产品储存输送。

③ 悬挂输送机。悬挂输送机是由悬挂装置组成的回路,悬挂装置下部悬挂作业台车、货盒、货盘或挂钩,在驱动装置驱动下可连续沿悬挂装置顺序运行。

汽车物流中常用的悬挂输送设备是悬挂式链条输送机,简称悬挂链输送机。

悬挂链输送机利用连接在牵引链上的滑动架在架空轨道上运行,以带动承载件输送成件物品的输送机。架空的轨道可以在车间内根据生产需要,在空间上下坡和转弯,布局方式灵活多变,占地面积小,节省生产面积,能构成复杂的输送线路,能耗也较小,在输送的同时还可进行多种工艺操作。由于连续运转,物件接踵送到,经必要的工艺操作后,物件又相继离开输送机,容易实现有节奏的流水生产。因此,悬挂链输送机是实现企业物料搬运系统综合机械化和自动化的重要设备,多应用于机械、汽车、电子、家用电器、轻工、食品、化工等行业大批量流水生产作业中,如图6-29所示。

图 6-29 悬挂链输送机在汽车总装线中的应用

悬挂链输送机分为提式悬挂链输送机、推式悬挂链输送机和拖式悬挂链输送机。

提式悬挂链输送机即普通悬挂链输送机,由架空轨道、牵引链、滑架、吊具、改向装置、驱动装置、张紧装置和安全装置等组成。架空轨道构成闭合环路,滑架在其上运行。各滑架等间距地连接在牵引链上。牵引链通过水平、垂直或倾斜的改向装置构成与架空轨道线路相同的闭合环路。吊具承载物品并与滑架铰接。依输送线路的长短,可设单驱动装置或多驱动装置。

推式悬挂链输送机可将物品由一条输送线路转送到另一线路。它在结构上与提式悬挂链输送机的区别是:沿输送线路装有上、下两条架空轨道;除滑动架外,还有承载挂车(简称挂车),各滑架与牵引链相连,并沿着上层轨道运行;挂车依靠滑架下边的推头推动,在下层轨道上运行而不与滑架相连;线路由主线、副线、道岔和升降段等部分组成。推头与挂车的挡块结合或脱开,可以使挂车处于运行、停止或经道岔由某一线路转向另一线路的状态。

由于有主线和副线,并且应用逻辑控制,因而可以把几个节奏不同的生产过程组成一个复合的有节奏的生产系统,实现流水生产和输送的自动化。

拖式悬挂链输送机与提式悬挂链输送机所不同的是，将悬挂的吊具改成了在地面上运行的小车，这样可以输送更重的物品。提式悬挂链输送机和推式悬挂链输送机每个吊具或挂车的承载量一般在600kg以下，而拖式悬挂链输送机每个小车的承载量可大于1000kg。

④ 斗式提升机。斗式提升机是用于散碎物料垂直输送装卸的一种设备，由若干往复单向运动的料斗串接而成，在低处料斗盛入物料，到高处绕过最高点，料斗从向上位置转为向下运动，将物料倒出，完成垂直搬运（见图6-30）。它一般用于工厂、物流转运站装卸散粒物料。

2) 无牵引式输送机。无牵引式输送机主要有辊式输送机、滚轮式输送机、气力输送机、螺旋输送机、振动输送机等。

① 辊式输送机。辊式输送机是由许多定向排列的辊柱组成的（见图6-31）。辊柱可在动力驱动下在原处不停地转动，以带动上置货物移动，也可在无动力情况下以人力或货物的重力在辊柱上移动。

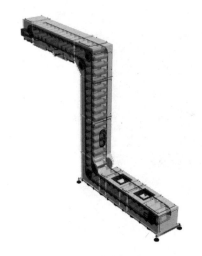

图6-30 斗式提升机

图6-31 辊式输送机

辊式输送机的主要特点是承载能力很强，由于辊柱滚转，使货物移动的摩擦力很小，因而搬运大、重物件较为容易，常用于搬移包装货物、托盘集装货物。由于辊柱之间有空隙，所以小散件及粒状、块状物料的搬运不能采用这种输送机。

辊式输送机可分为固定式和移动式两种，其使用领域主要是仓库、配送中心等设施内。

② 滚轮式输送机。滚轮式输送机与辊式输送机类似，不同之处在于，其安装的不是辊柱而是一个个小轮子，其分布如同算盘一样，所以也称算盘式输送机。

滚轮式输送机无动力驱动，适合人力和重力搬运，主要用于仓库、配送中心等设施内。

3) 气力输送机。气力输送机是管道输送的一种，其主要结构有输送动力源和密封管道两部分，由动力源产生正压或负压，迫使进入管道的流体或粉粒物料运动，达到装卸、搬运甚至输送的目的。

气力输送机的管道系统可任意按照需要进行水平、垂直、斜向输送，一般来讲，其输送距离可以很长，乃至用这种原理运输物料。

气力输送机是专用设备，不能用于各种物料，只有在作业量大且连续的场合才适宜安装使用。它一般安装于专用货站、专用码头、专用仓库和工厂中。

（4）作业车辆 作业车辆主要有以下几种：

1）手车。如图 6-32 所示，是一种两轮车，车的前部带有叉撬装置，在搬运箱、袋、桶等货物时，无须专门将货物举起装卸，装卸与搬运连成一体，多用于仓库、车站、配送中心的装车、倒垛、配货作业。

2）手推车。手推车是有手推扶把的四轮车。手推车的类型很多，有双手柄、单手柄、固定式手柄、折叠式手柄、带挡板手柄、单层、双层、三层、平底式、骨架底式、笼式等，荷重 100～500kg 不等，如图 6-33 所示。

图 6-32　手车

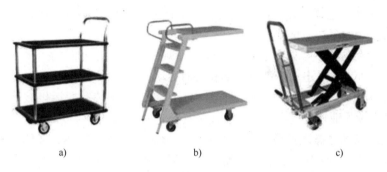

图 6-33　手推车
a）平台手推车　b）登高式手推车　c）手动液压升降手动平台车

3）电动搬运车。电动搬运车是以蓄电池为动力的四轮低货台搬运车，分为载人及不载人两种。

4）牵引台车。牵引台车是由动力车牵引运动的无动力平板车，如图 6-34 所示。

5）底盘车。底盘车是按集装箱型设计能放置一个集装箱的只有底盘的搬运车，多用于衔接港口集装箱在码头与堆放场之间的搬运。

6）无人搬运车（AGV）。现代仓库、配送中心和生产车间中，在地面条件较好的情况下可使用无人搬运车，如图 6-35 所示。

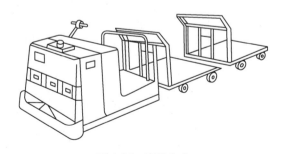

图 6-34　牵引台车

图 6-35　无人搬运车

无人搬运车的原理是光电识别装置识别贴于地面的运行路线标志，起动控制器控制电机运转，车辆便可按人们事前指令的线路自动行驶。

无人搬运车的车型范围很宽，从装运几十公斤到几百公斤的都有。其机动性较强，当需要更换路线时只需重设路标即可。

7）机械手自动搬运机。按预先设定的命令在固定不变的作业中，尤其在反复进行的单调作业中，采用机械手自动搬运机取代人工操作，不仅能提高作业速度，保证作业准确无误，而且消除了单调劳动对工人的损害。在有污染、高温、低温等特殊环境，也可采用机械手自动搬运机。

机械手自动搬运机的用途广泛，可以满足以下作业要求：装取托盘或包装箱，即按事前指令的码垛程序准确地装放托盘；拣货，即按指令将货物不断拣出；分货，即按指令将运来的货物分放几处；装配，即在生产线中反复装配某种零部件或反复进行某种操作。

3. 装卸搬运机械的选择

选择装卸搬运机械主要依据以下条件：

（1）作业性质。选择装卸搬运机械时，应明确是单纯地装卸或搬运，抑或需要能更为机动地装卸与搬运的多功能机械。

（2）作业运动方式。根据作业场地、作业地规划，确定作业时的运动方式。一般典型的运动方式有三种：水平运动、垂直运动和斜面运动。

（3）作业速度。按物料及物流速度、进出量要求，确定装卸搬运机械是高速作业还是平速作业，是连续作业还是间歇作业，从而选择合适的机械。

（4）作业对象的形态及重量。按作业对象的形态可分为粉粒体、液体、散块体、包装体等，包装体又分为袋装体、箱装体、罐装体等不同类型。按作业对象的重量可分为轻、中等、重和超重等类型。这些都是选择装卸搬运机械及工作方式的依据。

（5）搬运距离。一般搬运距离在500m以下，可分为若干距离范围，以此选择不同搬运能力的机械。

表6-3列出按不同条件对装卸搬运机械的选择；表6-4列出按不同条件对输送机的选择。

表6-3 装卸搬运机械的选择

作业	物的运动	搬运物质量/kg	搬运距离/m	手车	手推车	搬运车	电动搬运车	牵引台车	无人搬运车	电动式叉车	平衡重叉车	侧面叉车	拣选式叉车	堆垛式叉车	集装箱叉车
搬运移动	水平（兼或高度）	5～15	5～15 5～50	○	○										
		100～250	5～50 50～200		○ ○	○ ○	○	○	○	○					
		250～500	5～15 15～50 50～200			○ ○ ○	○ ○		○ ○	○ ○ ○					
		500～1500	5～50 50～200 200以上			○			○ ○	○ ○	○ ○	○ ○	○ ○		
		1500～3000	15～200 200以上					○			○	○	○		
		>3000						○							○

第六章 汽车产品的包装、装卸与搬运

表 6-4 输送机的选择

作业	物的运动	搬运物质量/kg	搬运距离/m	输送机									
				无动力式			动力式							
							带移动轮		固定设备				
				移动滚式输送机	滚轮式输送机	辊式输送机	传送带	板条输送机	传送带	滚轮输送机	链式输送机	吊运送机	盘式输送机	台式输送机
搬运移动	水平（连续）	单个物品	1～10	3～10	○	○	○	○	○	○	○				
				10～50	○	○	○	○	○	○	○				
			10～30	3～10	○			○	○	○	○			○	
				10～50	○			○	○	○	○			○	
			30～500	50～500							○	○			○
			500～10000								○				○
		集装	300～1500	50～500							○	○	○		
	斜面（连续）	单个物品	1～10	3～10				○	○	○				△	
				10～50						○				△	
			10～30	3～10				○	○	○					
				10～50						○					
			30～500	50～500							△	○			△
			500～10000									△	○		△
		集装	300～1500										○		△

 复 习 题

1. 什么是包装？
2. 包装有哪些特性和功能？
3. 什么是包装的单元化？包装单元化的目的是什么？
4. 汽车产品包装如何分类？
5. 汽车物流包装材料有哪些？
6. 常用的纸及纸制品包装材料有哪些？
7. 常用的塑料及塑料制品包装材料有哪些？
8. 汽车物流常用哪些包装容器？
9. 汽车物流包装的保护技术有哪些？
10. 防震包装的主要方法有哪些？
11. 防破损包装技术有哪些？
12. 防锈包装技术有哪些？
13. 防霉腐包装技术有哪些？
14. 特种包装技术主要有哪些？
15. 什么是包装标记？
16. 包装标记如何分类？

17. 叉车有何特点?
18. 选择叉车时应注意哪些参数?
19. 什么是平衡重式叉车?
20. 什么是前移式叉车?
21. 什么是拣选叉车?
22. 什么是起重设备?
23. 起重设备如何分类?
24. 什么是汽车起重机?
25. 什么是门式起重机?
26. 什么是桥式起重机?
27. 什么是输送机?
28. 输送机械分为哪几种类型?
29. 装卸搬运机械如何选择?

第七章

仓储与保管

 第一节　仓库种类及主要参数

一、仓库及分类

1. 仓库

仓库一般是指以库房、货场及其他设施、装置为劳动手段的，对商品、货物、物资进行收进、整理、储存、保管和分发等工作的场所。在汽车物流中仓库则是指储存各种生产需用的原材料、零部件、汽车总成、设备、机具及整车的场所。储存物资场所的种类很多，如车站站台、港口码头以及货站、货栈和配送中心的备货场等。仓库与这些场所的主要区别在于，仓库对物资的储存带有防护性、保护性，需要配合一系列维护保养工作，并且具有独立功能，储存时间也比在站、港、栈等处的暂存时间要长，而且附属性很强。

从物流角度看，仓库在物流系统中是主要分担物流保管功能的场所，是物流系统中一种以储存为主要功能的节点，有时还起物资调节的作用。

2. 仓库的分类

（1）按使用对象及权限分类

1）自备仓库，是附属于企业、团体，专门为这些单位储存自用物资的仓库。

2）营业仓库，是一种社会化的仓库，面向社会，以经营为手段、以营利为目的的仓库。

3）公共仓库，是为公用事业配套服务的仓库，如火车站库、港口库等，本身不单纯进行经营，而是其他事业的一环或附属。

（2）按所属的职能分类

1）生产仓库，是为企业生产或经营储存原材料、燃料及产成品的仓库。

2）流通仓库，是专门从事物流中转、代存等流通业务的仓库。这种仓库在物流网点中的主要职能为转运、换载。

3）储备仓库，是专门长期存放物资，以完成各种储备保证任务的仓库。

（3）按结构和构造分类

1）平房仓库，是单层的、有效高度一般为 5~6m 的仓库。

2）楼房仓库，是二层以上的楼房，楼房各层间依靠垂直运输机械联系，也有的楼层间以坡道相连，称坡道仓库。

3）高层货架仓库（立体仓库），其建筑结构是单层的，但内部设置层数很多、总高度较高的货架，使这种单层建筑结构的总高度甚至高于一般楼库，是仓库中一种自动化程度较

高、存货能力较强的仓库。

4）罐式仓库，是以各种罐体为储存库的大型容器型仓库，如球罐库、柱罐库等。

（4）按技术处理方式及保管方式分类

1）普通仓库，是常温保管、自然通风、无特殊功能的仓库。

2）冷藏仓库，是有制冷设备并有良好的保温隔热性能以保持较低温度的仓库，专门用来储存冷冻物资。

3）恒温仓库，是能调节温度并能保持某一温度的仓库。

4）露天仓库，是自然条件下保管，无建筑物起阻隔风、雨、光的作用，而对货堆采取直接防护的仓库。

5）危险品仓库，是保管危险品并能对危险品起一定防护作用的仓库。

6）散装仓库，是专门保管散粒状、粉状物资的容器式仓库。

7）地下仓库，是利用地下洞穴或地下建筑物储存物资的仓库。这种仓库主要用来储存石油等物资，储存安全性较高。

（5）特种仓库

1）移动仓库，是不固定在一定位置，而利用本身可移动的性能，能移动至所需地点完成储存任务的仓库。

2）保税仓库，是根据有关法律和进出口贸易的规定，专门保管外国进口货物，暂未缴纳进口税的仓库。

二、仓库的主要参数

在规划及使用仓库时，需要认识和运用一些反映仓库能力及工作状态的参数。

1. 仓库建筑系数

仓库建筑系数是指各种仓库建筑物实际占地面积与库区总面积之比。

$$仓库建筑系数 = \frac{仓库建筑物占地面积}{库区总面积} \times 100\%$$

这一参数反映库房及用于仓库管理的建筑物在库区内排列的疏密程度，反映总占地面积中库房比例高低。

2. 库房建筑面积

库房建筑面积是指仓库建筑结构实际占地面积，用仓库外墙线所围成的平面面积来计算。多层仓库建筑面积是每层的平面面积之和。

其中，除去墙、柱等无法利用的面积之后称为有效面积。有效面积从理论上来讲，都是可以利用的面积。但是，在可利用的面积中，有一些是无法直接进行生产活动的面积，如楼梯等，除去这一部分面积的剩余面积称为使用面积。

3. 库房建筑平面系数

库房建筑平面系数是衡量使用面积所占比例的参数。

$$库房建筑平面系数 = \frac{库房使用面积}{库房建筑面积}$$

4. 库房面积利用率

库房面积利用率是指使用面积中实际存放货物所占面积的一种衡量参数。

第七章 仓储与保管

$$库房面积利用率 = \frac{堆存货物的面积}{使用面积} \times 100\%$$

此参数表示库房实际使用面积被有效利用的程度,也对应衡量出非保管面积所占比重。

5. 库房高度利用率

库房高度利用率是反映库房空间高度被有效利用程度的指标。

$$库房高度利用率 = \frac{货垛或货架平均高度}{库房有效高度} \times 100\%$$

此参数和库房面积利用率参数所起的作用是一样的,即衡量仓库有效利用程度。仓库中可以采取多种技术措施来提高这一利用程度。

6. 仓容

仓容是指仓库中可以存放物资的最大数量,以质量单位(t)表示。仓容大小取决于面积大小及单位面积承载货物重量的能力以及货物的安全要求。

$$仓容(t) = 仓库使用面积(m^2) \times 单位面积储存定额(t/m^2)$$

库容反映的是仓库的最大能力,是流通生产力衡度的重要参数。

7. 仓容利用率

仓容利用率是指实际库容量与库容之比值的百分率,一般以年平均值为考核计算依据,反映库容的利用程度。

8. 仓库有效容积

仓库有效容积是指仓库有效面积与有效高度的乘积。已往的仓库指标主要描述平面利用的情况,是按仓容指标的计算方法,即仓库使用面积与单位面积储存定额的乘积,与库房高度关系不大,而有时仓容并不能反映库房容积利用情况。随着高平房仓库及立体仓库的出现,面积利用指标已不能完全反映仓库技术经济指标。仓库有效容积则是指描述仓库立体的能力和利用情况。

$$仓库有效容积 = 仓库有效面积(m^2) \times 有效平均高度(m)$$

9. 仓库容积利用率

仓库容积利用率是指仓库有效容积中实际使用的容积所占比率。

$$仓库容积利用率 = \frac{仓库使用容积}{仓库有效容积} \times 100\%$$

10. 仓库周转次数

仓库周转次数是指年入库总量或年出库总量与年平均库存之比,反映仓库动态情况,是生产性仓库和流通仓库的重要指标。在年入出库总量一定的情况下,提高周转次数,则可降低静态库存的数量,从而用较小的仓库完成较大的任务。

$$周转次数 = \frac{进(出)库总量}{平均库存}$$

 第二节 仓库设施及设备

一、货架

货架是仓库中常用的装置,是专门用于放置成件物品的保管设备。货架是仓储面积的扩大和延伸,与货物直接置于地面存放相比,货架可以成倍甚至几十倍地扩大实际储存面积。因此,在仓库中采用货架这种设施是提高仓库能力的非常重要的手段。

1. 层架

(1) 结构及种类　层架是由主柱、横梁、层板构成的,架子本身分为数层,层间用于存放货物。

层架应用广泛、种类繁多,一般可进一步划分如下:

1) 按层架存放货物的重量级划分,可分为重型层架、中型层架和轻型层架三种。

2) 按层架结构方式划分,可分为装配式、固定式及半固定式三种。装配式多用于轻型层架,采用轻钢结构,较机动灵活;固定式层架坚固、结实、承载能力强,用于重、中型层架。

3) 按层架封闭程度划分,可分为开放型、半开放型、金属网型、前挡板型等若干种。

4) 按层板安装方式划分,可分为固定层高和可变层高两种。

层架的尺寸规格在很大范围内变动。一般而言,轻型层架主要是由人工进行装、取货操作,因而其规格尺寸及承载能力都要与人的搬运能力吻合,高度一般在2.4m以下,厚度在0.5m以下;中、重型层架尺寸则要大得多,高度可达4.5m,厚度可达1.2m,宽度可达3m。表7-1列举了轻型层架的规格,可供参考;图7-1列举了四种轻型层架。

表7-1　轻型层架的规格

厚度/mm＼宽度/mm	900	1200	1500	1800
300	150	150	100	100
450	150	150	150	150
600	150	150	150	200

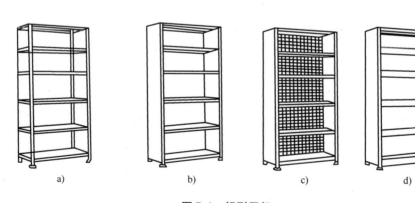

图7-1　轻型层架

a) 开放型　b) 半开放型　c) 金属网型　d) 前挡板型

(2) 特点及用途　层架结构简单、省料、适用性强,便于作业的收发,但存放物资数量有限,是人工作业仓库的主要储存设备。轻型层架多用于小批量、零星收发的小件物资的储存。中型和重型货架要配合叉车等工具储存大件、重型物资,所以其应领域较广泛。

2. 层格式货架

（1）**结构** 层格式货架的结构与层架类似，其区别在于某些层甚至整体每层中用间隔板分成若干个格，如图7-2所示。

图7-2 层格式货架

（2）**特点及用途** 一般来说，层格式货架每格只能放一种物品，这样物品不易混淆，但存放数量不大。其缺点是层间光线暗、存放数量少。它主要用于规格复杂多样、必须互相间隔开的物品的储存。

3. 抽屉式货架

（1）**结构** 抽屉式货架与层格式货架结构类似，区别在于层格中有抽屉。

（2）**特点及用途** 抽屉式货架属于封闭式货架的一种，具有防尘、防湿、避光的作用，用于比较贵重的小件物品的存放，或怕尘土、怕湿等的贵重物品，如刀具、量具、精密仪器、药品等物品的存放。

4. 橱柜式货架

（1）**结构** 橱柜式货架即在层格式货架或层架的前面装有橱门，上下左右及后面均封闭起来，门可以是开关式，也可以是左右拉开式或卷帘式，门的材质有木质、玻璃质、钢质，也可用各种纱门。

（2）**特点及用途** 橱柜式货架也属于封闭式货架的一种。其特点与用途和抽屉式货架相似，用于存放贵重物品、文件、文物及精密配件等物品。

5. U形架（或H形架）

（1）**结构** 外形呈U形，组合叠放后呈H形。为使其重叠码放和便于吊装作业的要求，在架的两边上端制成吊钩形角顶，如图7-3所示。

（2）**特点及用途** U形架的结构简单，但强度很高，价格较低，码放时可叠高，因而可提高仓库的利用率；此外，可随货收发，因而节省收发时的倒装手续，可实现机械化操作，可做到定量存放。它主要用于存放量大的管材、型材、棒材等大型长尺寸金属材料、建筑塑料等。

6. 悬臂式长形料架

悬臂式长形料架也称为悬臂架，由3～4个塔形悬臂和纵梁相连而成，如图7-4所示，分单面和双面两种。悬臂架用金属材料制造，为防止材料碰伤或产生刻痕，在金属悬臂上垫上木质衬垫，也可用橡胶带保护。悬臂架的尺寸不定，一般根据所放长形材料的尺寸大小来定其尺寸。

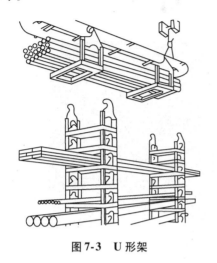

图 7-3　U 形架　　　　　　　　图 7-4　悬臂式长形料架

7. 托盘货架

托盘货架是存放装有货物托盘的货架。托盘货架多为钢材结构，也可用钢筋混凝土结构；可做单排式连接，也可做双排式连接。轮式托盘货架如图 7-5 所示，此外还有立柱式托盘、框架式托盘和箱式托盘等。

采用托盘货架，每一个托盘占一个货位。托盘货架的尺寸大小视仓库大小及托盘尺寸大小而定。较高的托盘货架使用堆垛起重机存取货物，较低的托盘货架可用叉车存取货物。托盘货架可实现机械化装卸作业，便于单元化存取，库容利用率高，可提高劳动生产率，实现高效率的存取作业，便于实现计算机的管理和控制。

8. 进车式货架

进车式货架又称驶入式货架，其结构如图 7-6 所示。

图 7-5　轮式托盘货架　　　　　　图 7-6　进车式货架

这种货架采用钢质结构，在钢柱上相应的位置有向外伸出的水平突出构件，当托盘送入时，突出的构件将托盘底部的两个边拖住，使托盘本身起到架子横梁的作用；当架上没有放托盘货物时，货架正面便成了无横梁状态，这时就形成若干通道，可方便叉车等作业车辆出入。

这种货架的特点是叉车直接驶入货架进行作业，叉车与架子的正面呈垂直方向驶入，在其内部设有托盘的位置，卸放托盘货载直至装满，取货时再从外向内顺序取货。驶入式货架能起到保管场所及叉车通道的双重作用，但叉车只能从架子的正面驶入。这样可以提高库容率及空间利用率，库容率可达90%以上，但很难实现先进先出，因此，每一巷道只宜保管同一品种的货物。此种货架只适合保存少品种、大批量、受保管时间限制较小的货物。

9. 穿越式货架

这种货架与进车式货架的结构基本相同，不同之处在于此货架内端有出入口，叉车不仅可以驶入其中作业，而且可以穿越，入出库作业分设两端，可以做到使货物先进先出。其他特点与进车式货架相同，也是高密度存放货架，库容率比进车式货架稍低。

10. 装配式货架

（1）**结构** 装配式货架的柱、梁、层板、隔板等均制成标准件，在柱的两边钻出圆、椭圆、心形或其他形状的孔穴，在孔穴处用紧锁装置进行装配，尺寸有多种，一般形成标准系列。

（2）**特点及用途** 装配式货架的特点是可以自由调节长、宽、高度，横隔层也可以上下组装。这种货架可以根据实际需要进行组装或拆卸，对储存空间可以灵活地进行调整，使其与存放物体的体积相适应。这样可提高货架容积充满系数，增加其储存能力，并可满足物资品种规格变化频率快、新品种层出不穷、变幻莫测的市场需要。

11. 阁楼式货架

（1）**结构** 阁楼式货架为两层堆叠制成阁楼布置的货架，如图7-7所示。其结构有的由底层货架承重，上部搭置楼板，形成一层新的库面，有的由立柱承重，上部搭置楼板形成库面。

图7-7 阁楼式货架

（2）**特点及用途** 阁楼式货架是在已有的仓库工作场地上面建造阁楼，在阁楼上面放置货架或直接放置货物。将原有的平房库改为两层楼库，货物提升可用输送机、提升机、电葫芦，也可用升降台。在阁楼上面可用轻型小车或托盘牵引车进行货物的堆码。这种货架的特点是可以充分利用空间，一般用于旧库改造。其缺点是存取作业效率低。

阁楼式货架主要用于存放储存期较长的中小件货物。

12. 重力式货架

重力式货架又称流动式货架，是现代物流系统中一种应用广泛的装备。其原理是利用货架上有一定高度差的通道，使货物靠自重力从高向低处运动，从而完成进货、储存、出库作业。

（1）**结构** 如图7-8b所示为一个带辊子滑道的重力式货架，这种货架的辊子或滚轮结构有固定式和托起式两种。固定式辊子或滚轮一旦装上之后，不再可变。

（2）**特点** 重力式货架具有以下主要特点：

1）单位库房面积存储量大。重力式货架是密集型货架的一种，能够大规模密集存放货物，与移动式货架密集存放的功能相比，其适应货物的能力较强，从1kg以下的轻体小件物到集装托盘乃至小型集装箱都可以采用重力式货架。

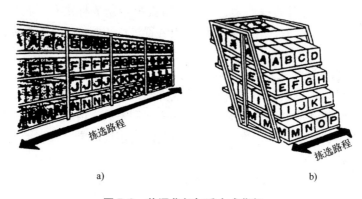

图7-8 普通货架与重力式货架

a）普通货架 b）重力式货架

由于密集程度很高，减少了通道数量，可有效节约仓库的面积。由普通货架改为重力货架后，仓库面积可节省近50%。

2）固定了出入库位置，减少了出入库工具的运行距离。采用普通货架出入库时，搬运工具如叉车、作业车需要在通道中穿行，易出差错，工具运行线路难以规划，运行距离也长；采用重力货架后，叉车运行距离可缩短1/3（见图7-8）。

3）由于入库作业和出库作业完全分离，两种作业可各自向专业化、高效率方向发展，且出入库时，工具不互相交叉、不互相干扰，事故率降低，安全性增加。

4）与进车式货架等密集存储方式不同，重力式货架绝对保证先进先出，因而符合仓库管理现代化的要求。

5）重力式货架和普通货架相比，大大缩小了作业面积，有利于进行拣选活动，是拣选式货架中很重要的一种，也是储存型拣选货架中一种重要的类型。

13. 移动式货架

（1）**结构及分类** 移动式货架是一种带轮子的可移动货架。货架下面装有滚轮，在仓库地坪上装有导轨或不装导轨（画线），货架可通过轮子沿导轨或画线移动。其结构如图7-9所示。

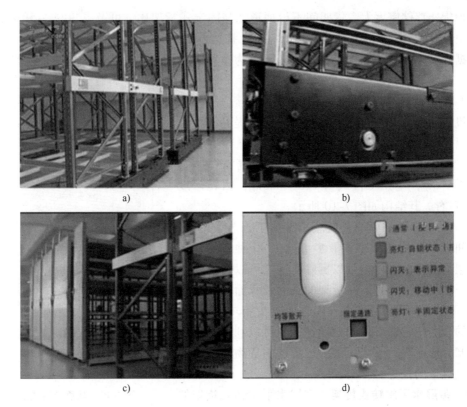

图7-9 移动式货架
a）桁架式移动货架 b）移动货架滚轮 c）挡板式移动货架 d）货架操纵按键和指示灯

根据驱动方式不同，移动式货架可分为人力摇动式和电力驱动式两种。其中，电力驱动装置通过电动机拖动，操作方便。

（2）特点及用途 移动式货架平时互相依靠，密集排列在一起，可以密集储存货物。存取货物时，通过手动和电力驱动使货架沿轨道横向移动，形成通道，并可用这个方法不断变换通道位置，以便于对另一货架进行作业。利用叉车等设备进行存取作业，作业完毕，再将货架移回原来位置。这样就克服了普通货架每列必须留出通道的弊病，减少了仓库作业通道数，一般只需要留出一条通道的位置就可以了。据估算，利用这种货架，在同种仓库条件下，可节约1/2的仓库空间。移动式货架可采用电动控制，存取货物方便，易于操作，安全性好。

移动式货架主要用于小件、轻体货物的存取；采取现代技术使设备大型化，也可存取大重量物品，如管件、阀门、电机托盘等。目前，常见的有轨式货架承重为32t级，无轨式货架承重为16t级。这种货架尤其适用于环境条件要求高、投资大的仓库，可相应减少环境条件的投资。

14. 旋转式货架

旋转式货架又称回转式货架，它是为适应目前生产及生活资料由少品种、大批量向多品种、小批量的发展而兴起的一类现代化保管储存货架。这种货架可以满足拣选作业工作量、劳动强度日益增大、系统日益复杂的要求。

这种货架存储密度大，货架间不设通道，与固定式货架比，可节省30%~50%的占地面积。由于货架转动，拣选路线短、效率高，拣选差错少。

根据旋转方式的不同，旋转式货架可分为垂直旋转式、水平旋转式、整体水平旋转式三种。

（1）垂直旋转式货架 这种货架类似垂直提升机，在提升机的两个分支上悬挂有成排的货格，提升机可正转也可以反转。

1）结构。货架的高度为2~6m，正面宽2m左右，10~20层不等，单元货位载重100~400kg，回转速度6m/min左右。其结构如图7-10所示。

2）特点及用途。垂直旋转式货架属于拣选型货架，占地空间小，存放品种多，最多可达1200种左右。另外，货架上货格的小隔板可以拆除，这样可以灵活地存储各种长度尺寸的货物。在货架的正面及背面均设置拣选台面，可以方便地安排出入库作业。在旋转控制上，用编号的开关按键即可以轻松操作；也可以利用计算机操作控制，形成联动系统，将指定货层的货物经最短的路程送至挑选的位置。

（2）多层水平旋转式货架 多层水平旋转式货架的结构如图7-11所示。

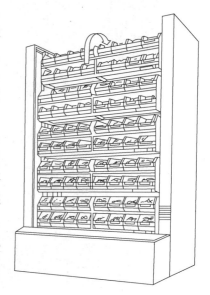

图7-10 垂直旋转式货架

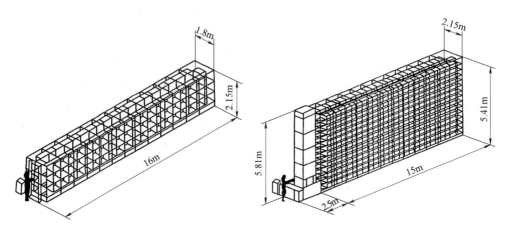

图7-11 多层水平旋转式货架

1）结构。这种货架的最佳长度为10~20m，高度为2~3.5m，单元货位载重200~250kg，回转速度为20~30m/min。

2）特点及用途。多层水平旋转式货架是一种拣选型货架，这种货架各层可以独立旋转，每层都有各自的轨道，用计算机操作时，可以同时执行几个命令，使各层货物从近到远、有序地到达拣选点，拣选效率很高。

此外，这种货架存储货物品种多达2000种以上。它主要用于出入库频率高、多品种拣选的配送中心等地。

(3) 整体水平旋转式货架

1) 结构。这种货架由多排货架联结，每排货架又有若干层货格；货架做整体水平式旋转，每旋转一次，便有一排架到达拣货作业面，可对这一排的各层进行拣货。其结构如图 7-12 所示。

2) 特点及用途。这种货架每排可放置同种物品，但包装单位不同，也可以把一排货架的不同货格放置互相配套的物品，一次拣选可在同一排上拣出相关物品。整体水平旋转式货架主要是拣选型，也可看成是拣选、分货一体化货架。

这种货架旋转时动力消耗大，不适用于拣选频度太高的作业，所放置货物主要是各种包装单位的货物，种类和容量受货架长度制约。

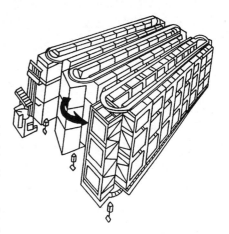

图 7-12　整体水平旋转式货架

二、储存容器

1. 贮仓（料仓）

贮仓是专门用于存储粉状、颗粒状、块状等散装非包装物品的刚性容器。贮仓是一种密闭容器，其防护、保护效果非常好。

贮仓有许多种，按仓体横断面形状分类，有圆形、方形和矩形等结构。

2. 贮罐

贮罐是专门用于存放液体、气体物品的刚性容器。贮罐大多采用全封闭结构，隔绝效果和防护、保护效果都很好。贮罐种类很多，常见的种类有立式和卧式贮罐。截面为圆形和椭圆形，主要用钢板焊接而成。立式贮罐一般为大型贮罐，卧式贮罐一般较小。卧式贮罐可以制成固定式，也可以制成活动式，作为临时存放物品用。

3. 料盘、周转箱等储存容器

有些仓库储存单元货物需要借助其他容器，将散装杂货装入，形成单元货载。常用的载体有料盘、料斗、料箱等。这些容器的共同特点是自重轻，有一定强度及保护性，空时可密堆存放。

三、计量装置

仓库中使用的计量装置种类很多，从计量方法的角度可以分为：重量计量设备，包括各种磅秤、地下及轨道衡器、电子秤等；流体容积计量设备，包括流量计、液面液位计；长度计量设备，包括检尺器、自动长度计量仪等；个数计量装置，如自动计数器及自动计数显示装置等；还有综合的多功能计量设备，如计量装置等。

在现代仓库中应用电子技术、光电技术、核技术的电子秤、自动计数装置、核计量装置等是计量装置的发展方向。

1. 地中衡及轨道衡

地中衡及轨道衡是对地面车辆、铁道车辆载货物计重的衡器，常用的有机械式和电子式的两类。其中，机械式的需要人工进行控制操作，手抄数据，计量误差大，且容易产生失误,其计量的准确程度低,但可满足国内大批量货物的计量要求。

电子式静态轨道衡及地中衡是带有数字显示并能自动打印重量数据的装置。准确程度高、误差小,可满足较贵重材料,如有色金属、合金钢、化工材料等计量的要求。电子式静态轨道衡及地中衡要求计量重量时车辆必须摘挂并停放不动,以保证计量的准确性。

电子式动态衡可在车辆缓慢行驶中或在火车不摘挂的情况下自动计重,效率较高,但准确程度较低。电子式动态衡主要用于量大低值货物的计量。

2. 电子秤

电子秤是电子衡器的一种,按用途不同有吊秤、配料秤、皮带秤、台秤等多种类型。在物流领域中,它配合起重机具在起吊货物的同时计重,使用较多。

电子秤主要由称重传感器、放大系统和显示仪表组成,具有计量准确、结构简单、安装使用方便、体积小、重量轻、计量速度快等优点,是物流领域计重的发展方向。

3. 核探测器(核子秤)

核探测器是利用核辐射的射线对物料进行探测,电离室将透过的射线转换为电信号,由计算机进行处理,可以计算容量、容积、显示、打印计量结果的装置。

核探测器可以进行精密计量,其主要特点是适合动态计量,使用方便快捷,并可与输送机配合,在输送的过程中计算重量,计算精度和效率均较高。特别是在其他计量装置无法使用的场合,可以用核探测器进行测量,例如高温物品的测量、带辐射线物品的测量、危险品的计量等。

4. 出库数量计量显示装置

这是一种以计量为主的装置,安装于多品种、少批量、多批次的拣选式货架上,每当取出一件,相应的显示装置上就显示出数量指示,可观察显示装置确认拣选数量、库存数量。如果与电子计算机联机,则可由计算机立即汇总、记录。在多品种、小批量、多批次、高速度的操作场合,使用这种装置可以防止计数混乱和差错,所以应用很广泛。

第三节 储存及分类

一、储存的概念

在物流科学体系中,经常涉及库存、储备及储存这几个概念,而且经常被混淆。其实,这三个概念虽有共同之处,但仍有区别。

1. 库存

库存是指仓库中处于暂时停滞状态的物资。这里要明确两点:第一,物资所停滞的位置不是在生产线上,不是在车间里,也不是在非仓库中的任何位置,如汽车站、火车站等类型的流通节点上,而是在仓库中;第二,物资的停滞状态可能由任何原因引起,而不一定是某种特殊的停滞。这些原因大体有:①能动的各种形态的储备;②被动的各种形态的超储;③完全的积压。

2. 储备

储备是一种有目的地储存物资的行动,也是这种有目的的行动和其对象总体的称谓。

储备和库存的本质区别在于:①库存明确了停滞的位置,而储备这种停滞所处的地理位置远比库存广泛得多，储备的位置可能在生产及流通中的任何节点上，可能是仓库中的储备，也可能是其他形式的储备；②储备是有目的的、能动的、主动的行动，而库存不是。

3. 储存

储存是包含库存和储备在内的一种广泛的经济现象。物资在没有进入生产加工、消费、运输等活动之前或在这些活动结束之后，总是要存放起来，这就是储存。储存是以改变"物"的时间状态为目的的活动，通过克服产需之间的时间差异以获得更好的效用。在一般情况下，储存和储备两个概念不做区分。

二、储存的作用

1）储存是物流的支柱之一。

2）储存具有衔接及调节作用。

3）储存可以创造"时间效用"。通过储存，使"物"在效用最大的时间发挥作用。

4）储存是"第三个利润源"的重要源泉之一。

在"第三个利润源"中，储存是主要组成部分之一。有了库存保证，就可免除加班赶工，省去了增大成本的加班赶工费；有了储存保证，就无须紧急采购，不致加大成本而减少收益；有了储存保证，就能在有利时机进行销售，或在有利时机购进，这自然增加了销售利润，或减少了购入成本。

储存是大量占用资金的一个环节，仓库建设、维护保养、入库出库等又要大量耗费人力、物力、财力，储存过程中的各种损失也是很大的消耗。

三、储存的逆作用

物流系统中，储存作为一种必要活动，也经常有冲减物流系统效益、恶化物流系统运行的逆作用。具体包括以下方面：

1）库存会引起仓库建设、管理以及仓库工作人员工资、福利等各项费用的开支。

2）储存物资占用资金所付的利息，以及这部分资金如果用于另外项目的机会损失。

3）陈旧损坏与跌价损失。物资在库存期间可能发生各种物理、化学、生物、机械等损失，严重者甚至会失去全部价值及使用价值。随着储存时间的增加，存货无时无刻不在发生陈旧，不可避免出现跌价损失。

4）保险费支出。为分担风险，对储存物有保险费支出。

5）储存会产生进货、验收、保管、发货、搬运等工作费用支出。

四、储存的分类

1. 按储备在社会再生产中的作用分类

（1）生产储备 生产储备是工矿生产企业为了保持生产的正常进行而保有的物质准备。这种储备在于生产领域中，已脱离了流通领域但尚未投入生产过程。

生产储备一般以库存形式存在，储备占用生产企业的流通资金。由于被储备的"物"已由生产企业验收，在此期间的损失一般都进入生产企业的生产成本之中。这种储备可进一步分类如下：

1）原材料、燃料及零部件储备。这些都是为保持生产过程正常进行的储备，主要有以下三种：

① 经常储备。这是企业在前后两批原材料、燃料及零部件运达的间隔期间，为满足日常生产而建立的储备。这种储备是经常需要保有的，当一批订货到达时，储备的数量到了最高值，在间隔期中陆续消耗，储备陆续降低，至间隔期到达日，下批订货到达前，储备降至最低。

② 保险储备。这是企业为了应对各种意外情况而建立的储备。意外情况如运输延误，在经常储备间隔期结束时仍未到货；或者虽已到货，但品种、规格、质量不符合，不能投入使用；或者由于生产加速造成消耗速度增加，在间隔期未完时，经常储备便已消耗尽。

③ 季节储备。这是企业为了克服某些原材料供应的季节影响而建立的储备。这种储备建立的原因是生产、消耗或流通受到季节性影响而发生中断。为了弥补这一中断期，以中断期为目标，按消耗速率建立储备。

2）半成品储备。这是在生产企业中，为使两道工序、两个车间或两个协作厂之间能有效协调，保证下道工序的正常稳定所形成的储备。

3）成品储备。这是工业企业生产工艺完成后，为等待检验、包装、配套工作或等待装运所形成的储备。

生产企业中，原材料储备有较强的规律性，核定比较严格，是一种目的性、计划性较强的储备；半成品和成品储备往往不是目的性、计划性很强的储备行动，而只是一种储存。

（2）消费储备 消费储备是消费者为了保持消费的需要而保有的物质准备。这种储备在最终消费领域中，已脱离了流通领域但尚未进入消费过程。

消费储备一般不以库存形式存在，在有强大的流通领域储备保证之下，消费者无须过多储备，因而也很少为此而专设仓库，往往采取暂存、暂放的储存形式。

（3）流通储备 流通储备是社会再生产中为保证再生产的正常而保持在流通领域中的"物"的暂时停滞。流通储存的"物"已经完成了上一段生产过程，进入了流通领域，但尚未进入再生产和消费领域。

流通储备可能以库存形式存在，也可能以非库存形式不断处于市场上、车站上、码头上或在运输中；可能是静止的形态在流通领域的仓库中，也可能处在不停的运动中。

流通企业的储备也有三种基本形式：

1）经常流通储备，是为满足日常稳定的销售而建立的储备。

2）保险流通储备，是为防止由于各种意外原因货源中断而保证销售的储备。

3）季节流通储备，是为在由于季节性影响出现货源中断时仍能保证销售及供应的储备。

2. 按储存的集中程度分类

（1）集中储存 集中储存是一种大规模储存方式，可以利用规模效益，有利于储存时采用机械化、自动化设施，有利于先进技术的实行。集中储存从储存的调节作用来看，有比较强的调节能力和对需求的保证能力。集中储存的单位储存费用较低，经济效果较好。

（2）分散储存 储存在地点上形成较广区域的分布，每个储存点的储存数量相对较少。分散储存是较小规模的储存方式，往往与生产企业、消费者、流通企业相结合，不是面向社会而是面向某一企业的储存，因此，储存量取决于企业的生产要求及经营规模。

分散储存的主要特点是容易与需求直接密切结合，储存位置离需求很近，但是由于库存数量有限，保证供应的能力一般较小。同样的供应保证能力，集中储存总量远低于分散储存总量之和，周转速度也高于分散库存，资金占用总量低于分散储存。

（3）**零库存**　零库存是现代物流中的重要概念，是指某一领域不再保有库存，以无库存（或很低的库存）作为生产或供应保障的一种系统方式。

3. 按储存的位置分类

（1）**仓库储存**　储存的位置为各种类型的仓库、库棚、料场之中。仓库储存是储存的一种正式形态，为进行这种储存，需要有一套基础设施，还需有入库、出库等正式手续。

（2）**车间储存**　车间储存是生产过程中的暂存形式。生产过程中的仓库储存是生产过程中的正式储存形态，是整个生产计划的一部分，车间储存则是一种非正式储存形态。由于是暂存，所以无须存、取等正式手续，也不进行核算。

（3）**站、场、港储存**　站、场、港储存是在物流过程中衔接点的储存，这种储存的目的在于为发运和提货准备，其性质是一种暂存的、服务性的附属性的储存。

第四节　储存作业

一、储存作业的一般程序

不同形式的储存，其作业内容各异。以仓库作为储存设施的作业为例，其一般程序如下：

1. 接货

接货是根据储存计划和发运单位、承运单位的发货或到达通知，进行货物的接收及提取，并为入库保管做好一切准备工作。接货工作又有以下几项内容：

（1）**联络发货单位和承运单位**　这项工作是根据业务部门的协议或合同，与发货及承运单位建立联系，以掌握与接货有关的情报资料，从而制订接货计划，安排接货的人力、物力。

（2）**制订接货计划**　在充分掌握到货的时间、数量、重量、体积等基本情况的基础上，根据接货力量及整个企业的经营要求，并与有关业务部门协商，制订接货计划。接货计划有两个方面的主要内容：一方面是根据内部情况，与发货及承运部门商定所确定的到货接取计划；另一方面是根据发货及承运部门的计划，安排本单位接货时间、接货人员、接货地点、接货装备的计划。

（3）**办理接货手续**　按接货计划，各职能部门在确定的计划时间办理各种接货手续，如提货或接取手续、财务手续等。

（4）**到货的处理**　在各种手续完成后或手续办理过程中，对到货进行卸货、搬运、查看、清点及到货签收工作，并在适当地点暂存。

（5）**验收工作**　按接货计划的要求，根据有关契约或其他凭证，对到货进行核证、检查、检验，以最后确认是否接货的工作。

通过验收的物资，则可办理入库手续。

2. 保管

保管是根据物资本身特性以及进出库的计划要求，对入库物资进行保护、维护管理的工

作环节。保管工作有以下几项内容：

（1）**与接货单位及用货单位的联系、联络工作**　保管工作受接货与用货两端的制约，必须充分掌握和了解接货与用货两方面的情报，才能有计划地安排好工作。

（2）**制订保管计划**　根据保管对象的特点，在掌握保管时间、数量等要求的基础上，制订保管计划。

（3）**办理入库、出库手续**　入库、出库手续及由此产生的凭证，是保管的重要基础工作，也是系统管理，进行财务、统计分析的基本信息点。入库手续主要包括各种凭证的签收处理、建立保管账目等；出库手续主要包括各种出库凭证的核对及处理、通知备货出库等。

3. 发货

发货是根据业务部门的计划，在办理出库手续的基础上，进行备货、出库、付货或外运付货工作。发货工作有以下几项内容：

（1）**与收货单位、外运承运单位的联络工作**　其目的在于充分掌握收货单位或提货时间、能力及外运承运的时间、能力、要求等，合理确定发货计划。

（2）**制订发货计划**　根据物资特点，在与收货单位及承运单位共同确定发货方式的基础上，制订发货计划。其主要包括备货时间、备货方式、装卸搬运力量的安排，其他人力、物力安排等。

（3）**备货及核对**　备货是保管人员按业务部门通知及发货计划完成的。在外运或交货时，必须核对无误之后完成交货手续及实际交货工作。

（4）**办理交货手续**　按发货计划，与收货或接运部门办理各项财务、接交等手续。

二、储存中的维护和保养

1. 货物在储存期间的变化

（1）**质量变化**　在储存期间，货物的质量变化主要是由以下因素引起的：

储存时间。货物在储存过程中，内部物质运动在不断进行。这种变化是由量变到质变的过程，储存期越长，这种变化的聚集越大，最终可能引起质量指标的改变。

储存环境。货物储存环境可能促进或减弱上述变化的趋势，而不良的储存环境可能大大加速货物从量变到质变的过程。

储存操作。在储存过程中，被储物可能会遇到突发性碰撞、磨损、冲击、混合等，使质量迅速发生变化。质量变化有以下几种形式：

1）物理和机械变化。

① 物理存在状态的变化。有些物质在不同温度、湿度、压力条件下存在形态不同，这就可能失去原来商品应有的形态。这种变化有挥发、溶化、熔融三种类型。

② 渗漏变化。它包括几种情况：液态及气态物质由于储存条件不当，会逐渐造成数量损失；外界的某些物质渗漏到包装和仓库中，也会造成内部物质的损失；有些固态物质挥发或溶化后，也会发生渗漏损失。

③ 串味变化。这是指有吸附特性的物质在储存期间吸附了有味气体或液体，从而失去或降低使用价值。

④ 破损变化。这是指物质在储存过程中受外力作用造成形体的破裂，如破碎、掉边、折角等。

⑤ 变形。这是指在储存期间，由于外力或其他作用（如温度、湿度等）造成被存物质物理形态、尺寸的改变而遭破坏，如弯曲、压扁、扭曲等。固体溶化也会引起变形。

2) 化学变化。由于在储存期，物质内部或不同物质之间发生化学反应，改变了原物质的微观状态，形成了不同于原物质的新物质，从而使用价值变化造成损失。化学变化主要有以下几种：

① 分解与水解。这是在光、热、湿等外界因素影响下，被储物内部的组成物质经分解变化为两种以上的新物质。由于形成了新物质，新物质的使用价值与原物质不同，从而造成损失。

② 水化。这是在水的直接作用下或与潮湿空气接触，与其中的水蒸气作用发生化学反应而形成与原物质性质不同的新物质，造成损失。

③ 锈蚀。这是金属材料制品在潮湿环境中或接触各种化学物质发生化学反应或电化学反应而形成各种铁的氧化物或盐类的现象。这种变化到一定程度可能影响物资质量，造成损失。

④ 老化。这是指高分子材料在温度、湿度、空气、光线等外界因素的联合作用下，使化学结构逐渐改变，并最终改变原有性能和质量，如强度、耐久性下降、发黏、性脆、龟裂等。

⑤ 化合。这是指在储存期间，被储物之间发生化学反应，或被储物与环境中的其他物质发生化学反应而生成新物质，造成损失。

⑥ 聚合。储存期间，在适宜的温度及其他条件下，物质内部的低分子化合物聚成大分子，从而改变了原有质量。

在储存期间，有机体受外界生物的影响，发生如霉变、发酵、腐败等生物化学变化，也会引起使用价值的严重变化。此外，由于鼠类、害虫、蚁类等生物侵入，也会造成被储物的损失。

（2）价值变化 在储存期间，货物在价值方面还可能发生以下几种变化：

1) 呆滞损失。储存的时间过长，虽然原货物的使用价值并未变化，但社会需要发生了变化，从而使该货物的效用降低，无法按原价值继续在社会上流通，形成了长期聚积在储存领域的呆滞货物。这些货物最终要进行降低价格处理或报废处理，所形成的损失即为呆滞损失。有许多呆滞货物同时也存在物理、化学、生化的变化，若损失叠加，则问题更为严重。

2) 时间价值损失。货物储存实际也是货币储存的一种形式。资金的时间价值决定了每存放一定时间，资金则按一定规律减值。所有被储物都必然占用资金，而资金的使用要付出一定利息。储存时间越长，利息支付越多；或者储存时间越长，资金的机会投资损失越大。这是储存时不可忽视的损失。

2. 货物维护保养

货物维护保养的含义是通过一定的环境条件及对被保管货物的具体技术措施，保持其使用价值不发生减退的全部工作。货物维护保养工作有以下主要内容：

（1）创造适合货物储存的环境条件 这是货物维护保养的根本措施，在适合的环境条件下，能有效防止和控制货物的变化。环境条件可作用于被存的全部货物，防护范围大，能解决大量货物的储存保护问题。主要环境条件如下：

1) 温度条件。化学反应速度和温度有关，因为分子的活动受温度影响。一般而言，温度高，化学反应较强烈，生物化学活动也较激烈。所以，温度升高会促进各种类型的化学反应，也会影响形态变化（如软化），造成储存货物的变化。为了保证所存货物质量，需要对温度进行控制，温度控制依据货物的安全储存温度确定。也有些货物需要控制最低温度，如易被冻坏的货物和个别在低温下组织及性能会造成破坏的货物。

2）湿度条件。化学反应速度和湿度有关；溶解、水解、水化等物理、化学变化和湿度也有关；某些微生物的活动以及生物性货物的生化活动，对湿度也有要求。各种货物在一定含水率范围内能安全储存，这就是货物的安全水分。控制储存环境湿度，就能使货物处于安全水分范围内，以起到保护作用。

3）密封隔离条件。储存货物与其他外界物质的接触，是货物在储存期间劣化的原因之一。例如，不同货物之间的混杂和化学反应，外界物质对被储物的污染、侵害以及与被储物的化学反应，生物虫蛀、菌等对被储物的破坏等。因此，有些被储物需要在一定的密封条件下才能保证质量。密封也能有效地创造适宜的湿度条件，对货物起到保护作用。

(2) 对部分被储物进行个别技术处置 环境条件是对所存全部货物起作用的因素，维护保养工作还可对部分货物进行，即对部分货物采取技术措施。主要技术措施有：

1）个别货物的封装。需要有特殊防护的货物，在环境条件不满足要求的情况下，可以个别进行封装，为其单独创造条件。

2）货物表面的喷涂防护。在货物表面涂油及喷施一层隔绝性物质，可以有效地隔离开被储物与环境条件，起到维护作用。

3）在货物表面施以化学药剂。不同种类的化学药剂可以起到防霉、防虫、防鼠作用。

4）气相防锈保护。在金属表面或四周施以挥发性缓蚀剂，其挥发出的缓蚀气体包围在金属制品周围，以阻隔腐蚀作用，达到防锈目的。

5）喷水增湿降温。在环境湿度或温度失控的情况下，可以小面积对个别货物喷水或浸水，以迅速阻止化学反应的激烈进行，达到维护保养目的。

6）进行救治防护。对已经发生变质损坏的货物，采取各种救治措施，以防止损失扩大。救治措施有除锈、破损修复、对霉变的货物进行晾晒等。

复习题

1. 什么是仓库？
2. 仓库在物流系统中的作用有哪些？
3. 物流仓库如何分类？
4. 物流仓库的主要参数有哪些？
5. 什么是货架？常用的货架有哪些种类？
6. 什么是进车式货架？
7. 什么是装配式货架？有何特点？
8. 什么是阁楼式货架？有何特点？
9. 什么是移动式货架？有何特点？
10. 什么是贮仓（料仓）？有哪些种类？
11. 什么是贮罐？
12. 什么是料盘、周转箱等储存容器？

13. 什么是计量装置？常用的计量装置有哪些？
14. 什么是地中衡和轨道衡？
15. 什么是电子式静态轨道衡及地中衡？
16. 何谓物流领域中的电子秤？
17. 什么是核探测器（核子秤）？
18. 什么是库存？什么是储存？
19. 储存在物流过程中有什么作用？
20. 储存有什么逆作用？
21. 储存如何分类？
22. 什么是生产储备？
23. 什么是消费储备？
24. 什么是流通储备？
25. 什么是集中储存？
26. 什么是分散储存？
27. 什么是零库存？
28. 什么是仓库储存？什么是车间储存？
29. 什么是站、场、港储存？
30. 储存作业的一般程序是怎样的？
31. 什么是接货？包括哪些内容？
32. 什么是保管？包括哪些内容？
33. 什么是发货？包括哪些内容？
34. 货物在库存期间为什么要维护保养？如何维护保养？

第八章

汽车物流运输与配送

第一节 物流运输与配送概述

一、物流运输的概念和作用

1. 物流运输的概念

物流运输是指"物"的载运及输送在不同地域范围之间（如两个城市、两个地区之间），以改变"物"的空间位置为目的的活动，对"物"进行的空间位移。物流配送多指同一城市内"物"的运送或送达活动。

2. 物流运输的作用

（1）**运输是物流的主要功能之一** 运输承担了改变空间状态的主要任务，再配以搬运、配送等活动，就能圆满完成改变空间状态的全部任务。

在现代物流观念未产生之前，甚至在今天，仍有不少人将运输等同于物流。其原因是物流中很大一部分责任是由运输担任的，它是物流的主要部分。

（2）**运输是社会物质生产的必要条件之一** 运输是国民经济的基础和先行。虽然运输的活动和一般的生产活动不同，它不创造新的物质产品，不增加社会产品数量，不赋予产品新的使用价值，而只改变其所在的空间位置，但这一改变则使生产能继续下去，使社会再生产不断推进，所以将其看成一种物质生产部门。

运输作为社会物质生产的必要条件，表现在以下两个方面：

1）在生产过程中，运输是生产的直接组成部分，没有运输，生产内部的各环节就无法连接。

2）在社会上，运输是生产过程的继续，这一活动联结生产与再生产，联结生产与消费，联结国民经济各部门、各企业，联结着城乡，联结着不同国家和地区。

（3）**运输可以创造"场所效用"** 场所效用的含义是：同种"物"由于空间场所不同，其使用价值的实现程度则不同，其效益的实现不同。由于改变场所而最大限度地发挥使用价值，最大限度提高产出投入比，这就称之为"场所效用"。通过运输，将"物"运到场所效用最高的地方，就能发挥"物"的潜力，实现资源的优化配置。从这个意义来讲，也相当于通过运输提高了物的使用价值。

（4）**运输是"第三个利润源"** 运输是"第三个利润源"的主要源泉，主要体现在以下几个方面：

1）运输是运动中的活动，它和静止的保管不同，要靠大量的动力消耗才能实现这一活动，运输又承担大跨度空间转移的任务，所以活动的时间长、距离长、消耗大。而消耗的绝对数量大，其节约的潜力也就大。

2）从运费来看，运费在全部物流费用中所占的比例最高，一般综合分析计算社会物流费用，运输费在其中占接近50%的比例，有些产品的运费甚至高于其生产费。所以，节约运费的潜力是很大的。

3）由于运输总里程长、运输总量巨大，通过体制改革和运输合理化可大大缩短运输的吨公里数，从而获得比较大的节约。

二、物流配送及其作用

物流配送就是按照用户的订货要求和时间计划，在物流据点（仓库、商店、货运站、物流中心等）进行分拣加工和配货等作业后，将配好的货物送交收货人的过程。

物流配送的特点主要有：

1）物流配送是从物流据点到用户之间的一种特殊送货形式。

2）物流配送是连接物流其他功能的物流服务形式，提高了物流系统的增值部分。

3）物流配送体现了配货与送货过程的有机结合，极大地方便了用户。

4）物流配送是复杂的作业体系，通常伴随较高的作业成本。

5）物流配送在固定设施、移动设备、专用工具、组织形式、通信等方面可集成系统化的运作体系配送的作用。

第三方物流经营者的配送业务与运输、仓储、装卸搬运、流通加工、包装和物流信息一起，构成了物流系统的功能体系，并突出地表现为以下几个方面的作用：

（1）实现企业的低库存　通过集中仓储与配送可以实现企业组织的低库存或零库存设想，并提高社会物流经济效益。

（2）改善财务资金状况　通过配送可以解脱出大量储备资金用来开发企业的新业务，改善财务状况。采用集中库存还可以使仓储与配送环节建立和运用规模经济优势，使单位存货、配送和管理的总成本下降。

（3）提高物流服务水准　配送提高了物流服务水准，简化了手续，方便了用户，提高了货物供应的保证程度。

（4）完善干线运输　物流配送作业可以在一定范围内将干线、支线运输与仓储等环节统一起来，使干线输送过程及功能体系得以优化和完善。

三、物流配送与运输的异同点

配送是"配"和"送"的有机结合形式，是物流中一种特殊的、综合的活动形式。它包含了商流活动和物流活动，也包含了物流中的若干功能要素。一般的配送集装卸、包装、保管、运输于一体，通过一系列活动达到将货物送达的目的。物流配送与一般送货的重要区别在于，物流配送利用有效的分拣、配货等理货工作，使送货达到一定的规模，以利用规模优势取得较低的送货成本。

物流配送属于运输中的末端运输、支线运输。它与一般运输形态的主要区别在于，物流配送是较短距离、较小规模、较高频度的运输形式，一般使用汽车作为运输工具。它与干线运输的一个区别是，物流配送的路线选择问题是一般干线运输所没有的，干线运输的干线是唯一的运输路线，而物流配送由于被配送用户多，一般城市交通路线又比较复杂，如何组合成最佳路线，如何使配装和路线有效搭配等，是物流配送的重点。

物流配送首先实现产品在空间上的位移，它通过改变产品的地点与位置而创造价值，这是空间效用；物流配送能使产品在需要的时间到达目的地，这是时间效用。另外，运输工具还可以作为临时的储存场所。

第二节 汽车物流运输方式与运输工具

一、运输方式

物流运输方式主要有公路运输、铁路运输、水路运输、航空运输和管道运输。由于航空运输运费高昂，管道运输只适合运送流体，与汽车物流的关系不大，因此，汽车物流运输方式一般选择公路运输、铁路运输、水路运输、集装箱运输和多式联合运输等。

汽车物流运输方式的分类如下：

1. 按运输设备及运输工具不同分类

（1）**公路运输** 公路运输是主要以汽车为运输工具，在公路上进行客货运输的一种运输方式。公路运输主要承担近距离、小批量的短途运输，以及水路运输、铁路运输难以到达地区的长途、大批量货运。公路运输的优点是：机动性好，对道路条件要求不高，可以直达；起运快、由于单车运量小，所以始末端装卸时间和费用少，适合中短途运输。但是，途中运送速度低，远途运输需要中途停歇，连续性差。这是目前汽车商品车主要的运输方式。由于公路运输单次运输能力较小、能耗高、返程空驶率较高、环境污染较严重等缺点，汽车物流不宜完全采用此种运输方式，否则，长途运输的实际成本会很高。

公路运输的经济半径一般在 200km 以内。

（2）**铁路运输** 铁路运输是使用铁路列车运送客货的一种运输方式。该运输方式运载量大，运输的连续性较好，在途运送速度快，有专门的运输线路，安全性好，可以适应不同种类的货物，运输成本较低。但是，该运输方式运输路线固定，为了较高的安全性而使车次受到限制，并且只能将货物运到货运站场，不能直接实现门到门服务。由于国家政策的原因，铁路物流属于垄断经营，汽车商品车物流采用铁路运输，可选择的承运商少，运力有限，运价也难以商榷，短期内运力和运价都不能形成市场化竞争环境。

铁路运输始发站和终到站作业时间长，短途运输平均成本高。铁路运输的经济里程一般在 200km 以上。

（3）**水路运输** 水路运输也称水运，是使用船舶运送客货的一种运输方式。该运输方式运载机具承载能力强，运输的连续性好，成本最低，适货能力也比较强。但是其运输必须有水路通道，通道受适航条件的影响和限制比较大。因此，其运输通达性不好，安全性也较铁路运输略差，运送速度慢，准时性差，在途货物多，不可抗力的因素影响大。这些都会增加整车物流企业的风险和成本负担。

汽车商品车物流水路运输主要是采用滚装运输或集装箱运输。滚装运输不需要倒装，也不需要搬运或吊装，直接将运载机具开到滚装船上，装卸效率高，不容易损伤货物，对装卸设备要求低。但是，滚装船稳性较差，受气象条件影响较大，容易延误。同时，滚装船由于运量大，运输过程中空载率较高。另外，水运受港口、水位、季节、气候条件影响较大，因而一年中中断运输的时间较长。水运主要有以下四种形式：

1）沿海运输，是使用船舶通过大陆附近沿海航道运送客货的一种方式，一般使用中小型船舶。

2）近海运输，是使用船舶通过大陆邻近国家海上航道运送客货的一种运输形式，视航程可使用中型船舶，也可使用小型船舶。

3）远洋运输，是使用船舶跨大洋的长途运输形式，主要依靠运量大的大型船舶。

4）内河运输，是使用船舶在陆地内的江、河、湖、川等水道进行运输的一种方式，主要使用中小型船舶。

（4）集装箱运输　集装箱运输采用集装箱作为运载单元，货物或汽车商品车被装在运载单元中，运载单元可以反复使用，而且不需要运输包装。运载单元装在运载机具上，可以多层码放，运载量大（见图8-1）。集装箱的运输可以是铁路运输，也可以是集装箱船或汽车运输。这种方式便于机械化装卸搬运，装卸效率高，适合开展多式联运。但它同时也具有投资高，需要倒运和二次装载，要求装卸必须采用大型设施设备等缺点。

图 8-1　双层集装箱运输

汽车物流各种运输方式及其特点比较如表8-1所示。

表 8-1　汽车物流各种运输方式及其特点比较

运输方式	优　　点	缺　　点
铁路运输	运输速度较快、运载量较大、连续性强、安全性能高，运行相对较平稳，适用于各类不同的货物，运输成本较低，不受气候条件影响，目前在汽车物流中的比重正在逐渐增大	固定成本高，建设周期长，占地多，由于铁路调配的问题，车次相对有限；运输路线固定，需要以其他手段配合运输；在综合考虑成本的情况下，需要谨慎选择主机厂地点
水路运输	运能大，能够运输数量巨大的货物，适合运输各种货物，平均运距长、运输成本低、环境污染小，是汽车物流发展的主要方向	营运范围受到限制，安全性略差，运送速度慢，准时性差，在途中货物多，会增加乘用车运输企业的资金负担，不可抗力的气候条件造成的延误会变相增加成本
公路运输	运输速度较快、机动性高、市场覆盖率高、直达性好、运输周期短、投资较小、投资周转速度快，目前为汽车物流的主要运输方式	变动成本相对较高、单次运输能力较小、能耗高、环境污染比其他运输方式严重、超载等违规现象严重，使得汽车物流的实际运输成本高昂
集装箱运输	货物运输安全、节约包装材料、简化货运手续、装卸作业效率高、减少运营费用、便于自动化管理和多式联运，减少货损货差，服务质量高	配套设施设备的固定成本高，对运输系统的协作要求严格

(5) 多式联合运输（多式联运） 多式联运是由两种及以上的交通工具相互衔接、转运而共同完成运输过程的复合运输，我国习惯上称之为多式联运。《联合国国际货物多式联运公约》对国际多式联运的定义是：按照多式联运合同，以至少两种不同的运输方式，由多式联运经营人把货物从一国境内接运货物的地点运至另一国境内指定交付货物的地点。

多式联运是一种先进理念的高级运输形式，在国外发达国家中已经发展得较为完善，在国际物流中得到广泛应用。它通过各种运输方式之间相互取长补短和无缝衔接，使物流的运输效率和质量显著提高。这样既满足了当今迅速发展的经济对运输提出的高要求，也使企业在应对日益激烈的竞争中获得较高的效益和客户满意度，具有较大的经济潜力。

在汽车物流中，商品车的运输常采用的联运方式有公路—水路联运、公路—水路—铁路联运和公路—铁路联运方式。

近年来，在多式联运方式中，出现了一种驮背运输（也称载驳运输），在北美和欧洲已经十分普遍，在我国刚刚兴起（见图8-2）。

驮背运输是在多式联运中各运输工具的联结点，由牵引车将载有集装箱的底盘车或挂车直接开上铁路平板车或船舶上，停妥摘挂后离去，集装箱底盘车或挂车由铁路车辆或船舶载运至前方换装点，再由到达地点的牵引车开上车船挂上集装箱底盘车或挂车，直接运往目的地。

驮背运输的组织方式能够加速车辆周转，扩大货物单元，节约装卸作业时间或换载作业时间，提高作业效率。

图8-2 我国第一代驮背运输火车

2. 按运输的范畴分类

（1）干线运输 干线运输是利用铁路、公路的干线，大型船舶的固定航线进行的长距离、大数量的运输，是进行远距离空间位置转移的重要运输形式。干线运输一般速度相较同种工具的其他运输要快，成本也较低。干线运输是运输的主体。

（2）支线运输 支线运输是与干线相接的分支线路上的运输。支线运输是干线运输与收、发货地点之间的补充性运输形式，路程较短，运输量相对较小，支线的建设水平往往低于干线，运输工具水平也往往低于干线，因而速度较慢。

（3）二次运输 二次运输是一种补充性的运输形式，路程较短。它是干线、支线运输到站后，站与用户仓库或指定接货地点之间的运输。由于是单个单位的需要，所以运量也较小。

（4）厂内运输 厂内运输是在工业企业范围内，直接为生产过程服务的运输，一般在车间与车间之间、车间与仓库之间进行。小企业中的这种运输以及大企业车间内部、仓库内部则不称"运输"，而称"搬运"。

3. 按运输的作用分类

（1）集货运输 集货运输是将分散的货物汇集、集中的运输形式，一般是短距离、小批量的运输，货物集中后才能利用干线运输形式进行远距离及大批量运输。因此，集货运输是干线运输的一种补充形式。

（2）配送运输 配送运输是将据点中已按用户要求配好的货物分送到各个用户的运输，一般是短距离、小批量的运输。从运输的角度讲，它是对干线运输的一种补充和完善的运输。

4. 按运输的协作程度分类

（1）一般运输 一般运输是指孤立地采用同类运输工具或不同运输工具，而没有形成有机协作关系的运输。

（2）联合运输 联合运输也称多式联运，是指使用同一运送凭证，由不同运输方式有机衔接运输货物，利用每种运输方式的优势以充分发挥不同运输工具效率的一种运输形式。

采用联合运输，对用户来讲，可以简化托运手续、方便用户，同时可以加快运输速度，也有利于节省运费。

5. 按运输中途是否换载分类

（1）直达运输 直达运输是指在组织货物运输时，利用一种运输工具从起运站、港一直运送到到达站、港，中途不经过换载、中途不入库储存的运输形式。

直达运输的作用在于，避免中途换载所出现的运输速度减缓、货损增加、费用增加等一系列弊病，从而缩短运输时间、加快车船周转、降低运输费用。

（2）中转运输 中转运输是指在组织货物运输时，在货物运往目的地的过程中，在途中的车站、港口、仓库进行转运换载，包括同种运输工具不同运输路线的转运换载，不同运输工具之间的转运换载。

中转运输的作用在于，通过中转，往往可以将干线、支线运输有效的衔接，可以化整为零或集零为整，从而方便用户、提高运输效率；可以充分发挥不同运输工具在不同路段上的最优水平，从而获得节约或效益，也有助于加快运输速度。中转运输方式的缺点是在换载时会出现低速度、高货损，增加费用支出。

中转运输和直达运输的优劣不能笼统言之，两者在一定条件下各有自己的优势。因此，需要具体问题具体分析，并以总体效益为最终判断标准。

二、运输工具

运输工具按其从事运送活动的独立程度，可以分为以下三类：

第一类：没有装载货物容器，只提供原动机的运输工具，如铁路机车、拖船、牵引车等。

第二类：没有原动机，只有货物容器的从动运输工具，如车厢、挂车、驳船等。

第三类：既有装载货物容器，又有原动机的独立运输工具，如轮船、汽车、飞机等。

在汽车物流中，常根据运输方式划分运输工具，主要有火车、轮船和汽车等。

1. 铁路运输工具

（1）机车 机车是铁路运输的基本动力。由于铁路车辆大都不具备动力装置，列车的运行和车辆车站内有目的移动均需机车牵引或推送。

从原动力来看，机车分为蒸汽、内燃及电力机车；按用途可分为客运机车、货运机车和调车机车。客运机车要求速度快，货运机车需要功率大，调车机车具有机动灵活的特点。

（2）车辆 铁路车辆是运送旅客和货物的工具。车辆一般不具备动力装置，需要连挂成车列后由机车牵引运行。

车辆由车体、车底架、走行部分、车钩缓冲装置和制动装置五个基本部分组成。走行部分采用转向架结构，能相对于车底架自由转动，缩短了车辆的固定轴距，使车辆能顺利通过曲线从而提高车速和载重量。车轮踏面为锥形，因而能在轨道上以蛇形方式运行，以使路面磨损均匀，并能在通过曲线时使外侧车轮以较大半径转动，减少轮轨之间的滑动。

机车和车辆均设有空气制动机和手制动机。空气制动是将机车总泵缸中的压缩空气经过纵贯列车的制动主管路送入设在车辆底部的副风缸。主管路中气压减少时车辆制动，气压增加时车辆制动降低，直至解除制动。

为了适应不同货物的运送要求，货车的种类很多，主要有：棚车（P），装运怕湿及贵重货物；敞车（C），装运不怕湿的散装货物及一般机械设备；平车（N），装运长大货物与集装箱；罐车（G），装运液体、半液体或粉状货物；保温车（B），又称冷藏车，装运新鲜易腐货物。车辆按轴数分有四轴车、六轴车和多轴车。货车通常还按载重量分为50t、60t等多种类型。

在汽车物流中，原材料和零部件运输属于普通货物运输，汽车商品车运输则属于特种货物运输，需要专用的平车、棚车或集装箱（见图8-3）。

图8-3 双层汽车商品车运输专用车厢

2. 水路运输工具——船舶

船舶有多种分类，可按用途、航行区域、航行状态、推进方式、动力装置和船体材料及船体数目等分类。如按用途分类，作为军事用途的称为舰艇或军舰，而用于交通运输、渔业、工程及研究开发的称为民用船舶。运送货物与旅客的船舶称为运输船，它是民用船舶中的主要部分。具体又可分为以下类型：

（1）货船 货船是运送货物的船舶的统称，一般不载旅客，若附载旅客，不超过12人。

1）杂货船。杂货船可分为普通型杂货船与多用途杂货船。由于杂货船运送的单件货物，小的有几十千克，最大的可达几百吨，它的航线遍布内河和大海，到达的港口也大小不等，排水量可从几吨到2万t。海上杂货船载重量（船舶装载的载荷重量）在2000～15000t；航速12～18 kn（节）（1kn＝1n mile/h，1n mile＝1.852km）；货舱通常分两层或三层，便于装货分票和避免局部超重；货舱按船的大小及装货方便需要有1～6个不等。每个货舱的甲板上有舱口及吊杆。吊杆起重能力一般为几吨，而吊大件货的重吊负荷可达500t。机舱大多在船后与尾部。由于普通型杂货船装卸效率低，逐渐出现一些多用途船，既可装杂货，又可装散货、集装箱甚至滚装货，以提高揽货能力与装卸效率，提高营运经济性。

2）散货船。散货船是专门运输谷物、矿砂、煤炭及散装水泥等大宗散装货物的船舶。由于它具有运货量大、运价低等特点，目前在各类船舶的总吨位中居第二位。散货船的特点是单层甲板，尾机型，船体肥胖，航速较低，因常有专用码头装卸，船上一般不设装卸货设备。其通常载重量为3万t左右，满足通过巴拿马运河限制的巴拿马型船（Panamax）载重量一般为5万~8万t，也有载重量为40万t的。为了克服散货舱的单向运输，开辟货源，出现了一些新型散货船，如矿-散-油船、大舱口的散货船、浅吃水肥大型船、散货-汽车联运船与自卸散货船等。

3）集装箱船。集装箱船是载运规格统一的标准货箱货船。集装箱船具有装卸效率高、经济效益好等优点，因而得到迅速发展。

集装箱运输的发展是交通运输现代化的重要标志之一。根据国际标准化组织（ISO）公布的统一规格，集装箱一般都使用20ft（1ft = 0.3048m）和40ft两种。它们的长、宽、高分别为8ft×8ft×20ft和8ft×8ft×40ft。20ft的集装箱被定为统一标准箱（Twenty-foot E—quivalent Unit，TEU）。

集装箱船的特点是船型窄（方形系数小），舱口尺寸大，便于装卸。舱内有导轨与水平桁材组成的格栅结构，便于垂直装卸集装箱（见图8-4）。船舷是双层壳，用以补偿大舱口对抗扭强度的不利影响。舷边双层壳舱可分上下两层，供压载用。通常船上无装卸设备，由码头装卸，以提高装卸效率。由于甲板上装集装箱，船舶重心高，受风面积大，常需压载，以确保足够的稳性。为提高经济效益，航速较高，一般为20~33kn。集装箱船按装箱多少分为第一代、第二代、第三代等，载箱数大致分别为1000TEU、2000TEU及3000TEU；现已发展到第五代、第六代集装箱船，载箱数为5000TEU以上。

图8-4　大型集装箱船

4）液货船。运送散装液体的船统称为液货船，包括加油船、液体化学品船和液化气船等。由于液体散货的理化性质差别很大，因此，运送不同液货的船舶，其构造与特性均有很大差别。

① 油船。油船一般只有一层甲板。由于防污染的要求，国际海事组织已明确规定从1996年6月6日以后交付使用的载重吨为5000t以上的油船，要求双壳与双层底；载重在600~5000t的要求双层底，每舱容积不超过700m³。油船的机舱、住舱及上层建筑均在尾部，以便防火与输油管道布置。露天甲板上有纵贯全船的步桥。油船没有大货舱口，只有油气膨胀舱口，并设有水密舱口盖。油船载重吨位是各类船舶中最大的，最大的达55万t。装原油的油船载重吨位一般比装成品油的大，沿海油轮航速一般为12~15kn，远洋油轮航速

为 15～17kn。

② 液体化学品船。液体化学品船是专门运输有毒、易挥发及危险品的化学液体的船舶。除双层底外，货舱区均为双层壳结构，货舱有透气系统和温度控制系统，根据需要还设有惰性气体保护系统；货舱区与机舱、住舱及淡水舱之间均由隔离舱分隔开来。根据所运载货物的危害性，液体化学品船分为Ⅰ、Ⅱ、Ⅲ级。Ⅰ级船运载化学品的危害性最大，其货舱容积要小于1250m³；Ⅱ级则要小于3000m³；Ⅲ级装危害性较小的液体化学品。

③ 液化气船。液化气船分为液化石油气（LPG）船、液化天然气（LNG）船和液化化学气（LCG）船。采用常温加压方式运输的液化气体，装载于固定在船上的球形或圆筒形的耐压容器中；采用冷冻方式运输的液化气体，装入耐低温的特种钢材制成的薄膜式或球式容器内，外面包有绝热材料，并装有冷冻系统。加压式适用于小型船舶，载重量在4000t以上的船舶以冷冻方式运输较多。此外，还有一种低温低压式液化气船，又称半冷冻式液化气船，采用在一定的压力下使气体冷却液化。

5) 滚装船。滚装船（Roll on and Roll off Ship）类似于汽车与火车渡船，它以装满集装箱或货物的车辆为运输单元，车辆通过船上的首门、尾门或舷门的跳板开进开出。装载时，汽车及由牵引车辆拖带的挂车通过跳板开进舱内；到达目的港，放下跳板后，由专门装货的车辆（拖车或铲车），从船和各层甲板开上开下进行装卸作业，如图8-5所示。这种船适用于装卸繁忙的短程航线，也有向远洋运输发展的趋势。

滚装船具有多层甲板，主甲板下通常是纵贯的无横舱壁的甲板间舱，甲板间舱的高度较大，适用于装车；首尾设有跳板，供车辆上下船用，船内有斜坡道或升降机，便于车辆在多层甲板间舱中行驶；主甲板以下两舷多设双层船壳；机舱位于尾部，多采用封闭式；从切面看，水上部分很高，没有舷窗。汽车商品车专用滚装船为多层结构，一个航次可装载2000多辆汽车，如图8-6所示。

图8-5 滚装运输船

图8-6 汽车商品车专用滚装船

6) 载驳船。载驳船也称子母船，由一大型机动船（母船）运载一批驳船（子船），驳船内装货物或集装箱。母船到锚地时，驳船队从母船卸到水中，由拖船或推船将其带走；母船则再装载另一批驳船后即可开航。驳船的装卸方式有三种：利用层部门式起重机、尾部驳船升降平台或浮船坞原理装卸驳船。

7) 冷藏船。冷藏船是运送冷冻货物的船。它的吨位较小，航速较高，一般在22kn以上。船上设置冷藏舱，对制冷、隔热均有特殊要求。

(2) 驳船 驳船常指靠拖船或推船带动且为单甲板的平底船。其上层建筑简单,一般无装卸货设备,也有的驳船自己有动力装置,称为自航驳。驳船主要用于沿海、内河或港内驳运货物,往往用于转驳那些由于吃水等原因不便进港靠泊的大型货船的货物,或组成驳船队运输货物。驳船具有结构简单、造价低廉、管理维护费用低、可航行于浅狭水道、编组灵活等特点,因此,它在内河运输中占有重要地位。

(3) 其他船舶 除了上述各种船舶外,还有渡船、工程船和工作船等几种船舶。渡船是指往返于内河、水库、海峡、岛屿与陆地或岛屿之间从事短途渡运旅客、货物与车辆的船舶。渡船分为普通渡船与车辆渡船。车辆渡船又分为汽车渡船与火车渡船。渡船一般要求甲板宽敞,稳性好,操纵灵活,旅客及车辆上下方便。有些渡船首尾均有推进器与舵,以便两头都可靠离。工程船是从事水上专门工程技术业务的船舶总称,包括挖泥船、起重船、浮船坞、救捞船、布设船、打桩船等。工作船是指为航行服务或进行其他专业工作的船舶。

3. 道路运输工具——汽车

道路运输一般是指公路和城市道路运输,使用汽车作为运输工具。

(1) 汽车运输的特点

1) 灵活方便性。道路运输机动、灵活、方便,可以延伸到地球的各个角落,时空自由度最大。

2) 广泛适用性。道路网纵横交错、干支结合,比其他运输网稠密得多,适合各种用途、范围、层次、批量、条件的运输。

3) 快速及时性。汽车运输可实现"门到门"运输,减少中间环节,缩短运输时间,便捷快速,非常适合现代市场经济发展的需要。随着道路条件、汽车结构性能的改善,其经济运距也大大延长,更具有重大的社会经济意义。

4) 公用开放性。道路运输是一种全民皆可利用的运输方式,凡拥有汽车的组织和个人均可使用道路这一基础设施。

5) 投资效益高。汽车运输始建投资小、回收快。道路建设虽然投资大,但由于成本回收快,且兴办道路的地方收益大,故筹资渠道多,兴建较容易。

(2) 汽车分类 按 GB/T 3730.1—2001《汽车和挂车类型的术语和定义》,在道路上运行的车辆分为汽车、挂车和汽车列车。车辆的分类如图 8-7 所示。

1) 载货汽车及牵引车。载货汽车,简称货车,是一种主要为载运货物而设计和装备的商用车辆。按照国家标准《汽车和挂车类型术语及定义》,将货车归入"商用车辆"大类,并细分为普通货车、多用途货车、全挂牵引车、越野货车、专用作业车、专用货车等。牵引车(也称拖车),是指驾驶室与车体本身可通过工具连接的车辆。汽车物流中常见的汽车主要有以下一些类型:

① 普通货车。普通货车是指驾驶室与车体本身固定连接为一体的汽车(见图 8-8)。

② 半挂牵引车/挂车。常见的半挂牵引车/挂车主要有仓栅式货车、栏板式货车、平板式货车、集装箱货车、自卸式货车、挂车及半挂车等。

仓栅式货车/半挂车。载货部位的结构为仓笼式(见图 8-9)或栅栏式(见图 8-10)且与驾驶室各自独立的载货汽车/半挂车;载货部位的顶部应安装有侧面栅栏固定的、不能拆卸和调整的顶棚杆。

```
                    ┌ 普通乘用车
                    │ 活顶乘用车
                    │ 高级乘用车
                    │ 小型乘用车
                    │ 敞篷车
                    │ 仓背乘用车
            ┌ 乘用车 ┤ 旅行车
            │       │ 多用途乘用车
            │       │ 短头乘用车
            │       │ 越野乘用车
            │       │ 专用乘用车
            │       │ 旅居车
            │       │ 仿单车救护车
            │       └ 殡仪车
      汽车 ┤
            │        ┌ 客车
            │        │ 小型客车
            │        │ 城市客车
            │        │ 长途客车
            │        │ 旅游车
            │        │ 铰接客车
            │        │ 无轨电车
            └ 商用车辆 ┤ 越野客车
                     │ 专用客车
                     │ 半挂牵引车
                     │ 货车
                     │ 多用途货车
                     │ 全挂牵引
                     │ 越野货车
                     │ 专用作业车
                     └ 专用货车
```

```
        ┌ 牵引杆挂车 ┌ 客车挂车
        │          │ 牵引杆货车挂车         ┌ 乘用车列车
        │          │ 通用牵引杆挂车         │ 客车列车
  挂车 ┤          └ 专用牵引杆挂车         │ 货车列车
        │          ┌ 客车半挂车   汽车列车 ┤ 牵引杆挂车列车
        │          │ 通用货车半挂车        │ 铰接列车
        └ 半挂车   ┤ 专用半挂车            │ 双挂列车
                   │ 旅居半挂车            │ 双半挂列车
                   └ 旅居挂车              └ 平板列车
```

图 8-7　车辆的分类

图 8-8　普通货车

图 8-9 仓笼式货车

图 8-10 栅栏式货车

栏板式货车/半挂车。载货部位的结构为栏板的载货汽车/半挂车，包括具有随车起重装置的栏板的载货汽车/半挂车，但不包括具有自动倾卸装置的栏板的载货汽车/挂车，如图 8-11 所示。

集装箱车。集装箱车是指用以运载可卸下的集装箱的专用运输车辆，如图 8-12 所示。

平板式货车/半挂车。载货部位的地板为平板结构且无拦板的载货汽车/半挂车。

自卸式货车/半挂车。自卸式货车也称自卸车，是指通过液压或机械举升机构而自行卸载货物的车辆，由汽车发动机、底盘、液压举升机构、车厢及取力装置等组成。自卸车的车厢分为后向倾翻和侧向倾翻两种形式，后倾式自卸汽车如图 8-13 所示。

图 8-11 栏板式货车

图 8-12 集装箱车

图 8-13 后倾式自卸汽车

低平板专用半挂车。运输不可拆解大型物体的半挂车。

长头交接列车。由长头半挂牵引车组成的铰接列车。

中置轴挂车。牵引装置不能垂直移动（相对于挂车），车轴位于紧靠挂车的重心（当均匀载荷时）的这种车辆只有较小的垂直静载荷作用于牵引车，不超过相当于挂车最大质量的 10% 或 10000N 的载荷（两者取较小者）。其中一轴或多轴可由牵引车驱动。

中置轴车辆运输挂车。具有单层或多层货台，用于装载运输车辆的中置轴挂车。

中置轴车辆运输列车。由货车和中置轴挂车组成，具有单层或多层货台，用于装载运输车辆的汽车列车，如图 8-14 所示。

2）专用车辆。专用车辆按用途一般可分为公路运输型专用车辆和作业型专用车辆。按其基本结构分类，可分为自卸汽车、厢式车、罐式车、集装箱式车、挂车和作业车六大类。汽车运输专用车辆的特点主要表现在以下几个方面：

图8-14 中置轴车辆运输列车

① 汽车运输专用车辆能保持运输货物的物理状态和质量。如采用普通型汽车运输,有些货物在运输过程中可能会发生破损、剐蹭、变质等问题。

② 汽车运输专用车辆能提高运输生产率,降低运输成本,减少劳动消耗,缩短装卸时间,实现最佳经济效益。

③ 汽车运输专用车辆具有专门的防护设备。对于一些易燃、易爆、易腐蚀、有毒等化学物质,必须使用专用车辆来运输,普通型汽车难以胜任这些特殊货物的运输工作。

第三节 汽车物流分拨中心

一、分拨中心及职能

1. 分拨中心的概念

分拨中心是专门从事分拨活动的经济组织,又是集加工、理货、送货等多种职能于一体的物流据点。

2. 分拨中心的作用和职能

现代化的物流分拨中心在现代物流业中发挥着至关重要的作用,特别是对物流配送影响深远。

(1)存储作用 分拨中心的服务对象是为数众多的生产企业和商业网点。分拨中心的作用是按照客户的要求,及时将各种已经配装好的货物送交到客户手中,以满足生产和消费的需要。为了顺利而有序地完成向客户配送商品(货物)的任务,通常分拨中心都要兴建现代化的仓库并配备一定数量的仓储设备,存储一定数量的商品。某些区域性大型分拨中心,不仅要在配送货物的过程中存储货物,而且它所存储货物的数量更大、品种更加繁多。上述分拨中心所拥有的存储能力及其存储货物的事实表明,存储功能是这种物流组织的重要作用之一。

(2)分拣作用 作为物流据点的分拨中心,其服务对象是为数众多的企业(在国外,分拨中心的服务对象少则有几十家,多则有数百家)。在为数众多的客户中,彼此之间存在着很大的差别,不仅各自的性质有所不同,而且其经营规模也不一样。因此,在订货或者进货的时候,不同的客户对货物的种类、规格、数量等会提出不同的要求。面对这种情况,为了有效地进行配送，分拨中心必须采取适当的方式对组织进来（或者接收到）的货物进行拣选，在此基础上，按照配送计划将货物进行分装和配装。这样，在商品流通实践中，分拨中心除了能够存储货物外，还具有分拣货物的功能，即发挥分拣作用。

（3）**集散作用** 分拨中心凭借其特殊的地位和所拥有的各种先进的设备手段，能够将分散在各个生产企业的产品（即货物）集中在一起，而后，经过分拣、配装向众多客户发运。与此同时，分拨中心也可以做到把各个客户所需要的多种货物进行有效的组合（或者配装），形成经济、合理的货载批量。分拨中心在流通实践中所表现出来的这种功能即集散功能，也有人把它称作"配货、分散"功能。集散作用是分拨中心所具备的一项基本功能。

（4）**衔接作用** 通过开展货物配送活动，分拨中心能够把各种工业品直接运送到客户手中，客观上可以起到生产和消费的媒介作用。这是分拨中心衔接功能的一种重要表现。此外，通过集货和存储货物，分拨中心又有平衡供求的功能，由此，能够有效地解决季节性货物的产需衔接问题。这是分拨中心衔接作用的另一种表现。

在人类社会中，生产和消费并非总是等幅度增长和同步运动的。就某些产品而言，生产与消费存在着一定的时间差。由于分拨中心具有吞吐货物的能力和存储货物的功能，因此，它能够调节产品之间的供求关系（包括时间差的供求关系），进而能够解决这种产销之间的时间差矛盾。从这个意义上来说，分拨中心是衔接生产和消费的中介组织。

（5）**加工作用** 为了扩大经营范围和提高配送水平，目前，国内外有许多分拨中心都配备了各种加工设备，由此而形成了一定的加工（系初加工）能力。这些分拨中心能够按照客户提出的要求和根据合理配送商品的原则，将组织进来的货物加工成一定规格、尺寸和形状，由此而形成了加工功能。加工货物是某些分拨中心的重要活动。分拨中心积极开展加工业务，不仅大大方便了客户，而且有利于提高物质资源利用率和配送效率。此外，对于配送活动本身来说，其加工功能客观上起着强化其整体效益的作用。但是，在汽车物流中，除了原材料物流分拨中心外，很少进行加工活动。

3. 商品车（整车）的仓储与分拨

商品车（整车）的仓储和分拨由整车分拨中心和整车仓储中心完成。

（1）**整车分拨中心**（Vehicle Distribution Center，VDC） VDC 的主要功能是整车下线后的检查、仓储、保管和发运，或直接向周边区域的经销商进行配送，一般设在主机厂旁边。

（2）**整车仓储中心**（Vehicle Storage Center，VSC） VSC 的主要功能是接收来自 VDC 的整车、仓储、保管和按计划发运。VSC 的设置要与整车生产主机厂的分布、整车销售网的布局以及运输节点相关。

二、分拨中心的布局

1. 分拨中心的分布

分拨中心的分布是否合理，对其自身的经济活动影响很大。分拨中心的布局，不仅需要考虑各种规划、技术方法、生产厂的生产方式和生产能力，还要考虑与客户的衔接、经济环境、交通条件等。

由于经济活动是不断发展变化的，所以，当分拨中心的经济环境条件发生某种变化时，分拨中心必须能够以本身活动方式的改变来适应外界环境的变化。

分拨中心的布局受多方面因素的影响和制约，是一项复杂的系统工程，解决这个问题可以辅之以一些数学实证方法。

分拨中心的布局要考虑以下原则：

(1) 动态性原则 考虑分拨中心的布局，绝不能将环境条件和影响因素绝对化，而要动态地考虑客户的变化、交通条件的变化、成本和价格因素的变化等。这种动态因素如果在规划分拨中心布局时考虑不足或不予考虑，一旦分拨中心布局完成，就会出现无法弥补的情况。

从动态性原则出发，分拨中心应当建立在详细分析现状及对未来变化做出预期的基础上，而且，分拨中心的规划设计要有相当的柔性，以在一定范围内能适应客户、数量、成本等多方面的变化。

(2) 竞争性原则 分拨活动是一种接近客户的、服务性非常强的活动，因此，客户的选择必将引起分拨服务的竞争。如果不考虑这种市场机制，而单纯从路线最短、成本最低、速度最快等角度考虑问题，一旦布局完成，便剥夺了客户的选择权，会导致垄断的形成和服务质量的下降。

为了充分体现竞争性原则，分拨中心的布局应体现多家竞争。这样每一个分拨中心只能占领局部市场，只能从局部市场的角度进行规划。

在市场有限的情况下，过多地设置和布局分拨中心，会导致过度竞争和规模不足，这也是需要重视的。

基于竞争性原则，分拨中心的布局要充分体现服务性，如果这方面考虑不足，一旦布局之后也会由于服务性不够而在竞争中失败。

(3) 低运费原则 分拨中心必须组织对客户的运输，因而低运费原则极具特殊性。这也是竞争性原则在运费方面的具体体现。

由于运费和运距有关，所以低运费原则常常简化成最短距离的问题，用各种数学方法求解出分拨中心与预计供应点与预计客户之间的最短理论距离或最短实际距离，以作为分拨中心布局的参考。

由于运费和运量有关，最短距离的求解并不能表明各供应点及客户的运量，所以，即使求解出最短距离，也不等于说掌握了最低运费。因此，低运费原则又可以转化成运量（吨或吨公里）来简化表示，也可以通过数学方法求解。但是，在市场机制作用下，各个点的数量也是变化的，不会像供应点和客户位置那样固定不变，所以这种简化也只能作为布局的参考。

(4) 交通原则 分拨中心的主要活动，一方面在分拨中心内部，这有赖于分拨中心的设计及其工艺装备的合理性；另一方面，分拨中心的配送活动领域远在中心之外的一个辐射地区，这一活动则需依赖于交通条件，这也是分拨中心布局的一个特殊原则。应该说，竞争性原则、低运费原则的实现都与交通条件关系密切，也要通过交通条件实现。交通原则的贯彻有两方面：一方面，布局时要考虑现有交通条件；另一方面，交通作为同时布局的内容，只布局分拨中心而不布局交通，有可能会使分拨中心的布局失败。

(5) 统筹性原则 分拨中心的层次、数量、布局是与生产力布局，与消费布局等密切相关，互相交织且互相促进制约的。设定一个非常合理的分拨中心布局，必须统筹兼顾、全面安排，既要做微观的考虑，又要做宏观的考虑。

2. 分拨中心布局的经济考虑

分拨中心布局问题的经济考虑主要是考虑建设规模、投资的经济性因素等。

（1）投资领域的确定 分拨中心的主要投资领域有以下几个方面：

1）预备性投资。分拨中心是占地较大的项目，应处于接近用户的最优位置，因此在基本建设主体投资之前，需要有征地、拆迁、市政、交通等预备性投资。这是一笔庞大的投资。

2）直接投资。这是用于分拨中心项目主体的投资，如分拨中心各主要建筑物建设、设备的购置及安装费，信息系统的购置安装费，自有车辆的购置费等。

3）相关投资。不同地区与基本建设及未来经营活动有关的诸如燃料、水、电、环境保护等都需要有一定的投资，在有些地区，相关投资可能很大，如果只考虑直接投资而忽视相关投资，投资的估计可能发生失误。

4）运营费用。不同分拨中心基于选址、布局等问题，也取决于产品、运输方式和用户状况，其运营费用会有较大差别，这是在布局时考虑投资所必须重视的。

（2）投资效果分析和确定 分拨中心的布局及选址必须在准确掌握投资额度之后，确认其投资效果，并以投资效果来做最后决策。

投资效果问题，归根结底是对投资收益的估算。分拨中心和一般产品生产企业的最大区别在于，它没有一定数量、一定质量、一定价格的产品，因而收益的计量性模糊，灰色因素较大。此外，在经营活动中，人的因素等不确定因素很多，分拨中心虽然内部流程已颇似一条生产线，但终究与生产工艺不同，它的稳定性与确定工艺、确定装备的生产工艺相比相差甚远，所以在收益计算上有一定困难。所以，在计算收益时，需要对客户、市场占有率等若干方面做不同层次的估计，分别形成不同方案进行比较。

在特定条件下，分拨中心布局及选址可以利用线性规划方法，在诸多可计量约束条件下，求解目标函数的最大或最小值，以此确定数学上的最优解，作为进一步决策的依据。就分拨中心布局和选址而言，往往以总投资限额、总投资最低、运营成本最低或运输运费最低为目标，建立数学模型求解。

复 习 题

1. 什么是物流运输？
2. 物流运输有哪些作用？
3. 什么是物流配送？
4. 物流配送有哪些特点？
5. 物流运输与配送有何异同点？
6. 什么是公路运输？公路运输有何特点？
7. 什么是铁路运输？铁路运输有何特点？
8. 什么是水路运输？水路运输有何特点？
9. 汽车商品车水路运输主要采用哪些形式？
10. 滚装船运输有何特点？
11. 水路运输的主要运输形式有哪几种？
12. 什么是集装箱运输？集装箱运输有何特点？

13. 什么是多式联运？
14. 多式联运有何特点？汽车物流中常用哪种多式联运形式？
15. 什么是驮背运输？有何特点？
16. 驮背运输的主要适用范畴是什么？
17. 按运输的协作程度如何分类？
18. 按运输中途是否换载如何分类？
19. 什么是分拨中心？
20. 分拨中心有哪些作用？
21. 什么是整车分拨中心？
22. 什么是整车仓储中心？
23. 分拨中心的布局要考虑哪些原则？
24. 确定分拨中心的主要投资领域应考虑哪些方面？

第九章

汽车物流标准化

 第一节 物流标准化概述

一、标准化的含义及物流标准化

1. 标准化的含义

标准化是对产品、工作、工程或服务等普遍的活动规定统一的标准，并且对标准进行贯彻实施的整个过程。

标准化是国民经济管理的重要内容，也是现代科学体系的重要组成部分。社会大分化、生产大分工之后，为合理组织生产，促进技术进步，协调社会生活所出现的事物，标准化管理是权威的、具有法律效力的管理。

标准化的内容实际上就是经过优选之后的共同规则，为了推行这种共同规则，世界上大多数国家都有标准化组织。位于日内瓦的国际标准化组织（ISO）负责协调世界范围内的标准化问题。

我国标准分为国家标准、行业标准、地方标准和企业标准四级。

国家标准按标准性质分为强制性标准（代号"GB"）和推荐性标准（代号"GB/T"）两类性质。保障人体健康，人身、财产安全的标准和法律、行政法规规定强制执行的标准是强制性标准，其他标准是推荐性标准。对没有国家标准而又需要在全国某个行业范围内统一的技术要求，可以制定行业标准。对没有国家标准和行业标准而又需要在省、自治区、直辖市范围内统一的工业产品的安全、卫生要求，可以制定地方标准。企业生产的产品没有国家标准、行业标准和地方标准的，应当制定相应的企业标准。对已有国家标准、行业标准或地方标准的，鼓励企业制定严于国家标准、行业标准或地方标准要求的企业标准。

另外，对于技术尚在发展中，需要有相应的标准文件引导其发展或具有标准化价值，尚不能制定为标准的项目，以及采用国际标准化组织、国际电工委员会及其他国际组织的技术报告的项目，可以制定国家标准化指导性技术文件。

2. 物流标准化

物流标准化是指以物流为系统，制定系统内部设施、机械装备、专用工具等各个分系统的技术标准；制定系统内各分领域，如包装、装卸、运输等方面的工作标准；以系统为出发点，研究各分系统与分领域中技术标准与工作标准的配合性，并按照配合性的要求，进一步谋求物流系统标准的统一。

二、物流标准化的特点

（1）涉及面广 物流系统的标准化涉及面广，其对象不如一般标准化系统那样单一，而是包括机电、建筑、工具、工作方法等许多种类。这些标准虽然处于一个系统中，但缺乏共性，从而导致标准种类繁多、内容复杂，给标准的统一性及配合性带来较大困难。

（2）后标准化系统　物流标准化系统属于二次系统，或称后标准化系统。这是由于物流及物流管理思想诞生较晚，组成物流系统的各个分系统，过去在没有归入物流系统之前，早已分别实现了本系统的标准化，并且经多年的应用，不断发展和巩固，已很难改变。在推行物流标准化时，必须以此为依据，个别情况固然可将有关旧标准化体系推翻，按物流系统所提出的要求重建新的标准化体系，但通常还是在各分系统标准化的基础上建立物流标准化系统。这就必然从适应及协调的角度建立新的物流标准化体系，而不可能全部创新。

（3）体现"三性"　科学性、民主性和经济性是标准的"三性"。由于物流标准化的特殊性，必须非常突出地体现这三性，才能搞好这一标准化。科学性的要求是要体现现代科技成果，以科学试验为基础，要求与物流的现代化（包括现代技术及管理）相适应，能将现代科技成果联结成物流系统。否则，尽管各种具体的硬技术标准化水平要求颇高，十分先进，但如果不能与系统协调，单项技术再高也是空的，甚至还可能起反作用。所以，这种科学性不仅反映本身的科学技术水平，还表现在协调与适应的能力方面，使综合的科技水平最优。

民主性是指标准的制定采用协商一致的办法，广泛考虑各种现实条件，广泛听取意见，使标准更具权威，减少阻力，易于贯彻执行。物流标准化由于涉及面广，要想达到协调和适应，民主解决问题，不过于偏向某个方面意见，使各分系统都能采纳接受，就更具有重要性。

经济性是标准化的主要目的之一。物流过程不像深加工过程那样会引起产品的大幅度增值，即使通过流通加工等方式，增值也是有限的。所以，物流费用多开支一分，就要影响到一分效益。但是，物流过程又必须大量投入消耗，如不注重标准的经济性，片面强调反映现代科学水平，顺从物流习惯及现状，引起物流成本的增加，自然会使标准失去生命力。

（4）较强的国际性　物流标准化具有非常强的国际性。由于我国对外贸易和交流的大幅度增加，国际交往、对外贸易对我国的经济发展的作用越来越重要，而所有的国际贸易最终都将靠国际物流来完成。各个国家都很重视本国物流与国际物流的衔接，力求使国内物流标准与国际物流标准化体系一致。若不如此，不但会加大国际交往的技术难度，更重要的是在本来就很高的关税及运费基础上又增加了因标准化系统不统一所造成的效益损失，使外贸成本增加。因此，物流标准化的国际性也是其不同于一般产品标准的重要特点。

三、物流标准化的种类

物流标准化种类繁多，涉及面很宽泛，如名词术语和操作规范的标准化，尺寸、规格、强度、外形和重量的标准化，材质、性能、实验方法的标准化，包装、装卸搬运和运输的标准化，编号、标志的标准化等。

国际上有国际标准化组织标准（ISO），我国有国家标准（GB），一个企业也可以有企业标准。企业标准应与国家标准基本一致，国家标准正在逐步向国际标准靠拢，以利于国际流通。标准化是通用化的前提，也是物流的关键。

四、物流标准化的意义及作用

1. 物流标准化是物流管理的重要手段

为了使物流系统内部各环节有机地联系起来，并协调运作，系统的统一性和一致性是系统有效指挥、决策、协调和管理的保障。除此之外，还需要方法、手段的标准化。例如，我国铁路及交通两个部门对集装箱未能制定统一标准，极大地阻碍了车船的广泛联运，妨碍了物流水平的提高。

2. 物流标准化能降低物流成本、提高效益

标准化后，可以实现"一贯到户"式的物流，加快物流速度，减少中间装卸、搬运、暂存费用，降低了中间损失。例如，我国铁路和交通集装箱由于未实行统一标准，双方衔接时要增加一道装箱工作，为此，每吨物资损失1元左右效益，相当于火车30km以上的运费。这在广泛采用集装箱运输后，造成的效益损失是很大的。

3. 物流标准化是推行物流管理的捷径

如前所述，建立物流系统，实施物流管理，由于涉及面广，难度非常大。在这种情况下，如果不推行标准化，就会更多地走弯路，减缓我国推行物流管理的进程。例如，我国平板玻璃的集装托盘、集装架的发展初期未能及时推行物流标准化，各部门、各企业都发展了自己的集装设备，一下子出现了几十种集装方式，使平板玻璃物流系统的建立出现了困难，延缓了发展。

4. 物流标准化便于物流与外界联系衔接

物流系统不是孤立存在的。从流通领域看，它上接生产系统，下接消费系统；从生产领域看，它上接不同产品，下接不同的工序。在物流全过程中，物流系统又与机械制造、土木工程、商流系统相交叉，彼此有许多接点。通过标准化和统一衔接点，能够使交接简化、统一，使外系统与物流系统更好地衔接。

第二节 汽车物流标准化体系与方法

一、汽车物流标准化体系

从世界范围来看，物流体系的标准化，其重点在于通过制定标准规格、尺寸来实现全物流系统的贯通，达到提高物流效率的目的，汽车物流也不例外。

汽车物流标准化体系主要包括基本计量单位和规格尺寸标准化；专业名词术语标准化；物流核算、统计的标准化；标志、图示和识别标准化；运输及作业标准化；仓库技术标准化和工作操作规范标准化等。

二、汽车物流标准化技术与方法

1. 配合性、统一性标准

（1）专业计量单位标准化 除国家公布的统一计量标准外，必须确定本身专门的标准。同时，专业计量标准还需要考虑国际计量方式的不一致性和国际习惯用法，不能完全以国家统一计量标准为唯一依据。

（2）基础模数尺寸标准化　基础模数尺寸是指标准化的共同单位尺寸或系统各标准尺寸的最小公约尺寸。在基础模数尺寸确定之后，各个具体的尺寸标准，都要以基础模数尺寸为依据，选取其整数倍数为规定的尺寸标准。由于基础模数尺寸的确定，只需在倍数系列进行标准尺寸选择，这就大大减少了尺寸的复杂性。

物流基础模数尺寸的作用和建筑模数尺寸的作用大体是相同的，考虑的基点主要是简单化。目前 ISO 中央秘书处及欧洲各国已基本认定 600mm×400mm 为基础模数尺寸，我国也认定这个尺寸为基础模数尺寸，以便于与国际标准统一。

由于物流标准化系统相较其他标准系统建立得较晚，所以，确定基础模数尺寸主要考虑了目前对物流系统影响最大而又最难改变的事物，即输送设备。采取"逆推法"，由输送设备的尺寸来推算最佳的基础模数。当然，在确定基础模数尺寸时也考虑到了现在已通行的包装模数和已使用的集装设备，并从行为科学的角度研究了人及社会的影响。从其与人的关系看，基础模数尺寸适合于人体操作的最高限度尺寸。

基础模数尺寸一旦确定，设备的制造、设施的建设、物流系统中各环节的配合协调、物流系统与其他系统的配合就有所依据。

物流标准化的基点应建立在集装的基础之上。所以，在基础模数尺寸之上还要确定集装的基础尺寸，即最小的集装尺寸。

集装基础尺寸可以从 600mm×400mm 按倍数系列推导出来，也可以在满足 600mm×400mm 的基础模数的前提下，从汽车或大型集装箱的分割系列推导出来。

日本在确定物流模数尺寸时采用的就是后一种方法，以汽车（早已经大量生产并实现了标准化）的车厢宽度为物流模数确定的起点，推导出集装基础模数尺寸（1200mm×1000mm）。

物流模数作为物流系统各环节的标准化的核心，是形成系列化的基础。依据物流模数进一步确定有关系列的大小及尺寸，再从中选择全部或部分，确定为定型的生产制造尺寸，这就完成了某一环节的标准系列。

目前，国际物流模数尺寸的标准化正在发展中，但与物流有关的许多设施、设备的技术标准早已发布，并有专门的专业委员会负责制定新的国际标准。

从物流角度看，国际标准化组织（ISO）已建立了与物流有关的技术委员会（TS）及技术处（TD），每个技术委员会或技术处都由 ISO 指定负责常务工作的秘书国。我国也明确了各标准的归口单位。

目前，ISO 对物流标准化的研究工作还在进行中，对物流标准化的重要模数尺寸已大体取得了一致意见或拟定了初步方案。

英国、美国、加拿大、瑞典等国已打算放弃本国原来使用的模数尺寸，而改用国际的模数尺寸。日本等一些国家在应用 1200mm×1000mm 模数尺寸系列的同时，还发展了 1100mm×1100mm 正方形集装模数，以形成本国的物流模数系列。

物流基础模数尺寸的确定不仅要考虑国内物流系统，而且要考虑到与国际物流系统的衔接，具有一定难度和复杂性。

我国已经制定了一些分系统的标准，其中汽车、叉车、起重机等已全部实现了标准化，包装模数及包装尺寸、联运用平托盘和集装箱也制定了国家标准。参照国际标准，还制定了运输包装部位的标示方法国家标准。其中，联运平托盘外部尺寸系列规定为优先选用尺寸两种，分别为 TP_2 800mm × 1200mm，TP_3 1000mm × 1200mm；可选用的尺寸为 TP_1 800mm × 1000mm。托盘高度的基本尺寸为 100mm 与 70mm 两种。

(3) 建筑基础模数尺寸标准化 主要是物流系统中各种建筑物所使用的基础模数，它是以物流基础模数尺寸为依据确定的，也可选择共同的模数尺寸作为标准。该尺寸是设计建筑物的长、宽、高尺寸，门窗尺寸，建筑物柱间距，跨度及进深等尺寸的依据。

(4) 集装模数尺寸标准化 集装模数尺寸应是在物流基础模数尺寸的基础上，推导出的各种集装设备的基础尺寸，以此作为设计集装设备三向尺寸的依据。在物流系统中，由于集装是起贯穿作用的，集装尺寸必须与各环节物流设施、设备、机具相配合，因此，整个物流系统设计时往往以集装尺寸为核心，然后，在满足其他要求的前提下决定各设计尺寸。因此，集装模数尺寸影响和决定着与其有关各环节的标准化。

(5) 专业名词标准化 为了使信息传递准确，首先要求专用语言及所代表的含义实现标准化，避免造成混乱，出现损失。汽车物流专业名词标准化包括汽车物流用语的统一化、定义的统一解释、专业名词术语的统一编码等。

(6) 核算、统计的标准化 汽车物流核算、统计的标准化是建立系统情报网、对系统进行统一管理的重要前提，也是对系统进行宏观控制与微观监测的必备条件。这一标准化包含下述内容：

1）确定共同的、能反映系统及各环节状况的最少核算项目。
2）确定能用以对系统进行分析并可为情报系统收集储存的最少统计项目。
3）制定核算、统计的具体方法，确定共同的核算统计计量单位。
4）确定核算、统计的管理、发布及储存规范等。

(7) 标识、标志的标准化 物流中的对象，需要有易于识别而又易于区分的标识、标志。有时需要自动识别，不仅可以提高识别效率，还可以提高识别的准确率和耐疲劳性。这就要求标识、标志的标准化应考虑计算机识别而不是用肉眼识别。因此，标识、标志要尽量使用图示、字符和条码，尽量简单、易于辨识。

2. 分系统技术标准

(1) 运输车船标准 运输车船标准的对象是物流系统中从事物品空间位置转移的各种运输设备，如火车、货船、拖挂车、汽车、配送车辆等。应从各种设备有效衔接、货物及集装的装运，与固定设施的衔接等角度出发，制定车厢、船舱的尺寸标准，载重能力标准，运输环境条件标准等。此外，还应从物流系统与社会关系的角度出发，制定噪声等级标准和废气排放标准等。

(2) 作业车辆标准 作业车辆标准的对象是物流设施内部使用的各种作业车辆，如叉车、台车、手车等，包括尺寸、运行方式、作业范围、作业重量、作业速度等方面的技术标准。

(3) 传输机具标准 传输机具标准包括水平、垂直输送的各种机械式、气动式起重机、传送机、提升机的尺寸、传输能力等技术标准。

(4) 仓库技术标准 仓库技术标准包括仓库尺寸、建筑面积、有效面积、通道比例、单位储存能力、总吞吐能力、温湿度控制技术标准，自动化仓库标准等。

自动化仓库标准的主要内容有以下几部分：

1）名词术语的统一解释。这是自动化仓库的基础标准，统一使用词汇之后，可以避免设计、建造和使用时的混乱。一般而言，大体应由以下几部分内容组成：

① 自动化仓库的设施、建筑、设备的统一名称（包括种类、形式、构造、规格、尺寸、性能等）。

② 自动化仓库内部定位名称，例如，日本工业标准（JIS B 8940）用以下语言定位：

W 方向：与巷道机运行方向垂直的方向。

L 方向：与巷道机运行方向平行的方向。

排：沿 W 方向货位数量定位。

列：沿 L 方向货位数量定位。

层：沿货架高度方向货位数量定位。

③ 操作、运行的指令、术语等。

2）立体自动化仓库设计通用规则。立体自动化仓库设计通用规则包括适用范围、用语含义解释、货架、堆垛起重机、安全装置、尺寸、性能计算、表示方法等。

3）立体自动化仓库安全标准。这部分规定了安全设施、措施、表示符号等。例如，仓库防护棚网的标准、作业人员安全规则、操作安全规则及安全表示符号等。

4）立体自动仓库建设设计标准。立体自动仓库建设设计标准与一般的建筑设计标准不同，其主要区别在于要根据物流器具的特点确定模数尺寸。此外，标准还包括面积、高度、层数的确定，建筑安全、防火、防震规定，仓库门、窗尺寸及高度确定等。

(5) 站台技术标准 站台技术标准包括站台高度、作业能力等技术标准。

(6) 包装、托盘、集装箱标准 包装、托盘、集装箱标准包括包装、托盘、集装系列尺寸标准，包装物强度标准，包装、托盘、集装箱荷载标准，以及各种集装、包装材料、材质标准等。

1）包装标准。包装标准除了包装尺寸、材料、材质、包装物强度标准外，还有标识、标志标准。

① 传统的标记标志与识别方法。在物流系统中，标记标志的识别系统是物流系统必要的组成部分之一，同时，它也是最早实现标准化的系统之一。在物流领域，标记标志主要用于货物的运输包装上。传统的标准化将包装标记标志分为三类，即识别标记标志、储运标志和危险货物标志。

识别标记标志，包括主要标记、批数与件数号码标记、目的地标记、体积重量标记、输出地标记、附加标记和运输号码标记等。

储运指示标志，包括向上标志、防湿防水标志、小心轻放标志、由此起吊标志、由此开启标志、重心点标志、防热标志、防冻标志，以及其他诸如"切勿用钩""勿近锅炉""请勿斜放、倒置"标志等。

危险货物标志，包括爆炸品标志、氧化剂标志、无毒不燃压缩气体标志、易燃压缩气体标志、有毒压缩气体标志、易燃物品标志、自燃物品标志、遇水燃烧物品标志、有毒品标志、剧毒品标志、腐蚀性物品标志、放射性物品标志等。

以上各种标记标志都由标准或条例规定一定的符号、图形、颜色、大小、标记位置、标记方法等，本书不再将这些图形罗列出来。在实际工作中遇到这类问题时，可以以我国国家标准《危险货物包装标志》《包装储运指示标志》等为依据；如果是进出口的国际海运，可依据国际标准化组织发布的《国际海运危险品标记》识别。

采用标记标志的方法，最主要的目的是引起人们的注意，对人们的处理起着简明扼要的提示作用，因此，标识标志必须牢固、明显、醒目、简要、方便辨识和标记正确，以便于一阅即掌握要领，或易于发现错误而及时纠正。

② 自动识别技术。自动识别技术是人工识别技术的一大进步，这种技术将识别速度提高了几十倍甚至上百倍，识别的准确程度高，是提高物流效率的重要发展方向。

自动识别技术中使用最为广泛的为条码技术，这使得条码的标准化显得十分重要。自动识别的电子数据可以成为共享的数据，这样才能取得提高效率的成果。

与一般的图记标志不同的是，条码的数据存储量大得多，可以将与物流有关的信息都包含在内，这是图记标志所无可比拟的。条码的重大缺点是缺乏直观性，只能与自动识别系统配套使用，而无法人工识别。由此，条码的提示、警示作用则远不如图记标志。关于条码技术将在"物流信息"一章中详细叙述。

2）托盘标准。托盘标准化是实现托盘联运的前提，也是实现物流机械和设施标准化的基础及产品包装标准化的依据。

ISO 制定了 4 种托盘国际规格，但没有谈及它们的优劣。ISO 承认的托盘规格有：

1200mm×800mm，欧洲规格。

1200mm×1000mm，欧洲部分国家、加拿大、墨西哥规格。

1219mm×1016mm，美国规格。

1100mm×1100mm，亚洲规格。

世界上占主导地位的国家使用的托盘，大多包括在这 4 种国际规格托盘之中，这些都是各国按自己国家的基本设施情况制定的标准化规格托盘，要变更就要付出很大代价。此外，1140mm×1140mm 是 ISO 的正式规格托盘。如前所述，不管把这 4 种托盘规格统一为哪一种，各国的利害得失都很大，作为没有强制力的国际组织，无法强迫任何一个国家去执行。

在这 4 种托盘中，1100mm×1100mm 规格托盘是与现在流行于世界的 ISO 国际集装箱相配合而设计的。另外，欧美运拖车辆的载物平台尺寸比较小，便于使用；东南亚各国也将这种托盘规格作为国家通用托盘，在贸易发展中广泛使用。

我国托盘的托盘术语按照 GB/T 3716—2000《托盘术语》规定。该标准是等同采用 ISO 445：1996《搬运货物用托盘术语》，对 GB/T 3716—1983 进行修订而来的。GB/T 31149—2014《联运通用平托盘 木质平托盘》，GB 10486—1989《铁路货运钢制平托盘》等规定了我国相关托盘的技术条件，为我国物流托盘标准化奠定了基础。

各国的托盘规格，特别是欧洲托盘规格，制定时都考虑到以下因素，即与桥梁、隧道、运输道路、货车站台设施相适应，以及与货车、汽车等车辆宽度相配合，再由托盘规格来决定仓库支柱的间距、货架等尺寸。所以，改变托盘规格会涉及一系列的复杂问题。国际托盘规格的标准化是一项利大于弊的事情，但是做起来很困难。如果世界上都使用同一规格的托盘，从进出口货物开始，世界上车辆的载物台等也被统一规格，则可期待实现极为便利而高效的物流。要实现世界经济快速发展，统一托盘规格是非常必要的。

3）集装箱标准。集装箱标准一般需要规定以下内容：

① 集装箱类别划分。正确区分集装箱，有利于调度、使用，也有利于收费及核算。

② 集装箱技术条件。这是反映集装箱性能和使用时技术处置的重要标准，包括集装箱尺寸、开门方式、壁厚、保温能力、强度等。国际集装箱是指根据国际标准化组织（ISO）第 104 技术委员会制定的国际标准来建造和使用的国际通用的标准集装箱。

我国现行国家标准 GB/T 1413—2008《系列 1 集装箱 分类、尺寸和额定质量》中采用了 ISO 标准，规定了集装箱各种型号的外部尺寸、极限偏差及额定重量（见表9-1）。

表9-1 我国现行的集装箱外部尺寸、极限偏差及额定质量

型号	高度（H）/mm		宽度（W）/mm		长度（H）/mm		额定质量（最大质量）/kg
	尺寸	极限偏差	尺寸	极限偏差	尺寸	极限偏差	
1AA	2591	0~5	2438	0~5	12192	0~10	30480
1A	2438	0~5	2438	0~5	12192	0~10	30480
1AX	2438		2438		12192	0~10	30480
1CC	2591	0~5	2438	0~5	6058	0~6	20320
1C	2438	0~5	2438	0~5	6058	0~6	20320
1CX	2438		2438		6058	0~6	20320
10D	2438	0~5	2438	0~5	4012	0~5	10000
5D	2438	0~5	2438	0~5	1968	0~5	5000

国际标准化组织（ISO）TC104 技术委员会对集装箱国际标准做过多次补充、增减和修改，现行的国际标准为第 1 系列共 13 种，其宽度均为（2438mm），长度有 4 种（12192mm、9125mm、6058mm 和 2991mm），高度有 4 种（2896mm、2591mm、2438mm 和 <2438mm）。

国际标准集装箱现行箱型系列表如表9-2 所示。

表9-2 国际标准集装箱现行箱型系列表

集装箱箱型	长度（L）				宽度（W）				高度（H）				总重	
	mm	公差/mm	ft in	公差/in	mm	公差/mm	ft in	公差/in	mm	公差/mm	ft in	公差/in	kg	lb
1AAA	12192	0~10	40	0~3/16	2438	0~5	8	0~3/16	2896	0~5	96	0~3/16	30480	67200
1AA	12192	0~10	40	0~3/8	2438	0~5	8	0~3/16	2591	0~5	96	0~3/16	30480	67200
1A									2438	0~5	8	0~3/16		
1AX									<2438		<8			
1BBB	9125	0~10	29 11.25	0~3/8	2438	0~5	8	0~3/16	2896	0~5	96	0~3/16	25400	56000
1BB									2591	0~5	86	0~3/16		
1B									2438	0~5	8	0~3/16		
1BX									<2438		<8			
1CC	6058	0~6	19 10.5	0~1/4	2438	0~5	8	0~3/16	2591	0~5	86	0~3/16	25400	52920
1C									2438	0~5	8	0~3/16		
1CX									<2438		<8			
1D	2991	0~5	9 9.75	0~3/16	2438	0~5	8	0~3/16	2438	0~5	8	0~3/16	10160	22400
1DX									<2438		<8			

注：表中 ft 为英尺；in 为英寸；kg 为千克；lb 为磅。某些国家对车辆和装载货物的总高度有法规限制（如铁路和公路部门）。

③ 集装箱标记。这是集装箱在物流过程中能保证物流顺畅的重要标准内容。我国国家标准 GB/T 1836—2017《集装箱 代码、识别和标记》做了详细规定。其主要内容是：

标记尺寸。标记出集装箱最大总重、自重、容积，并对字体大小也有明确规定。

标记字体。字体规定符合国家标准《机械制图字体》的要求。

标记代号。代号有箱主代号、箱号和尺寸类型代号三类。箱主代号用汉语拼音表示，和行业代号相同，也可以是单位的代号，箱主代号也可采用拉丁字母；箱号采用阿拉伯数字，用六位数字表示；尺寸类型代号由四位阿拉伯数字组成，前两位表示尺寸，后两位表示类型。

所有标记代号都标在规定位置。

④ 运输状态代码。用一组代码表示集装箱的各种状态，以便于通过电子数据交换（EDl）使有关领域及时了解集装箱的运行状态。我国国家标准 GB 4290 规定了 36 种代码及备用代码表示集装箱的各种状态。

(7) 货架、储罐标准 货架、储罐标准包括货架净空间、载重能力，储罐容积、尺寸标准等。

3. 工作标准及作业规范

工作标准及作业规范可明确划定各种岗位的职责范围、权利与义务、工作方法、检查监督方法、奖罚办法等，可使全系统统一工作方式，大幅度提高办事效率，提高工作的安全性，方便用户的工作联系，防止在工作及作业中出现遗漏、差错，并有利于监督评比。

主要工作标准及作业规范有：

1) 岗位责任及权限范围。
2) 岗位工作操作规范及流程。
3) 岗位交接程序及工作执行程序。例如，配送车辆每次出车规定应由驾驶员进行的车检程序、车辆定期车检时间及程序等。
4) 物流设施、建筑的检查验收规范。
5) 货车、配送车辆运行时刻表、运行速度限制等。
6) 驾驶员顶岗时间、配送车辆日配送次数或日配送数量。
7) 吊钩、索具使用、放置规定。
8) 情报资料收集、处理、使用、更新规定。
9) 异常情况的处置方法等。

复 习 题

1. 什么是标准化工作？
2. 标准化工作有何地位及作用？
3. 什么是物流标准化？
4. 物流标准化有哪些特点？
5. 物流标准化有什么意义及作用？
6. 汽车物流标准化体系包括哪些主要内容？
7. 汽车物流标准化有哪些主要技术与方法？
8. 什么是运输车船标准？运输车船标准包括哪些内容？

9. 作业车辆标准包括哪些内容？
10. 传输机具标准包括哪些内容？
11. 仓库技术标准包括哪些内容？
12. 站台技术标准包括哪些内容？
13. 包装、托盘、集装箱标准包括哪些内容？
14. 货架、储罐标准包括哪些内容？
15. 汽车物流的主要工作标准及作业规范有哪些？

第十章 汽车物流信息技术

第一节 条码技术

一、条码技术概述

1. 条码及其构成

条码技术是现代物流系统中非常重要的大量、快速信息采集技术,能适应物流大量化和高速化要求,大幅度提高物流效率的技术。条码技术包括条码的编码技术、条形符号设计技术、快速识别技术和计算机管理技术,是实现计算机管理和电子数据交换不可缺少的基础技术。

(1) **什么是条码** 条码是由一组黑白相间、粗细不同的条状符号组成的。条码隐含着数字信息、字母信息、标志信息、符号信息,主要用以表示商品的名称、产地、价格、种类等,是全世界通用的商品代码的表示方法。

(2) **条码构成** 条码由一组有规律的黑白相间的条纹构成,这种条纹由若干黑色的"条"和白色的"空"的单元所组成。其中,黑色的条对光的反射率低,白色的空对光的反射率高,再加上条与空的宽度不同,就能使扫描光线产生不同的反射接收效果,在光电转换设备上转换成不同的电脉冲,形成可以传输的电子信息。由于光的运动速度极快,所以可以准确无误地对运动中的条码予以识别。

2. 条码的分类及特点

根据构成条码的规则与结构不同,条码可以分成一维条码和二维条码。

一维条码的码制主要有 EAN-13、EAN-8、UPC-A、UPC-E、Code39、ITF25、Codebar、Code128 等,二维条码(Two-dimensional Bar Code)的码制主要有 PDF417、QR Code、Code49、Code16K、Code One、Data Matrix、Maxi Code 等。

一维条码只是在一个方向上(一般是水平方向)表达信息,在其他方向则不表达任何信息。二维条码既可在水平方向表达信息,也可在垂直方向表达信息,信息量较大。

(1) **一维条码** EAN 条码是企业最常用的一维条码,它由 13 位数字码及相应的条码符号组成,在较小的商品上也采用 8 位数字码及其相应的条码符号。条码的基本结构如图 10-1 所示。

图 10-1 条码的基本构成

1）前缀码。由三位数字组成，是国家代码，我国为 690。这是国际物品编码会统一决定的。

2）制造厂商代码。由四位数字组成，我国物品编码中心统一分配并统一注册，一厂一码。

3）商品代码。由五位数字组成，表示每个制造厂商的商品，由厂商确定，可标识 10 万种商品。

4）校验码。由一位数字组成，用以校验前面各码的正误。

（2）二维条码 二维条码也称二维码（2-Dimensional Bar Code），是用某种特定的几何图形按一定规律在平面（二维方向上）分布的黑白相间的图形记录数据信息的符号。二维条码在代码编制上巧妙地利用构成计算机内部逻辑基础的"0""1"比特流的概念，使用若干个与二进制相对应的几何形体来表示文字数值信息，通过图像输入设备或光电扫描设备自动识读以实现信息自动处理。它具有条码技术的一些共性。每种码制有其特定的字符集，每个字符占有一定的宽度，具有一定的校验功能等。同时，还具有对不同行的信息自动识别功能，以及处理图形旋转变化等特点。

二维条码是一种比一维条码更高级的条码格式。二维条码不仅存储信息量大，而且一维条码只能够存储数字和字母，二维条码则既能够存储数字和字母，也能够存储文字和图片等信息，因此，二维条码的应用领域更加广泛。

二维条码可以分为堆叠式（行排式）二维条码和矩阵式二维条码。

1）堆叠式二维条码（又称堆积式二维条码或行排式二维条码）。其编码原理是建立在一维条码的基础之上，形态上是由多行短截的一维条码堆叠而成，按需要堆积成两行或多行。它在编码设计、校验原理、识读方式等方面继承了一维条码的一些特点，识读设备与条码印刷与一维条码技术兼容。但由于行数增加，需要对行进行判定，其译码算法与软件也不完全相同于一维条码。具有代表性的行排式二维条码有 Code 16K、Code 49、PDF417 等。

2）矩阵式二维条码（又称棋盘式二维条码）。它是在一个矩形空间内，通过黑、白像素在矩阵中的不同分布进行编码。在矩阵相应元素位置上，用点（方点、圆点或其他形状）的出现表示二进制"1"，用"空"表示二进制"0"，"点"和"空"的排列组成代码。矩阵式二维条码的基本构成如图 10-2 所示。

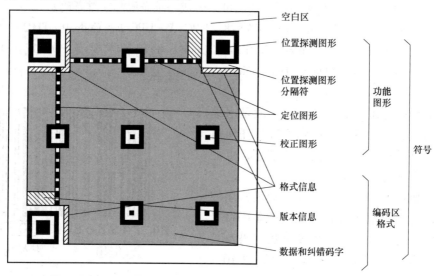

图 10-2　矩阵式二维条码的基本构成

矩阵式二维条码是建立在计算机图像处理技术、组合编码原理等基础上的一种新型图形符号自动识读处理码制。

二维条码作为一种全新的信息存储、传递和识别技术，自诞生之日起就受到了许多国家的关注。据了解，美国、德国、日本、墨西哥、埃及、哥伦比亚、巴林、新加坡、菲律宾、南非、加拿大等国，不仅将二维条码技术应用于公安、外交、军事等部门对各类证件的管理，而且也将其应用于海关、税务等部门对各类报表和票据的管理，商业、交通运输等部门对商品及货物运输的管理，邮政部门对邮政包裹的管理，以及工业生产领域对工业生产线的自动化管理等。二维条码的应用极大地提高了数据采集和信息处理的速度，改善了人们的工作和生活环境，为管理的科学化和现代化做出了重要贡献。

常用的二维条码码制有 PDF417、Datamatrix、MaxiCode、QRCode、Code 49、Code 16K、Codeone 等。除了这些常见的二维条码之外，还有 VeriCode 条码、CP 条码、Codablock F 条码、田字码、UitraCode 条码、Aztec 条码。其编码原理是：

1）数字编码（Numeric Mode）。包括 0～9。如果需要编码的数字的个数不是 3 的倍数，那么，最后剩下的 1 或 2 位数会被转成 4 或 7bits，则其他每 3 位数字会被编成 10，12，14bits，编成多长还要看二维条码的尺寸。

2）字符编码（Alphanumeric Mode）。包括 0～9，大写的 A～Z（没有小写），以及符号 $ % * + - . /：包括空格。这些字符会映射成一个字符索引表，如表 10-1 所示（其中 SP 是空格，Char 是字符，Value 是其索引值）。编码的过程是把字符两两分组，然后转成表 10-1 的 45 进制，再转成 11bits 的二进制，如果最后有一个落单的，就转成 6bits 的二进制。而编码模式和字符个数需要根据不同的 Version 尺寸编成 9、11 或 13 个二进制。

表 10-1 编码的数字和字符

Char	Value	Char	Value	Char	Value	Char	Value	Char	Value	Char	Value	Char	Value
0	0	6	6	C	12	I	18	O	24	U	30	SP	36	.	42
1	1	7	7	D	13	J	19	P	25	V	31	$	37	/	43
2	2	8	8	E	14	K	20	Q	26	W	32	%	38	:	44
3	3	9	9	F	15	L	21	R	27	X	33	*	39		
4	4	A	10	G	16	M	22	S	28	Y	34	+	40		
5	5	B	11	H	17	N	23	T	29	Z	35	-	41		

3）字节编码（Byte Mode）。可以是 0～255 的 ISO-88510-1 字符。有些二维条码的扫描器可以自动检测是否是 UTF-8 的编码。

4）Extended Channel Interpretation（ECI）Mode。主要用于特殊的字符集。并不是所有的扫描器都支持这种编码。

5）Structured Append Mode。用于混合编码。也就是说，这种二维条码中包含了多种编码格式。

6）FNC1 Mode。这种编码方式主要是用于一些特殊的工业或行业，如 GS1 条码之类。

与一维条码相比，二维条码有着明显的优势，主要有以下几个方面：

1）高密度编码，信息容量大。它比普通条码的信息容量大几十倍。

2）编码范围广。二维条码超越了字母和数字的限制，能够把图片、声音、文字、签名、指纹等可以数字化的信息进行编码，用条码表示出来；可以表示多种语言文字；可以表示图像数据。

3）容错能力强，具有纠错功能。这使得二维条码因穿孔、污损等引起局部损坏时，照样可以正确得到识读，损毁面积达50%仍可恢复信息。

4）译码可靠性高。它比普通条码百万分之二的译码错误率要低得多，错误率不超过千万分之一。

5）具有抗损毁能力。

6）可引入加密措施。保密性、防伪性好。

7）成本低，易制作，持久耐用。

8）条码符号形状、条形码相对尺寸小，且尺寸大小比例可变。

9）可以使用激光或CCD阅读器识读。

目前，二维码主要应用于以下几个方面：

1）传递信息。例如，个人名片、产品介绍、质量跟踪等。

2）电商平台入口。顾客线下扫描商品广告的二维码，然后在线购物。

3）移动支付。顾客扫描二维码进入支付平台，使用手机进行支付。

4）凭证。例如，团购的消费凭证、会议的入场凭证等。

3. 条码识别装置

条码识别采用各种光电扫描设备，主要有以下几种：

（1）光笔扫描器 它是一种似笔形的手持小型扫描器，在阅读条码时需要将扫描器按一定速度并倾斜一定角度（一般为30°）划过条码。

（2）台式扫描器 它是一种固定的扫描器，手持带有条码的卡片或证件在扫描器上移动，完成扫描过程。

（3）手持式扫描器 它是一种将扫描器制成能用手持并移动，在带有条码的物品上扫描的扫描器，常用于静态物品的扫描。

（4）固定式光电扫描器 它是一种由光学扫描器和光电转换器组成，在现在物流领域应用较多的固定式扫描设备，安装在物品运动的通道边，对物品进行逐个扫描。所采用的光源可以是普通光源，也可以是激光光源。激光光源识读率高、扫描速度快。

各种扫描设备都与后续的光电转换、信息信号放大及与计算机联机形成完整的扫描阅读系统，完成电子信息的采集。

二、条码的选择及条码技术在汽车物流中的应用

1. 条码的选择

选用条码时，可以根据货物和商品的不同需要，采用不同的条码制。需要的信息量不大时，可以选用一维条码，其制作简单，读取方便，读写设备成本较低；需要的信息量大时，则宜选用二维条码。

2. 条码技术在汽车物流中的应用

条码技术的应用可以说贯穿于汽车物流供应链的全过程。从产品的生产到成品的下线，以及之后的销售、运输、仓储、零售等所有环节，都离不开条码技术的应用。条码技术像一条纽带，把汽车及相关产品生命周期中各阶段发生的信息联系在一起。

(1) 在汽车生产企业中的应用

1）生产线人员管理。生产线上每个班次开始工作时，工作小组的每个成员都要用数据采集器扫描他们员工卡上的条码，把考勤数据和小组成员记录到数据采集器中，然后输入计算机系统。

开始加工操作时，先扫描当天的工作单或等待加工工件上的条码，表明某项任务的开始，加工结束后再扫描一次。安装在工作区的条码数据终端接收这些数据，自动加上小组号和时间信息，每天工作结束后，将每个员工的信息上传到计算机上，系统将计算出该小组劳动者的生产率。

2）生产产品管理。用条码技术编辑出包含订单号、零件种类、产品数量编号的条码，这样就可以很方便地获取产品订单在某条生产线上的生产工艺及所需的物料和零件。产品在生产线上完成后，由生产线质检员检验合格后扫入产品条码、生产线条码，并按工序顺序扫入工人的条码，可以很方便地实现产品管理、追踪，不合格产品送修等，整个过程无须手工记录。

(2) **在仓储配送管理中的应用**　用条码技术进行汽车零部件仓储配送管理，主要应用于进货、入库管理、提料管理、销售出库管理及盘点、运输和配送信息采集等环节。

(3) **在市场销售和售后管理中的应用**　在市场销售管理中，常采用产品条码扫描的办法，记录车辆或零部件产品在什么时间，哪个部门，卖给了什么人，由谁卖的，完成的是哪一份订单或合同等，也便于售后服务和客户关系管理。

(4) **综合应用**　条码技术还可以用于产品溯源、追踪，电子商务、营销支持、平面宣传和视频广告宣传、线上推广、表单应用、救援应用、车辆管理应用、会议服务应用等。

第二节　射频识别技术

一、射频识别技术的概念

射频识别（Radio Frequency Identification，RFID）是自动识别技术的一种，通过无线射频方式进行非接触双向数据通信，利用无线射频方式对记录媒体进行读写，从而达到识别目标和数据交换的目的。

射频识别系统的组成一般至少包括两部分：电子标签和阅读器。

电子标签一般保存有约定格式的电子数据，在使用中，电子标签附着在待识别物体表面。阅读器可无接触地读取并识别电子标签中所保存的数据，达到自动识别物体的目的，进一步通过计算机及其网络实现对物体的识别信息的采集、处理及远程传送的管理功能。

二、射频识别技术的分类

射频识别技术按其采用的频率可分为低频系统和高频系统；按电子标签内是否有电池可分为有源系统和无源系统；从电子标签内保存的信息注入方式可分为集成电路固化、现场有线改写和现场无线改写电子标签；根据读取电子标签数据的方式又可分为广播发射式、倍频式和反射调制式。

1. 低频系统

低频系统是指工作频率小于30MHz，常用频点有125kHz、225kHz、13.56MHz等。基于频点的射频识别系统都有相应的国家标准。

低频系统的特点是阅读距离短，阅读天线方向性不强，电子标签内存数量小，标签成本低，外形多样。

2. 高频系统

高频系统是指工作频率大于400MHz，常用频点有915MHz、2450MHz、5800MHz等。高频系统在这些频段上有众多的国际标准予以支持。

高频系统的基本特点是阅读距离远，阅读天线及电子标签天线均有较强的方向性，电子标签内存数量较大，标签和阅读器成本均较高，外形一般为卡状。

3. 有源系统和无源系统

有源电子标签内装有电池，阅读距离较远。其不足之处是电池寿命有限（一般3~10年）；无源电子标签内无电池，在接收阅读器发出的微波工作的同时，将部分能量转换为直流电供自身工作，可免维护。无源系统在阅读距离及适应物体运动速度方面都比有源系统要差。

4. 集成电路固化式、现场有线改写和现场无线改写电子标签

集成电路固化式电子标签内的信息一般在生产集成电路时即将其注入，保存信息不可改变；现场有线改写式电子标签将所要保存的信息写入内存区，改写时要用专门的编程器或写入器，改写过程必须为其供电；现场无线改写式电子标签一般适用于有源电子标签，具有特定的改写指令。

5. 广播发射式射频发射系统

广播发射式射频发射系统即无线电广播发射系统，是由发射机系统和天馈线（天线与馈线）系统两大部分组成的。从发射机到天线之间有很多物理连接点，如发射机的输出端、滤波器的输入端及输出端、馈线的任意位置、天线的输入端等，每个环节之间要良好匹配，才能保证系统正常工作。

三、射频识别技术在汽车物流中的应用

射频识别技术（RFID）在汽车物流中的应用，主要涉及入厂物流、生产物流、销售物流、售后物流等。

（1）入厂物流 入厂物流是指从供应商处取货，经过运输、存储（可能还存在换包装的情况）再送到汽车生产线的过程。在入厂物流中，RFID的应用主要涉及以下过程：供应商出库，在途跟踪，货物入库，在库盘点，拣货、出库，准备上线。

1）供应商出库。供应商根据整车生产企业在网上发布的订单准备好货物，并将每一单位货物的相关信息写入电子标签中，这些电子标签将附着在货物上，直到准备上线。货物信息的内容、编码、格式等由整车制造企业统一规范，包括零件编码、零件名称、零件颜色、生产日期、最小包装数、供应商编码、供应商名称、收货日期等。

2）在途跟踪。RFID系统中，读写器是以一定的频率自动无线扫描附近区域的电子标签的。可将GPS模块与RFID读写器合为一体，运输车辆的车载读写器全部配备GPS模块，读写器从附着在零部件上的电子标签实时采集到信息后，将信息通过GPS模块以短消息或

无线信号的形式发送到跟踪服务器通信网关的 GPS 等模块，再由 GPS 模块将信息传到系统应用服务器，最后存到数据库。

3）货物入库。在仓库大门安装读写器天线，当有附有电子标签的货物通过门禁时，读写器会自动识别标签，不需要打开货物便能知道里面货物的情况。货物信息通过读写器最终传到应用系统中，应用系统中的相关数据将被修改，完成零部件入库的操作，达到物流和信息流的一致性。

4）在库盘点。采用手持读写器，在仓库中进行包装上标签的读取，与应用系统中的数据进行核对，来完成日常盘点，不仅可以节约人力成本，还可以提高准确率和盘点效率。

5）拣货、出库。拣货人员采用手持读写器扫描分拣、出库的货物的信息并记录，可以提高拣货的准确率，避免错误的零件上线。当货物经过出库门禁时，读写器天线会读到这批货物的信息，货物信息传到应用系统后，应用系统将这些信息与装车计划核对，备查并记录异常。

6）准备上线。零部件到达生产线边时，首先经过一个门禁，应用系统获得零部件信息并在此核对。经过门禁后，可取下附着在零部件上的电子标签。取下的电子标签还可以再次利用。

(2) 生产物流　整车制造厂的生产物流应用 RFID 技术的主要方法，是根据应用系统中产生的生产任务单写入电子标签的数据，如商品车的用料情况、完成工位、成品时间、规格型号、检验结果、操作员等生产过程信息和产品信息，在关键的工位安装读写器以读取标签信息，指导整个生产过程。在涂装合格的车身上粘贴电子标签，此标签作为每辆车的唯一标识。当牵引车拖着车身经过总装车间大门时，安装在大门旁的读写器读出该标签的信息，此时在总装线上的显示屏会显示车型信息、装备信息以及一些操作要求，以便安装工人提前做好准备。在车上线后，由安装在相应工位上的读写器进行在线读写操作，当一个工位装备完后，装备工人通过按键输入相关信息，标签就会自动存储这些信息。这样，不仅提高了工作效率，有效避免了手工记录带来的误差，而且管理人员能够及时了解整个工作的进展状况，以便为解决生产中的问题做好准备。

(3) 销售物流　RFID 技术在销售物流中的应用，主要涉及商品车的出库和在途跟踪，应用方式和入厂物流类似，只是存储在电子标签中的数据不一样。商品车出库时读写器读出该车的信息，信息传到后台，系统记录并修改相关数据。运输过程中，同样在运输车中配置含有 GPS 模块的车载读写器，以便跟踪查询商品车的当前状态。

(4) 售后物流　售后物流主要涉及将备件送至 4S 店以及车辆维修。RFID 在备件配送中的应用与销售物流类似，在此不再赘述。在维修环节中，当带有电子标签的汽车进入维修车间时，门口的读写器读取其中电子标签的数据信息，并调用数据库中的资料，查询该客户的信息，使维修部门及时了解该车的情况，以便提供个性化服务。维修结束后，将维修记录记入维修数据库中，为下次维修提供方便。

第三节　GPS 与 GIS 技术

一、全球定位系统（GPS）技术

为了解决海军舰艇的定位导航问题，自 1957 年人类发射第一颗卫星开始，美国海军就着手进行卫星定位方面的研究工作，研制出子午仪卫星导航系统（Transit Navigation Satellite System），尽管子午仪卫星导航系统得到了广泛的应用，并显示出巨大的优越性，但在实际应用方面仍存在缺陷，如观测时间较长，定位精度不高，只有经纬度，没有高程。鉴于子午仪卫星导航系统存在的缺陷，美国国防部制定了现在的全球定位系统（GPS）方案。该方案耗资120亿美元，由24颗卫星组成，这些卫星均匀分布在6个轨道平面上，每个轨道平面平均分布4颗卫星。无论是陆地、海洋还是太空用户，都可以通过GPS全天候、一天24小时、全球任何位置精确定位自己的三维坐标、速度和时间，其定位精度比目前任何无线导航系统都要高。

1. GPS 的组成

GPS 包括三个基本部分：太空部分、控制部分和用户部分。

（1）太空部分 包括24颗可操作的工作卫星，以55°倾角分布在地球上空20200km的6个轨道面上，运行周期为12恒星时。这些卫星在轨道上的分布状态使地球上的任何位置在任意时刻都可以同时接收到至少4颗卫星的定位信号，这些卫星则不断地给全球用户发送位置和时间的广播数据。

（2）控制部分 由分布在全球的由若干个跟踪站所组成的监控系统所构成。根据其作用不同，这些跟踪站又分为主控站、监控站和注入站。主控站有1个，位于美国科罗拉多（Colorado）的法尔孔（Falcon）空军基地。它的作用是根据各监控站对GPS的观测数据，计算出卫星的星历和卫星钟的改正参数等，并将这些数据通过注入站注入卫星；同时，它还对卫星进行控制，向卫星发布指令，当工作卫星出现故障时，调度备用卫星，替代失效的工作卫星工作；另外，主控站也具有监控站的功能。监控站有5个，除了主控站外，其他4个分别位于夏威夷（Hawaii）、阿森松群岛（Ascension）、迪戈加西亚（Diego Garcia）、夸贾林（Kwajalein），监控站的作用是接收卫星信号，监测卫星的工作状态；注入站有三个，分别位于阿森松群岛、迪戈加西亚、夸贾林，注入站的作用是将主控站计算出的卫星星历和卫星钟的改正数等注入卫星。

（3）用户部分 由GPS接收机、数据处理软件及相应的用户设备，如计算机气象仪器等所组成。它的作用是接收GPS卫星所发出的信号，利用这些信号进行导航定位等工作。以上三个部分共同组成了一个完整的GPS系统。

2. GPS 在物流管理中的应用

三维导航是GPS的首要功能，飞机、船舶、地面车辆以及步行者都可利用GPS导航接收器进行导航。

汽车导航系统是在GPS的基础上发展起来的一门新技术。它由GPS导航、自律导航、微处理器、车速传感器、陀螺仪传感器、CD-ROM驱动器、LCD显示器组成。

GPS导航是由GPS接收机接收GPS卫星信号（3颗以上），得到该点的经纬度坐标、速度、时间等信息。为提高汽车导航定位的精度，通常采用差分GPS技术。当汽车行驶到地下隧道、高层楼群、高速公路等遮掩物而捕捉不到GPS卫星信号时，系统可自动导入自律导航系统，此时由车速传感器检测出汽车的行进速度，通过微处理单元的数据处理，从速度和时间中直接计算出前进的距离，陀螺仪传感器直接检测出前进的方向。陀螺仪传感器还能自动存储各种数据，即使在更换轮胎暂时停车时，系统也可以重新设定。

由GPS卫星导航和自律导航所测到的汽车位置坐标、前进的方向都与实际行驶的路线轨迹存在一定误差。为修正这两者之间的误差，使其与地图上的路线统一，需采用地图匹配技术，加一个地图匹配电路，对汽车行驶的路线与电子地图上的道路误差进行实时匹配，并自动修正。此时，地图匹配电路通过微处理单元的整理程序进行快速处理，得到汽车在电子地图上的正确位置，以指示正确的行驶路线。CD-ROM 用于存储道路数据等信息，LCD 显示器用于显示导航的相关信息。

GPS 导航系统与电子地图、无线电通信网络及计算机车辆管理信息系统相结合，可以实现车辆跟踪和交通管理等许多功能。

1) 车辆跟踪。利用 GPS 和电子地图可以实时显示车辆的实际位置，并任意放大、缩小、还原、换图；可以随着目标移动，使目标始终保持在屏幕上；还可实现多窗口、多车辆、多屏幕同时跟踪。利用该系统可对重要车辆和货物进行跟踪。

2) 提供出行路线的规划和导航。规划出行路线是汽车导航系统的一项重要辅助功能，具体包括：

① 自动线路规划。由驾驶员确定起点和终点，由计算机软件按照要求自动设计最佳行驶路线，包括最快的路线、最简单的路线、通过高速公路路段次数最少的路线等。

② 人工线路设计。由驾驶员根据自己的目的地设计起点、终点和途经点等，自动建立线路库。线路规划完毕后，显示器能够在电子地图上显示设计线路，并同时显示汽车运行路径和运行方法。

3) 信息查询。为用户提供主要物标，如旅游景点、宾馆、医院等数据库，用户能够在电子地图上根据需要进行查询。查询资料可以文字、语言及图像的形式显示，并在电子地图上显示其位置。同时，监测中心可以利用监测控制台对区域内任意目标的所在位置进行查询，车辆信息将以数字形式在控制中心的电子地图上显示出来。

4) 话务指挥。指挥中心可以监测区域内车辆的运行状况，对被监控车辆进行合理调度；指挥中心也可随时与被跟踪目标通话，实行管理。

5) 紧急援助。通过 GPS 和监控管理系统可以对遇有险情或发生事故的车辆进行紧急援助。监控台的电子地图可显示求助信息和报警目标，规划出最优援助方案，并以报警声、光提醒值班人员进行应急处理。

国外研制的各种用于车辆诱导的系统，对车辆位置的实时确定，主要还是采用 GPS。用于城市车辆诱导的 GPS 一般是在城市中设立一个基准站，车载 GPS 实时接收基准站发射的信息，计算出实时位置，把目前所处位置与所要到达的目标在道路网中进行优化计算，便可在道路电子地图上显示出到达目标的最优化路线，为普通出行、公安、消防、抢修、急救等车辆服务。

3. 我国的北斗卫星定位技术

我国在 1983 年提出了建设北斗卫星导航系统的计划，自 20 世纪 90 年代启动研制，按"三步走"战略，分别实施北斗一号、北斗二号、北斗三号系统建设。

我国的北斗卫星导航系统由空间段、地面段和用户段三部分组成。

北斗卫星导航系统空间段由若干地球静止轨道卫星、倾斜地球同步轨道卫星和中圆地球轨道卫星三种轨道卫星组成混合导航星座。

北斗卫星导航系统地面段包括主控站、时间同步/注入站和监测站等若干地面站。

北斗卫星导航系统用户段包括北斗兼容其他卫星导航系统的芯片、模块、天线等基础产品，以及终端产品、应用系统与应用服务等。

2012年年底，建成北斗二号系统，向亚太地区提供服务；2018年12月，国务院新闻办发布了北斗三号基本系统建成及提供全球服务的发布会，包括"一带一路"沿线国家和地区在内的世界各地，均可享受到北斗系统服务。计划到2020年，将完成北斗系统的全面建设，进一步提升系统服务性能。

北斗卫星导航系统在交通运输方面的应用，主要包括：陆地车辆自主导航、车辆跟踪监控、车辆智能信息系统、车联网应用、铁路运营监控等；航海应用，如远洋运输、内河航运、船舶停泊与入坞等，将在任何天气条件下，为水上航行船舶提供导航定位和安全保障；航空应用，如航路导航、机场场面监控等。随着交通的发展，高精度应用需求将加速释放，将更有利于减缓交通阻塞，实现多式联运无缝衔接，提升交通运输管理水平。

二、地理信息系统（GIS）技术

1. 地理信息系统及其构成

地理信息系统，简称GIS（Geographic Information System 或 Geo-base Information System；Natural Resource Information System；Geo-data System；Spatial Information System），是在计算机软件和硬件的支持下，运用系统工程和信息科学理论，科学管理和综合分析具有空间内涵的地理数据，以提供对规划、管理、决策和研究所需信息的技术系统。从信息系统的角度，地理信息系统是研究与地理分布有关的空间信息系统，它具有信息系统的各种特点。地理信息系统与其他信息系统的主要区别在于，其存储和处理的信息是经过地理编码的，地理位置及与该位置有关的地物属性成为信息检索的重要部分。在地理信息系统中，现实世界被表达成一系列的地理要素、实体或地理现象，这些地理特征至少由空间位置信息或非位置的属性信息两个部分组成。

2. 地理信息系统的特点

1）研究对象有地理分布特征。地理信息系统在分析处理问题中使用了空间数据与属性数据，并通过空间数据库管理系统将两者联系在一起共同管理、分析和应用，从而提供了认识地理想象的一种新的方法。而管理信息系统只有属性数据库的管理，即使存储了图形，也往往是机械形式存储，不能进行有关空间数据操作，如空间查询、邻域分析、图层叠加等，更无法进行复杂的空间分析。

2）强调空间分析的能力。地理信息系统在空间数据库的基础上，通过空间解析模型算法进行空间数据的分析。地理信息系统总体上分为两大方面：一是建立地理信息系统；二是研究空间分析应用模型。

3）对图形和属性一体化管理。地理信息系统按空间数据库的要求，将图形数据和属性数据用一定的机制连接起来进行一体化管理，在空间数据库的基础上进行深层次的分析。

4）不仅有自身的理论技术体系，而且是一项工程。地理信息系统不同于一般的计算机软件，虽然其外观也表现为计算机软硬件系统，内涵却是由计算机程序和地理数据组织成的地理空间信息模型。当具有一定地学知识的用户使用地理信息系统时，他所面对的数据不再是毫无意义的，而是把客观世界抽象为模型化的空间数据。用户可以按应用的目的通过这个模型获取自然过程的分析和预测信息，用于管理和决策。而且地理信息系统是一门交叉学科，它依赖于地理学、测绘学、统计学等基础性学科，又取决于计算机软硬件技术、对地观测等数据获取技术、人工智能与专家系统的进步与成就,在解决资源与环境的问题时,从数据的收集、组织、处理,建立空间数据库,到空间分析应用模型的构建,都不同限度地涉及优化方案的研究制定和二次开发。当然,这里并非让读者对地理信息系统望而生畏,而是想指出学习掌握地理信息系统的策略——地理信息系统的概念、理论、技术,资源与环境的相关知识,具体地理信息系统的使用与开发方法这几方面要紧密地结合起来。

地理信息系统与传统的地图信息系统不同,它是以计算机所能接受的储存介质来储存,用数字来表达和处理空间信息的。地理信息系统并不排斥用模拟符号表达空间信息的传统地图形式的存在,它是这种古老传统的扩展和延伸,更强调对空间数据的数字处理和空间分析。常规的地图表达仅仅是地理信息系统输出结果的一种可视化表达形式。

3. 地理信息系统的组成

地理信息系统的组成一般包括四个基本部分:计算机硬件系统、计算机软件系统、地理空间数据库和系统管理应用人员。计算机软硬件系统是地理信息系统的基本核心;空间数据库是基础;系统管理应用人员则是地理信息系统应用成功的关键。

计算机硬件系统包括主机和输入输出设备。

计算机软件系统包括计算机系统软件(如 Windows、UNIX 等操作系统)、地理信息系统软件和其他支持程序。

其中,地理信息系统软件一般由以下五个基本的技术模块组成:

(1) **数据输入和检查** 按照地理坐标或特定的地理范围,收集图形、图像和文字资料,通过有关的量化工具(数字化仪、扫描仪和交互终端)和介质(磁盘、光盘),将地理要素的点、线、面图形转化为计算机能够接受的数字形式,同时进行预处理、编辑检查、数据格式转换,并输入系统。

(2) **数据存储和数据库管理** 地理空间数据库是地理信息系统的关键之一,它保证了地理要素的几何数据、拓扑数据和属性数据的有机联系和合理组织,以便系统用户的有效提取、检索、更新、分析和共享。

(3) **数据处理和分析** 数据处理和分析是地理信息系统功能的主要体现,也是系统应用数字方法的主要动力。其目的是取得系统应用所需要的信息,或对原有信息结构形式的转换。这些转换、分析和应用的类型是极其广泛的,包括比例尺和投影的数字变换、数据的逻辑提取和计算、数据处理和分析,以及地理或空间模型的建立。

(4) **数据传输与显示** 系统将分析和处理的结果传输给用户,它以各种恰当的形式(报表、统计分析、查询应答或地图形式)显示在屏幕上,或输出在硬拷贝上,以供应用。

(5) **用户界面** 用户界面是用户与系统交互的工具。由于地理信息系统功能复杂,且用户又往往为非计算机专业人员,因此用户界面是地理信息系统的重要组成部分。它采用目前流行的图形界面,提供多窗口和光标选择菜单等控制功能,为用户提供方便。

自 20 世纪 90 年代后期以来,互联网(Internet)技术得到了迅速发展,几乎进入了人类社会生活的各个领域,对社会文明的进步和经济的发展产生了极为深远的影响。GIS 技术的飞速发展虽然为地理信息的电子化、可视化、网络化、存储管理带来了重大革新,但地理信息仅限于局部使用,而社会对地理信息的需求在不断增长。互联网技术的迅速发展为 GIS 提供了一种崭新而又非常有效的地理信息载体,这就使得互联网环境下的空间信息处理技术成为可能。WebGIS 就是近年来发展起来的基于互联网平台、采用 WWW 协议运行在互联网上的地理信息系统。它是利用互联网技术来完善和扩展地理信息系统的一项新技术,其核心是在地理信息系统中嵌入 HTTP 和 TCP/IP 标准的应用体系,实现互联网环境下的空间信息管理等地理信息系统功能。WebGIS 开拓了地理信息资源利用的新领域,为 GIS 信息的社会化共享提供了可能。它改变了 GIS 数据信息的获取、传输、发布、共享、应用和可视化等过程和方式,大量的地理信息系统的信息在互联网(Internet)上以 WWW 形式发布,因而成为"数字地球"的支撑技术之一。

三、GPS 与 GIS 在汽车物流中的应用

GPS 与 GIS 技术主要应用于汽车物流运输监控与调度管理,主要包括车辆跟踪、指挥调度、行驶监控、安全防护、车辆管理等。

(1)车辆跟踪 利用 GPS 与电子地图可以实时显示车辆的实际位置,并任意放大、缩小、还原、换图;可以随着目标移动,使目标始终保持在屏幕上;还可实现多窗口、多车辆、多屏幕同时跟踪。

(2)指挥调度 监控中心的调度人员可以在监控中心显示屏的电子地图上找到被控车辆的具体位置。调度人员除了知道每一辆车行驶在什么位置之外,还可根据货运情况,用话音或短信方式对驾驶员进行调度,让他们就近运送货物,减少车辆空载率,提高运货率,降低物流成本。

(3)行驶监控 出于安全和监管的需要,车辆在行驶途中要受到严密的监控与管理,如货运车辆、危险品运输车辆的行驶速度、行驶路线、行驶区域、停靠地点、停靠时间等。监控中心只需要向车辆下发相关参数,GPS 监控系统便会实时跟踪车辆行驶状态,如车辆行驶过快,或脱离指定路线、区域行驶,则系统会自动向监控中心和驾驶员报警,使其及时发现并纠正,实现运输过程的安全、有序。

(4)安全防护 当车辆遇到抢劫、交通事故、急需修理等紧急情况时,驾驶员可通过求助按钮向监控中心发出求救信号,并上传车辆的定位信息。监控中心可根据实际情况,对车辆采取相应的措施,以确保人员、车辆、货物的安全。

第四节 电子数据交换技术

一、电子数据交换概论

电子数据交换(Electronic Data Interchange,EDI)是对信息进行交换和处理的网络自动化系统,将远程通信、计算机及数据库三者有机结合在一个系统中,实施商业或行政交易从计算机到计算机的电子传输,实现数据交换、数据资源共享的一种信息系统。这个系统可以作为管理信息系统和决策支持系统的重要组成部分。

电子数据交换的条件是:

1)信息传递是双方的。使用 EDI 的是交易双方、企业之间的文件传递,并非同一组织内不同部门之间的信息传递。

2)文件具有特定格式。交易双方的文件具有特定格式,采用报文标准(联合国的 UN/EDIFACT)。

3）双方各自有收发信息的能力。双方各有计算机管理系统，能发送、接收并处理符合约定标准的交易电文的数据信息。

4）有网络系统。双方的计算机有网络通信系统，并通过该网络通信系统实现信息传输；信息处理由计算机自动进行，无须人工干预。

这里所说的数据或信息，是指交易双方互相传递的具有法律效力的文件资料，如订单、回执、发货通知、各种单据、各种凭证等。

二、EDI 的工作流程

EDI 是指用约定的标准编排有关的数据，并通过计算机向计算机传递业务往来信息。数据经由网络在贸易双方的计算机应用系统之间交换和自动处理，以达到迅速、可靠的目的。

EDI 的工作流程可以划分为三大部分，即文件的结构化和标准化、传输和交换、文件的接收和自动处理。

（1）文件的结构化和标准化 用户先将原始的纸面商业和行政文件，经计算机处理，形成符合 EDI 标准的、具有标准格式的 EDI 数据文件。其具体过程分为以下几个步骤：

1）生成 EDI 平面文件。用户的应用系统将用户的文件或数据库中的数据取出，通过映射程序，把用户格式的数据转换为平面文件的一种标准中间文件。

平面文件是一种普通的文本文件，其作用在于生成 EDI 电子单证，以及用于内部计算机系统的交换和处理等。

2）翻译生成 EDI 标准格式文件。将平面文件通过翻译软件生成 EDI 标准格式文件，即应用文件。应用文件是用户通过应用系统直接编辑、修改和操作的单证和票据文件，可直接阅读、显示和打印输出。

EDI 标准格式文件就是所谓的 EDI 电子单证，或称电子票据，它是 EDI 用户之间进行贸易和业务往来的依据，具有法律效力。

（2）传输和交换 用户使用本地计算机系统将形成的标准数据文件，经由 EDI 数据通信和交换网，传送到登录的 EDI 服务中心，继而转发到对方用户计算机系统。具体过程是：由通信软件将已转换成标准格式的 EDI 报文，经通信线路传送到网络中心，将 EDI 电子单证投递到对方的信箱中。信箱系统自动完成投递和转接，并按 X.400 或 X.435 通信协议的要求，为电子单证加上信封、信头、信尾、投递地址、安全要求及其他辅助信息。

（3）文件的接收和自动处理 接收和处理过程是发射过程的逆过程。用户首先需要通过通信网络接入 EDI 信箱系统，打开自己的信箱，将 EDI 报文接收到自己的计算机中，经格式检验、翻译和映射，还原成应用文件，再进行编辑、处理和回复。

三、EDI 的核心技术

EDI 所涉及的技术十分广泛，概括地讲，实现 EDI 的技术主要有三个方面，即数据通信网络、技术的标准化和计算机综合应用。

（1）数据通信网络 数据通信网络系统由终端、主计算机、数据传输和数据交换装置组成，通过通信线路连接成为一个广域网络。计算机及其各终端作为用户端点，可以访问网上的任意其他节点，以达到共享网上硬件和软件资源的目的。

（2）技术的标准化 为了避免产生复杂和混乱的电子网络，满足错综复杂的电子数据交换要求，必须制定一套大家共同遵守的电子数据交换标准。它包括单证标准、EDI 报文标准、同学协议标准和网络标准。

（3）计算机综合应用 EDI 必须采取将办公自动化、管理自动化、各种 MIS、EDP 系统、数据库系统以及 CAD、CAMS 等结合起来，才能更好地应用 EDI 技术，发挥其巨大作用。

近年来，汽车物流已成为国内外汽车产业发展的热点。对我国而言，汽车作为应用最广泛的运输载体之一，在现代物流发展中极具潜力。同时，实现汽车物流信息化则成为汽车物流业发展的主要方向。

第五节 汽车物流电子商务

一、电子商务概述

互联网改变了企业的经营行为，改写了企业竞争规则，其中的主要形式便是电子商务。电子商务是企业利用信息网络进行的商务活动，是一种电子化的运作方式。

电子商务这一概念自产生起，就没有一个统一的定义，不同研究者、不同组织从各自的角度提出了对电子商务的认识。

广义地讲，电子商务是一种现代商业方法。这种方法通过计算机网络将买方和卖方的信息、产品、营销和服务联系起来，以电子方式处理和传递数据，包括文本、声音和图像。它涉及的活动包括广告、交易、支付、服务等。

目前，电子商务已涉及和可以进行的业务包括：商家在销售前后向客户提供所销售产品和服务的有关细节、产品的使用技术指南、回答客户的询问和意见、销售过程的处理等服务；在交易后采用电子资金转账、信用卡、电子支票、电子现金等多种方式进行电子支付；对客户所购买的商品进行发送管理和运输跟踪，包括对可以用电子化方式来传送的产品，如软件资料等的实际发送；在互联网上组建一个虚拟企业来提供产品和服务、组织志同道合的公司和贸易伙伴共同拥有和运营共享的商业做法；政府部门和某些机构通过互联网进行的办公业务和行政作业流程等。

电子商务的运作是在一个范围广阔的、开放的大环境和大系统中，利用计算机网络技术全面实现网上交易的电子化过程。它将参加电子商务活动的各方，包括商家、消费者、运输商、银行和金融机构、信息公司或证券公司以及政府管理部门等联系在一起。电子商务交易得以完成的关键在于可以安全地实现在网上的信息传输和在线支付的功能。所以，为了顺利完成电子商务的交易过程，需要健全社会的电子商务服务系统，发展电子商务的规范和法规，建立安全和实用的电子交易支付方法和机制等，以确实保证参加交易的各方和所有的合作伙伴能够安全可靠地采用电子商务方式进行全部的商业活动。

二、电子商务的分类

电子商务按参与电子商务交易的对象、按电子商务交易涉及的商品内容和按电子商务使用的网络类型等对电子商务进行不同的分类。

1. 按参与电子商务交易的对象分类

按参与电子商务交易涉及的对象分类，电子商务可以分为以下三种类型：

（1）企业与消费者之间的电子商务（Business to Customer，B to C） 消费者利用互联网直接参与经济活动的形式，类同于商业电子化的零售商务。随着万维网（WWW）的出现，网上销售迅速发展起来。目前，在互联网上有许多各种类型的虚拟商店和虚拟企业，提供各种与商品销售有关的服务。通过网上商店买卖的商品可以是实体化的，如书籍、鲜花、服装、食品、汽车、电视等；也可以是数字化的，如新闻、音乐、电影、数据库、软件及各类基于知识的商品；还有提供的各类服务，如安排旅游、在线医疗诊断和远程教育等。

（2）企业与企业之间的电子商务（Business to Business，B to B） B to B 方式是电子商务应用最多和最受企业重视的形式，企业可以使用互联网或其他网络对每笔交易寻找最佳合作伙伴，完成从订购到结算的全部交易行为，包括向供应商订货、签约、接受发票和使用电子资金转移、信用证、银行托收等方式进行付款，以及在商贸过程中发生的其他问题，如索赔、商品发送管理和运输跟踪等。企业对企业的电子商务经营额大，所需的各种硬软件环境较复杂，但在 EDI 商务成功的基础上发展得最快。

（3）企业与政府方面的电子商务（Business to Government，B to G） B to G 商务活动覆盖企业与政府组织之间的各项事务。例如，企业与政府之间进行的各种手续的报批，政府通过互联网发布采购清单，企业以电子化方式响应，政府在网上以电子交换方式来完成对企业和电子交易的征税等。这成为政府机关政务公开的手段和方法。

2. 按电子商务交易涉及的商品内容分类

如果按照电子商务交易涉及的商品内容分类，电子商务主要包括以下两类商业活动：

（1）间接电子商务 电子商务涉及商品是有形货物的电子订货，如鲜花、书籍、食品、汽车等，交易的商品需要通过传统的渠道，如邮政业的服务和商业快递服务来完成送货。因此，间接电子商务要依靠送货的运输系统等外部要素。

（2）直接电子商务 电子商务涉及商品是无形的货物和服务，如计算机软件、娱乐内容的联机订购、付款和交付，或者全球规模的信息服务。直接电子商务能使双方越过地理界线直接进行交易，充分挖掘全球市场的潜力。

3. 按电子商务使用的网络类型分类

根据开展电子商务业务的企业所使用的网络类型框架的不同，电子商务可以分为以下三种形式：

（1）EDI（Electronic Data Interchange，电子数据交换）**网络电子商务** EDI 是按照一个公认的标准和协议，将商务活动中涉及的文件标准化和格式化，通过计算机网络，在贸易伙伴的计算机网络系统之间进行数据交换和自动处理。EDI 主要应用于企业与企业、企业与批发商、批发商与零售商之间的批发业务。EDI 电子商务在 20 世纪 90 年代已得到较大发展，目前技术已比较成熟，得到了越来越广泛的应用。

（2）互联网（Internet）**电子商务** 这是利用连通全球的互联网开展的电子商务活动，在互联网上可以进行各种形式的电子商务业务，涉及的领域广泛，全世界各个企业和个人都可以参与，正以飞快的速度发展，其前景十分诱人，是目前电子商务的主要形式。

（3）内联网（Intranet）**电子商务** 这是在一个大型企业的内部或一个行业内开展的电子商务活动，形成一个商务活动链，可以大大提高工作效率和降低业务的成本。

三、电子商务的特性

电子商务的特性可归结为商务性、服务性、集成性、可扩展性、安全性和协调性。

1. 商务性

电子商务最基本的特性为商务性，即提供买卖交易的服务、手段和机会。

网上购物提供一种客户所需要的方便途径。因而，电子商务对任何规模的企业而言，都是一种机遇。就商务性而言，电子商务可以扩展市场，增加客户数量；通过将万维网信息连至数据库，企业能记录下每次访问、销售、购买形式和购货动态以及客户对产品的偏爱，这样企业方就可以通过统计这些数据来获知客户最想购买的产品是什么。电子商务作为一种新型交易方式在许多地方取得了成功。例如，美国一家服务公司（Speed Serve. Inc.）创建了整套电子商务方案，建立了一家网上商店。由于节省了租用店面、雇用商场售货员等开支，它能以低廉的价格出售数以百万计的书籍、游戏和光盘。无疑这家公司获得了巨大的成功。

2. 服务性

在电子商务环境中，客户不再受地域的限制，像以往那样，忠实地只做某家邻近商店的老主顾，他们也不再仅仅将目光集中在最低价格上。因而，服务质量在某种意义上成为商务活动的关键。技术创新带来新的结果，万维网的应用使得企业能自动处理商务过程，并不再像以往那样强调企业内部的分工。现在在互联网上，许多企业都能为客户提供完整服务，而万维网在这种服务水平的提高中充当了催化剂的角色。

企业通过将客户服务过程移至万维网上，使客户能以一种比过去简捷的方式完成过去他们较为费劲才能获得的服务。例如，将资金从一个存款户头移至一个支票户头，查看一张信用卡的收支，记录发货请求，乃至搜寻并购买稀有产品。这些都可以足不出户而实时完成。显而易见，电子商务提供的客户服务具有一个明显的特性：方便。这不仅对客户来说如此，对于企业而言，同样也能受益。不妨来看这样一个例子：比利时的塞拉银行，通过电子商务，使得客户能全天候地存取资金账户，快速地阅览诸如押金利率、贷款过程等信息，这使得服务质量大为提高。

3. 集成性

电子商务是一种新兴产物，其中应用了大量新技术，但并不是说新技术的出现必然导致老设备的死亡。万维网的真实商业价值在于协调新老技术，使用户能更加行之有效地利用已有的资源和技术，更加有效地完成他们的任务。电子商务的集成性还在于事务处理的整体性和统一性，它能规范事务处理的工作流程，将人工操作和电子信息处理集成为一个不可分割的整体。这样不仅能提高人力和物力的利用，也提高了系统运行的严密性。为了帮助企业分析、规划其电子商务发展战略，指导设计和建立应用，更好地集成新旧资源，充分地利用已有资源，IBM 建立了一种可伸缩型的网络计算模型 NCF。这种模型是开放的，并且是在现实产品和丰富的开发经验基础上提出的。

4. 可扩展性

要使电子商务正常运作，必须确保其可扩展性。网上有数量庞大的用户，而传输过程中时不时地会出现高峰状况。倘若一家企业原来设计每天可受理 40 万人次访问，而事实上却有 80 万人次，就必须尽快配置一台扩展的服务器，否则会导致客户访问速度急剧下降，甚至还会拒绝数千次可能带来丰厚利润的客户来访。

对于电子商务来说，可扩展的系统才是稳定的系统。如果在出现高峰状况时能及时扩展，就可使系统阻塞的可能性大大下降。电子商务中，即使是仅耗时 2min 的重新启动也可能导致大量客户流失，因而可扩展性可谓极其重要。

5. 安全性

对于客户而言，无论网上的物品如何具有吸引力，如果他们对交易安全性缺乏信任，就不敢在网上进行买卖。企业和企业之间的交易更是如此。在电子商务中，安全性是必须考虑的核心问题。欺骗、窃听、病毒和非法入侵都在威胁着电子商务，因此，要求网络能提供一种端到端的安全解决方案，包括加密机制、签名机制、分布式安全管理、存取控制、防火墙、安全万维网服务器、防病毒保护等。为了帮助企业创建和实现这些方案，国际上多家公司联合开展了安全电子交易的技术标准和方案研究，并发表了 SET（安全电子交易）和 SSL（安全套接层）等协议标准，使企业能建立一种安全的电子商务环境。

6. 协调性

商务活动是一种协调过程，它需要雇员和客户、生产方、供货方以及商务伙伴间的协调。为提高效率，许多组织都提供了交互式的协议，电子商务活动可以在这些协议的基础上进行。传统的电子商务解决方案能加强公司内部相互作用，电子邮件就是其中一种。但那只是协调员工合作的一小部分功能。利用万维网将供货方连接至管理系统，再连接到客户订单处理，并通过一个供货渠道加以处理，这样企业就节省了时间，消除了纸张文件带来的麻烦并提高了效率。

电子商务是迅捷简便的、具有友好界面的用户信息反馈工具，决策者能够通过它获得高价值的商业情报、辨别隐藏的商业关系和把握未来的趋势。

四、汽车物流电子商务应用

电子商务的应用，使汽车物流电子商务系统网络化、虚拟化，从而可以节约企业将散置在各地、分属不同所有者的仓库通过网络系统连接起来，使之成为"虚拟仓库"，实现信息共享，进行统一管理和调配使用，使服务半径和货物集散空间得到拓展，使实际物流能够实现就近调拨，就近发货，汽车物流的线上和线下反应速度均得以提升。这样企业组织物流资源的速度、规模、效率和资源的合理配置方面都具有较大优势，是传统物流所不可比拟的。

网络的应用可以实现整个过程的实时监控和实时决策。新型的汽车物流配送业务由网络系统连接起来。当系统的任何一个神经末端收到一个需求信息的时候，该系统可以在极短的时间内做出反应，并可以拟订详细的物流计划，并在线上立即通知各环节开始工作。这些工作都是由计算机根据人们事先设计好的程序自动完成的，反应速度快，准确性高。

电子商务在汽车物流中的应用主要体现在以下几个方面：

（1）**汽车物流的电子商务系统平台** 信息网络技术是构成现代汽车物流体系的重要组成部分，也是提高汽车物流服务效率的重要技术保障。汽车制造业应积极利用 EDI、互联网等技术，通过网络平台和信息技术平台，将企业经验网点连接起来，这样既可以优化企业内部资源配置，又可以通过网络与用户、制造商及相关单位的连接，实现资源共享、信息共用，对汽车物流各环节进行实时跟踪、有效控制与全程管理，以此来降低整个供应链上的库存浪费，以信息来取代库存。同时，也要加快汽车物流与电子商务的融合：一方面，汽车物流要成为电子商务的一部分；另一方面，汽车物流要积极运用电子商务，实现电子化。

通过物流信息平台，汽车生产销售企业可以实现动态实时和可视化功能：实时掌握商品和零部件销售动态；实时掌握各中转库仓储品种、数量、质量和存储时间；查询特定路线运力资源的动态情况，选择合适的运输工具和运载工具；与第三方物流企业监控系统连接，对运载工具的运营状况实时监控；实现对库存商品车的动态管理。

同时，第三方物流企业也可以通过平台实现以下的功能：查询汽车物流的流向及流量，设计运输路线，调配运输资源；实现与汽车生产销售企业的物流数据共享；实时掌握汽车物流的流向和流量，实现联盟第三方物流企业之间的数据共享；实现共同物流，提高运输车辆运载运输效率；向生产销售企业提供冗余资源情况和运力、仓储信息。

（2）汽车物流的电子商务功能　为了适应汽车企业对物流信息管理的要求，实现对物流业务的及时化、信息化、智能化和网络化操作，汽车企业的电子商务系统必须对以下几个功能进行有效的整合与集成，建立相互之间的信息交换与传递，建立相应的功能连接，从而实现对整个汽车物流业务的统筹运作与科学管理。

1）需求管理功能。也可以称为客户管理系统，其职能是收集客户需求信息，记录客户购买信息，进行销售分析和预测，管理销售价格，处理应收货款及退款等。

2）采购管理功能。主要是面对供货商的作业，包括向汽车零配件厂商发出订购信息和进货验收、供货商管理、采购决策、存货控制、采购价格管理、应付账款管理等信息管理系统，同时将它们与客户管理系统建立功能连接。

3）仓库管理功能。该系统包括存储系统管理、进出货管理、机械设备管理、分拣管理、流通加工、出货配送管理、货物追踪管理、运输调度计划和分配计划等内容信息的处理，同时与客户管理系统建立连接。

4）财务管理和结算功能。财务管系统主要是对销售管理系统和采购管理系统传送过来的应付、应收账款进行会计操作，同时对配送中心的整个业务与资金进行平衡、测算和分析，编制各业务经营财务表，并与银行金融系统联网进行转账。

5）配送管理功能。以最大限度地降低物流成本、提高运作效率为目标，按照实施配送原则，在多购买商并存的环境中，通过在购买商和各自的供应商之间建立实时的双向连接，构筑一条畅通、高效的物流通道，为购买、供应双方提供高度集中的、功能完善的和不同模式的配送信息服务。

6）物流分析功能。通过应用GIS技术与运筹决策技术模型，完善物流分析技术。它通过建立各类物流运筹分析模型来实现物流业务的互动分析，提供物流一体化运作的合理解决方案，以实现与网络伙伴的协同资源规划。

7）决策支持功能。除了获取内部各系统的业务信息外，关键在于取得外部信息，并结合内部信息编制各种分析报告和建议报告，提供分析图表与仿真结果报告，供配送中心的高层管理人员作为决策的依据。

第六节　物联网技术

一、物联网概述

1. 物联网的概念

所谓物联网，就是通过计算机识别技术、智能传感器技术和通信技术等的应用，将任何物品与互联网相连接，进行信息交换和通信，以实现智能化识别、定位、追踪、监控和管理的一种网络技术。

2. 物联网的架构

物联网的典型体系架构分为三层，自下而上分别是感知层、网络层和应用层。感知层实现物联网全面感知的核心能力，是物联网中关键技术、标准化、产业化方面亟需突破的部分，关键在于具备更精确、更全面的感知能力，并解决低功耗、小型化和低成本问题。网络层主要以广泛覆盖的移动通信网络作为基础设施，是物联网中标准化程度最高、产业化能力最强、最成熟的部分，关键在于为物联网应用特征进行优化改造，形成系统感知的网络。应用层提供丰富的应用，将物联网技术与行业信息化需求相结合，实现广泛智能化的应用解决方案，关键在于行业融合、信息资源的开发利用、低成本高质量的解决方案、信息安全的保障及有效商业模式的开发。

3. 物联网的体系

物联网的体系主要由运营支撑系统、传感网络系统、业务应用系统、无线通信网系统等组成。

通过传感网络系统，可以采集所需的信息，顾客在实践中可运用 RFID 读写器与相关的传感器等采集其所需的数据信息，当网关终端进行汇聚后，可通过无线通信网络运程将其顺利地传输至指定的应用系统中。此外，传感器还可以运用 ZigBee 与蓝牙等技术实现与传感器网关有效通信的目的。

运用传感器网关可以实现信息的汇聚，同时可运用通信网络技术使信息可以远距离传输，并顺利到达指定的应用系统中。

而对于 BOSS 系统，其由于具备较强的计费管理功能，因此在物联网业务中得到广泛应用。

业务应用系统主要提供必要的应用服务，建立 M2M 平台。由于 M2M 是无线通信技术和信息技术的整合，它可用于双向通信，如远距离收集信息、设置参数和发送指令，如安全监测、自动售货机、货物跟踪等。提供综合的 M2M 业务，不仅能为个人用户服务，也可以为行业用户或家庭用户服务。

4. 物联网应用的关键技术

简单地讲，物联网是物与物、人与物之间的信息传递与控制。在物联网应用中有三项关键技术：

（1）**传感器技术** 这也是计算机应用中的关键技术。到目前为止，绝大部分计算机处理的都是数字信号。自从有计算机以来，就需要传感器把模拟信号转换成数字信号后计算机才能处理。

（2）**RFID 标签也是一种传感器技术** RFID 技术是融合了无线射频技术和嵌入式技术的综合技术，在自动识别、物流管理等领域有着广阔的应用前景。

（3）**嵌入式系统技术** 这是综合了计算机软硬件、传感器技术、集成电路技术、电子应用技术为一体的复杂技术。经过几十年的演变，以嵌入式系统为特征的智能终端产品随处可见，小到人们身边的 MP3，大到航天航空的卫星系统。

二、车联网技术

1. 车联网的概念

车联网（Internet of Vehicles）是由车辆位置、速度和路线等信息构成的巨大交互网络。

通过 GPS、RFID、传感器、摄像头图像处理等装置，车辆可以完成自身环境和状态信息的采集；通过互联网技术，所有车辆可以将自身的各种信息传输、汇聚到中央处理器；通过计算机技术，这些大量车辆的信息可以被分析和处理，从而计算出不同车辆的最佳路线，及时汇报路况和安排信号灯周期。

车联网的概念来自物联网，行业背景不同，对车联网的定义也不尽相同。传统的车联网定义是指装载在车辆上的电子标签通过无线射频等识别技术，实现在信息网络平台上对所有车辆的属性信息和静、动态信息进行提取和有效利用，并根据不同的功能需求对所有车辆的运行状态进行有效监管和提供综合服务的系统。

随着车联网技术与产业的发展，上述定义已经不能涵盖车联网的全部内容。根据车联网产业技术创新战略联盟的定义，车联网是以车内网、车际网和车载移动互联网为基础，按照约定的通信协议和数据交互标准，在车-X（X：车、路、行人及互联网等）之间进行无线通信和信息交换的大系统网络，是能够实现智能化交通管理、智能动态信息服务和车辆智能化控制的一体化网络，是物联网技术在交通系统领域的典型应用。

2. 车联网体系架构

车联网体系架构分为三层，自下而上分别是端系统、管系统和云系统。

第一层（端系统）：端系统是汽车的智能传感器，负责采集与获取车辆的智能信息，感知行车状态与环境；它是具有车内通信、车与车之间通信和车与网络通信的泛在通信终端。

第二层（管系统）：管系统是车与车（V2V）、车与路（V2R）、车与网（V2I）、车与人（V2H）等互联互通的系统，实现车辆自组网及多种异构网络之间的通信与漫游，在功能和性能上保障实时性、可服务性与网络泛在性，同时，它是公网与专网的统一体。

第三层（云系统）：车联网是一个云架构的车辆运行信息平台，它的生态链包含智能交通系统（ITS）、物流、客货运输、危特车辆、汽修汽配、汽车制造商、4S店、车管、保险、紧急救援、移动互联网等，是多源海量信息的汇聚。因此，需要虚拟化、云计算、实时交互、海量存储和安全认证等。其应用系统也是围绕车辆的数据汇聚、计算、调度、监控、管理应用的复合体系。

三、互联网、物联网与车联网之间的关系

车联网的本质就是物联网与移动互联网的融合。互联网已成为人与人交流沟通、传递信息的纽带和桥梁；车联网是通过整合车、路、人的各种信息与服务，最终都是为人（车内的人及关注车内的人）提供服务的。因此，能够获取车联网提供的信息和服务的不仅是车载终端，而且是所有能够访问互联网及移动互联网的终端。

物联网技术的重要基础和核心仍旧是互联网，通过各种有线和无线网络与互联网融合，将物体的信息实时、准确地传递出去。可以说，物联网的本质是互联网的一种线下拓展。如果把"物联网"三个字分开来解释，就会发现物联网的三个维度"物""联""网"。这三个字分别从物体本身、连接程度以及网络技术三个维度，展示了物联网的三个核心要素。而车联网则是物联网的一种具体应用。

复 习 题

1. 什么是条码？

2. 条码是怎样构成的?
3. 条码如何分类?
4. 什么是一维条码?
5. 什么是二维条码?
6. 二维条码编制上有何特点?
7. 为什么说二维条码是比一维条码更高级的条码格式?
8. 二维条码如何分类?
9. 矩阵式二维条码是怎样构成的?
10. 二维条码有哪些特点?
11. 二维条码主要应用于哪些方面?
12. 条码识别装置有哪些?
13. 如何选择条码制式?
14. 条码技术在汽车物流中有何应用?
15. 射频识别系统由哪几部分组成?
16. 射频识别系统的工作原理是什么?
17. 射频识别系统如何分类?
18. 射频识别技术在汽车物流中有哪些应用?
19. 什么是GPS?主要包括哪些部分?
20. GPS在物流管理中有哪些应用?
21. 什么是地理信息系统(GIS)?
22. 地理信息系统有哪些特点?
23. 地理信息系统由哪几部分组成?
24. GPS与GIS在汽车物流中有何应用?
25. 什么是EDI?
26. EDI由哪几部分构成?
27. 什么是EDI文件的结构化和标准化?
28. EDI的技术构成主要包括几个方面?
29. 电子商务如何分类?
30. 电子商务有哪些应用特性?
31. 汽车物流的电子商务有何功能?
32. 什么是物联网?
33. 物联网体系由几部分组成?关键技术包括哪些?
34. 什么是车联网?
35. 车联网的体系架构如何?

第十一章

汽车物流绩效评价

第一节　物流绩效评价概述

一、物流绩效评价的定义和作用

物流绩效评价是指为达到降低企业物流成本的目的,运用数理统计和运筹学方法,采用特定的企业物流绩效评价指标,比照统一的物流评价标准,按照一定程序,采取相应的评价模型和评价计算方法,通过定量和定性分析,对企业在一定经营期内对物流系统的投入和产效(产出和效益)所做出的客观、公正和准确的评判。对物流绩效评价进行研究,可以进一步丰富绩效评价理论;同时,绩效评价则是绩效管理的前提和基础。

二、物流绩效评价的意义和原则

1. 物流绩效评价的意义

美国将绩效管理定义为:利用绩效信息协助设定统一的目标计划,进行资源配置与优先顺序的安排,以告知管理者维持或改变既定目标计划,并报告成功符合目标的管理过程。物流作为企业提高竞争力的重要因素,要想使其能够健康发展,必须对企业物流的计划、客户服务、运输、存货等物流活动进行绩效评价与分析。对物流绩效进行评价与分析,才能够正确判断企业的实际经营水平,提高企业的经营能力,进而增加企业的整体效益。目前,我国企业的物流处于起步和发展阶段,如果在建立物流系统的同时,实时进行绩效评价,对不断完善和提高物流管理水平,使其成为企业的"第三利润源泉"具有重要意义。

2. 物流绩效评价的原则

(1) **客观公正原则**　客观公正原则要求坚持定量与定性分析相结合,建立科学、适用、规范的评价指标体系及标准,避免主观臆断,以客观的立场评价优劣,以公平的态度评价得失,以合理的方法评价业绩,以严密的计算评价效益。

(2) **多层次、多渠道、全方位评价原则**　多层次、多渠道、全方位评价原则是指多方收集信息,实行多层次、多渠道、全方位评价。在实际工作中,应综合运用上级考核、同级评价、下级评价、职员评价等多种形式。

(3) **责、权、利相结合原则**　评价的目的主要是改进绩效,不能为评价而评价、为奖惩而评价、为晋升而评价。但是,物流绩效评价在产生结果后,也应分析责任的归属,在确定责任时,要明确是否在当事人责权范围内,并且是否为当事人可控事项,只有这样,奖惩才能公平合理。

(4) **经常化、制度化原则**　企业必须制定科学合理的绩效评价制度,并且明确评价的原则、程序、方法、内容及标准，将正式评价与非正式评价相结合，形成评价经常化、制度化。

(5) **目标与激励原则** 企业存在的目的就是实现自己的目标，有效经营的企业是最有希望实现预定目标及战略目标的。目标的实现是很重要的激励机制。然而，以报酬作为激励也是现代化企业不可缺少的有效管理机制。企业绩效评价体系的设计目标和激励是必不可少的。

(6) **时效与比较原则** 为了及时了解企业物流运营的效益与业绩，应该及时进行评价。评价绩效，数据是最佳衡量工具，但是，如果没有比较的基准数据，再及时的评价也是徒劳的。因此，企业的盈余或亏损，必须同过去的记录、预算目标、同行业水准、国际水平等进行比较，才能鉴别其优劣。将一定的基准数据同评价企业的经营结果进行比较及分析，企业绩效评价才具有实际意义。

三、物流绩效评价指标体系

物流绩效评价主要是对物流财务绩效、物流服务绩效以及物流综合绩效进行评价，并构建相应的指标体系。

1. 物流财务绩效评价指标体系

绩效评价的主流观点大多采用财务绩效来评价企业绩效。主要有四个指标：①与商流相结合的物流财务绩效评价指标，主要包括销售净利率、销售毛利率、应收账款周转率及应收账款周转天数；②与资金流相结合的物流财务绩效评价指标，主要包括存货周转率、存货周转天数及营业周期；③反映物流投入效果的物流财务绩效评价指标，主要包括总资产周转率、净资产周转率；④物流、商流与资金流综合的物流财务绩效评价指标，用一个指标来衡量，即净值报酬率。

2. 物流服务绩效评价指标体系

在进行物流服务绩效评价时，主要考虑四个方面的指标，即送货时间、送货可靠性、送货灵活性和库存水平。

3. 物流综合绩效评价指标体系

物流成本与服务水平的效益背反原理指出，物流服务的高水平必然带来企业业务量的增加，同时也带来企业物流成本的增加，使得效益下降，即高水平的物流服务必然伴随着高水平的物流成本。所以，物流绩效评价需要综合考虑各个方面因素，从物流服务绩效和物流财务绩效两个方面构建物流绩效综合评价指标体系更加科学合理。企业提供的物流服务水平，直接影响到它的市场份额和物流总成本，并最终影响其整体利润。物流服务绩效衡量了物流活动的过程，而物流财务绩效衡量了物流活动的结果，两者结合才能很好地评价企业物流绩效。

物流财务绩效分为物流成本绩效和物流利润绩效。物流成本是物流绩效中的重要内容，也是物流绩效中最早开始研究的领域。根据国家标准 GB/T 20523—2006《企业物流成本构成与计算》，物流成本分为物流功能成本和存货相关成本。其中，物流功能成本包括运输成本、仓储成本、包装成本、装卸搬运成本、流通加工成本、物流信息成本、物流管理成本；存货相关成本包括流动资金占用成本、存货风险成本、存货保险成本。物流服务绩效从物流服务最基本的三个属性，即服务可得性、服务作业绩效和服务可靠性来评价。其中，服务可得性用缺货频率、供应比率和订货完成率三个指标来衡量；服务作业绩效用速度、一致性、灵活性和故障与恢复四个指标来衡量；服务可靠性用缺货通知、准时送货率、损失率三个指标来衡量。

根据物流绩效评价的目的与其指标构成的特点，物流绩效评价指标体系的建立应遵循以下原则：

（1）**目标导向性原则** 评价指标体系必须与评价目的存在内在的有机联系，在建立评价指标体系时，必须注意要使评价指标体系对物流的运作绩效有正确的目标导向作用。

（2）**实用性原则** 实用性原则一般要求评价指标体系繁简适中，评价指标所需要的数据易于采集，评价方法中的计算简便易行。

（3）**系统性原则** 一般情况下，在物流评价指标体系建立的过程中，不能仅仅选取成本和利润等传统指标，还应该选取能够反映硬件水平以及客户满意度的一些指标。

（4）**可比性原则** 评价指标体系的建立一定要体现出可比性。在建立评价指标体系时，不仅要考虑到所选数据在时间上的纵向可比性，也要考虑与物流绩效评价体系的兼容和横向可比性。在对指标的分析过程中，既要求指标之间能够相互比较，也要求指标能够通过一定的处理进行量化。这样才能建立具有高度对比性和可操作性，既能突出重点，又能体现总体性的评价指标体系。

第二节 汽车物流绩效评价体系

一、汽车物流绩效评价的概念

随着经济全球化的激烈竞争，制造企业越来越关注自身的成本控制，企业物流管理能力的增强也越来越被社会各界和企业家所关注。汽车制造企业、零部件生产企业以及物流服务商不约而同地对建立物流领域成本管理和关键绩效评价体系予以高度关注，同时更加迫切地希望寻找到能够衡量企业物流成本真实全貌的途径，期望借助物流技术、统计技术和现代信息系统工具，建立一整套企业物流绩效指标评价体系，对物流运行和管理过程中的质量、成本、期限和服务进行持续跟踪，并依据数据分析的结果建立系统化的持续改善计划，从而实现可度量的精准物流绩效目标。

从绩效的定义可以看出，绩效评价应该包括两个方面的内容：一方面，绩效可以通过效力与效率进行适度衡量。对于效力，一般可以从其对客户的服务方面来衡量；对于效率，可以从在满足客户基本需求的情况下，企业所投入资源的使用情况来衡量。另一方面，在对整个数据进行处理的过程中，无论缺少了哪一个环节，都会使整个绩效评价不完善、不合理，进而使预定的决策和行为不能如期发生。因而要求在处理数据的过程中，相关数据必须被采集、整理、分析、解释和传播。

为了有效利用汽车生产物流资源，对汽车物流效率与汽车物流目标进行对比，从而为更好地实施汽车物流提供数据基础。基于此，需要对汽车物流绩效进行评价。汽车物流绩效评价是指对汽车生产硬件水平、经营管理水平和客户满意度等特定的汽车物流软硬件条件和服务水平以及运作环节数据的采集、整理、分类、分析、解释和传播，采取相应的评价模型和计算方法，来对以往行为的效力或效率进行量化，做出客观、公正和准确的评判，并据此做出相应决策、采取相应行动的过程和结果。

二、汽车物流绩效评价的内容

绩效评价就是针对被管理对象，结合企业经营战略和运行模式的目标和特点，对企业生产在一定时期内运作和管理过程中的质量、成本、期限和服务等方面的绩效状况进行量化跟踪，与既定目标进行比较并做出客观、公正和准确的综合评判，运用数量统计和运筹学方法，对偏差产生的成因和改善的可能进行定量和定性分析。因此，在物流绩效评价体系构建中，应基于物流管理的核心思想，从业务流程入手，以促进物的流动为宗旨，注重在流程中增值。

汽车物流系统主要涉及四个领域：供应组织、生产计划、物流管理和需求研究。

1. 供应组织

供应组织领域中最重要的管理对象是采购活动，这是供应链管理中成本控制的首要单元，主要内容是选择所需产品和服务的供应商，与其共同建立合理的定价、配送和付款流程。对制造企业而言，采购管理就是要创建基于系统集成控制的流程和方法来监控和改善过程管理，实现采购成本受控、库存资金占用合理、质量稳定并规避和消除业务过程中的漏洞等目的。

2. 生产计划

生产计划领域中最重要的管理对象是库存控制，这是物流与供应链管理的策略性单元，需要运用适应企业经营目标的策略来管理所有资源，以满足客户对产品的需求。对制造企业而言，计划与控制就是建立一系列方法来指导和监控物流与供应链的运行，使其能够有效、低成本地为客户递送高质量和高价值的产品或服务。

3. 物流管理

物流管理领域中最重要的管理对象是配送，这是物流与供应链管理的关键单元，是调整客户的订单收据、建立仓库网络、派递送人员提货并送货到客户手中、建立货品计价系统、接收付款的关键环节。对这个单元的管理效果体现在企业在战略和战术上对其整个作业流程的优化方面，从而提高物流与供应链上各个环节的效率，使商品以正确的数量、正确的品质，在正确的地点以正确的时间和最佳的成本送达客户手中。

4. 需求研究

需求研究领域中最重要的管理对象是客户服务，这是物流与供应链管理的核心单元，管理对象针对企业内部制造过程中的所有生产活动。这是物流与供应链中需要评价内容最多的单元，包括对产量、质量、成本、期限和服务等方面的量化和评价，以满足不断变化的客户需求，构筑灵活、高效的物流与供应链体系。

企业在对物流与供应链绩效进行评价的时候，通常以汽车工业精准供应链中的龙头企业"主机厂"作为分界点，将具体被评价的内容分为三部分，即内部绩效衡量、外部绩效衡量和整体绩效衡量。这三部分的绩效，在理论上比较系统地描述了物流与供应链绩效评价所涉及的主要内容。

在实施汽车物流绩效评价时，需要对上述三部分内容进行综合评价。随着现代物流理念的发展，物流整体绩效越来越为人所重视，但是，由于对物流整体绩效进行综合评价涉及的因素和方法非常庞杂，因此对此问题的研究进展明显落后于内部与外部绩效的评价。

三、汽车物流绩效评价的方法

国内外广泛应用的物流绩效评价方法主要有模糊综合评价法、层次分析法、模糊层次综合评价法、平衡计分法、关键绩效指标法、数据包络分析法、项目"金三角"评价法、标杆管理法、主成分分析法等。在汽车物流及相关的物流领域应用比较多的是模糊综合评价法、层次分析法及其组合等。

1. 模糊综合评价法

一般认为，模糊综合评价法是一种行之有效的方法。模糊综合评价法是综合各方面的考量，对一个因素进行评价，要对与这个因素模糊相关的其他因素进行系统分析，并做出总的评价的一种方法。通过这种方法，综合各方面因素对某一因素进行综合决断或决策，这样就可以避免只对一个因素评价而可能得出片面或不真实的结果。一般的绩效评价，其评价过程中会存在许多定性指标，如对物流环境应变能力的评价、对客户服务能力的评价等，这些指标的样本值很难精确得到，具有一定的模糊性。该方法在进行评价时往往会带有一定的主观性，这样会影响评价的结果，但可以通过专家问卷调查的形式，结合权重系数修正的方法来解决这一问题。这样所得到的评价结果更接近实际情况，评价结果比较可靠、合理。

模糊综合评价法的优势在于不仅接近人们的思维习惯，也与人们描述事物的方法比较接近。该方法能将传统难以量化的定性指标进行模糊定量化，并通过各级指标的权重向量和相应评价矩阵的数学运算，从而最终得到各级指标的评价结果。但该方法缺乏确定指标权重的功能，也不能科学合理地分析评价结果。

2. 层次分析法

层次分析法是一种应用较为普遍的关于许多行业绩效评价的方法。该方法通过逐级梳理，可以把一些原本复杂、含糊不清的问题逐渐分解成多个比较清晰、简单的事项。通过把一些复杂问题分解后，将这些简单的因素按照一定的关系或关联性进行分类或分组，把其中相互联系的因素进行组合归入小类，再将小类归入大类，这样就形成了一种有序的阶梯层次结构。再经过两两对比来确定其重要性程度，按照重要性程度在阶梯层次结构中进行合成，以确定各要素对于总目标的重要性，并将其进行排序。

从以上分析可以看出，层次分析法可以使人们的决策思维活动系统化、定量化、清晰化。该方法体现了决策思维的三个基本特征：分解、判断和综合。层次分析法在确定指标权重的时候有一定难度，但一般情况下可以与其他方法结合使用，取长补短，这样该方法就相对比较具有科学性，也具有一定的使用价值。但需要指出的是，每项指标的权重是由专家来评判的，不同的专家对同一指标给予不同的权重，所以从某种角度来说具有一定的主观性。

利用层次分析法进行物流绩效评价的一般步骤如图11-1所示。

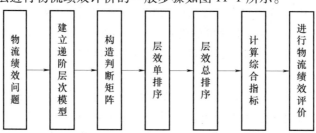

图11-1　层次分析法的分析步骤

3. 模糊层次综合评价法

模糊层次综合评价法是将模糊数学与层次分析法相结合的一种系统评价方法。这种方法较好地解决了复杂系统的多指标问题，能较全面地吸收所有因素所提供的信息，以便于区分各因素在总的评价中的地位和作用，是迄今为止较先进的一种评价方法。

模糊层次综合评价数学模型的建立步骤如下：

（1）建立评价因素集合 首先对多因素评价指标进行层次划分，即根据判断指标的性质及其相关性将各指标划分为几个大类。

（2）建立评价集合 设判断结果的等级个数为 M（M 可取 3，5，7，9 等）。一般情况采用五级评价集合，即将评价结果划分为很好、好、一般、差和极差五个等级。

（3）建立单因素评价矩阵

1）确定评价指标的合理取值范围，评价指标取值范围的上下限一般取指标因素可能达到的最大值和最小值，如果所得因素多数覆盖面较广，则可取全体指标中的最大值和最小值。

2）确定评价指标的隶属度，由专家评分确定，由每个评价指标对每个评价等级的隶属度，构成了单因素模糊评价矩阵。

（4）对各层次各评价指标进行权重分配 按照层次分析法的要求，将全部评价指标和分指标列成表格，请专家根据各指标对总体指标的影响程度，分别给予其不同的权重系数。

（5）模糊综合评价 求出单因素模糊评价矩阵与权重系数后，即可按照汽车物流绩效评价体系的层次结构进行计算，最终得到综合判断结果。

4. 平衡计分法

平衡计分法是近几年在美国许多公司中兴起的一种绩效评价方法。大量研究和应用发现，这种方法的特点是基于企业的重大战略和发展方向，将战略的发展同具体目标联系起来，通过评价具体目标的实现情况来测量企业战略的落实情况。通常把员工的学习能力、创新能力、高层满意度等指标与企业的财务目标指标结合起来进行测量，这就避免了只用传统财务指标评价的缺陷。

平衡计分法可以实现战略管理和经营管理的平衡、动因与结果指标的平衡、财务与非财务指标的平衡以及内部与外部人员的平衡等几方面的有机协调与平衡。由此可见，使用平衡计分法在进行绩效评价时，既要求对财务指标进行考量，也要求对相关非财务指标进行考量，这样可以弥补一些评价体系只选择财务指标的弊端。

平衡计分法的主要优点在于平衡战略与战术、财务与非财务等方面；主要缺点是不能"计分"，即无法对指标进行定量评价。

从对企业的贡献来看，平衡计分法的特点主要表现在以下两个方面：

1）它是企业战略管理系统的基石。

2）它是企业全面的业绩评价系统。可见，构建平衡计分卡体系能对企业的业绩进行评价，甚至能给整个企业管理带来革命性的变化，从而实现企业更全面的发展。

5. 关键绩效指标法

在企业众多衡量绩效的指标中，一些数量相对少但对市场成功具有举足轻重意义的指标就是关键绩效指标。关键绩效指标法中竞争性绩效评判体系对企业把握市场是很重要的。但该方法一个致命的缺陷是扭曲了真实的绩效，即使可以通过人工进行修正，但整体评价不能让人信服。所以对该方法的应用必须与其他手段结合起来,才有实际价值。

6. 数据包络分析法

数据包络分析法是由美国著名运筹学家查恩斯(A. Chames)和库珀(W. W. Cooper)等学者在"相对效率评价"基础上发展起来的一种系统分析方法。目前,数据包络分析法已经被成功地应用于各领域的效率评价和效益评价。该方法特别适用于对多指标输入和多指标输出决策单元的相对有效性评价。

由于数据包络分析法不需要预先估计参数,这就使得该方法避免了主观评判的不足,有一定的应用价值。

1)数据包络分析模型以最优化为工具,以多指标投入和产出的权系数为决策变量。其评价是基于最优化意义,这就避免了在确定权重系数时的统计平均性,可见该方法具有内在的客观性。

2)输入和输出之间的相互关联和相互制约。在数据包络分析法中不需要确定它们之间关系的任何形式的表达式,可见该方法具有黑箱类型研究方法的特色,减少了人为干扰。

7. 项目"金三角"评价法

由于物流系统是由若干单项组成的,各个单项独立,这样就可以利用该方法对每个单项进行评价,然后进行综合,从而得出最终评价结果。由此可见,项目金三角评价方法是将涉及项目的时间、成本和质量各因素进行综合分析、评价的一种方法。一般情况下,在评价一个项目时,将时间、成本以及质量综合考虑,以在保证这个项目绩效水平的前提下,所投入的时间最少、成本最小,而生成的质量最大的结果就可以作为绩效评价的度量标准,通过这样评估就可以得出评价标准及评价结果。

8. 标杆管理法

标杆管理法是一个明确努力方向的过程,是发现目标以及寻求如何实现这一目标的一种手段和工具。在应用标杆管理方法的时候,应该建立一个可行、可信、可操作的指标体系,进行绩效衡量,这样才能得出真实结果,才有助于企业绩效的改良。可见,实现目标的意义在于获得绩效改良的最终结果。

9. 主成分分析法

主成分分析法是将各原始变量经过必要的处理,使其成为一个个独立的事项,然后对这些独立事项进行综合评判的一种系统分析方法。该方法的具体优点表现在:

1)该方法基于原始数据本身,以较少的主成分来综合替换原来较多的指标,采用信息权数有助于客观地反映样本之间的现实关系,这样就使得这些主成分能尽可能地反映出原来指标的信息。

2)对原指标变量进行变换,可以形成彼此相互独立的主成分,这就消除了评价指标之间的相关影响。

3)将多指标进行降阶处理,可以降低评价的复杂度,削弱指标之间的多重相关性,大大减少了指标选择的工作量。

第三节 汽车物流绩效评价指标体系设计

汽车物流绩效评价指标体系设计的宗旨是必须基于企业的经营战略,从业务流程再造入手，以实用和可操作为原则，在物流成本显性化的基础上，再行构建能够反映物流系统运行和管理领域绩效状况的，用于帮助企业进行科学决策的，促进企业开展持续改善的评价指标体系。同时，还用于研究和实践的积累过程中，创建科学的方法论以指导更多的企业实施和促进行业推广，使研究成果迅速转化为生产力，从而获得更广泛的经济效益和社会效益。

一、汽车物流绩效评价指标体系的设计流程

开展汽车物流绩效评价的目的是巩固汽车物流系统的优势环节，更有针对性地与同质企业之间进行良性竞争；在流程再造的基础上，拓展具有持续发展潜力的物流系统与供应链环节，以价值流的理念整合物流与供应链中无效或不增值的环节。因此，系统性、可见性、整体性、动态性和改善性是整个体系设计的重要特点。

汽车物流绩效评价在整个供应链系统中起着驱动作用，它能以客观、量化、发展的分析结果约束和激励物流系统中的各个部门，并产生积极的作用。

建立和实施一个系统、科学的汽车物流绩效评价指标体系，应该按照五个主要步骤进行，如图11-2所示。

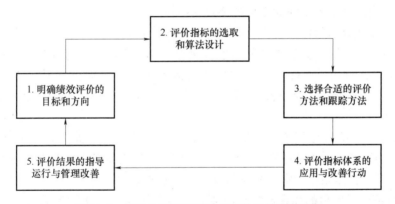

图11-2 汽车物流绩效评价指标体系的设计流程

1. 明确绩效评价的目标和方向

汽车物流绩效评价者必须对期望评价的具体内容具有充分的认识和现状把握，只有这样，才能明确被评价领域的绩效目标。更为重要的是，要以系统的观点将汽车物流系统中各个部门的绩效目标与物流系统的总体绩效标准联系起来。这是保证某个物流节点的个体活动能够与物流系统整体战略目标保持一致的最佳方式。

2. 评价指标的选取和算法设计

汽车物流绩效评价指标主要反映了汽车物流系统整体的运营状况以及物流系统节点部门之间的运营关系。理想的汽车物流绩效评价指标体系能够反映汽车产品的最终客户、节点企业和汽车供应链自身的综合需求，易于理解和操作，应用简单方便并且成本较低，更重要的是能够为操作者和管理者提供快速的信息反馈和趋势判断，激励物流系统中各个部门对绩效改善的积极性和主动性。

3. 选择合适的评价方法和跟踪方法

在选择合适的汽车物流绩效评价方法时，不仅要考虑所采用的方法是否易于对绩效表现

做出科学评价,能否可靠地对未来绩效提出改善方向,还要考虑是否真正评价了事物的本质原因,是否有助于开展持续改善物流系统绩效。

4. 评价指标体系的应用与改善行动

这个过程包括评价、反馈和纠偏等工作。在单一绩效评价指标的基础上,还应该采用恰当的、具有一定前瞻性的评价方法对物流系统整体进行综合评价。这是由于汽车物流绩效评价的工具和方法必须随环境的变化而变化,才能与时俱进,最终实现指标评价的预定目标。因而在评价的过程中要进行及时反馈和总结,并根据需要对绩效目标进行相应调整,为持续改善建立分析基础。

5. 评价结果的指导运行与管理改善

汽车物流绩效评价的目的不仅仅是把握物流系统中各部门和物流系统整体的运营状况,更重要的是优化物流系统中各部门和物流系统的业务流程,以实现缩短周期、提高效率、降低成本的目的。绩效评价活动也不应止于获得了绩效评价结果,而更应该用这个结果来系统地管控汽车物流和供应链的相关活动,以此来改善汽车物流系统功能,推动汽车物流系统向价值链过渡。

构建汽车物流绩效评价指标体系的主要工作有以下两个方面:

1) 设计确定能够准确反映物流系统绩效的指标。

2) 建立与企业经营目标及运作模式相适应的评价方法,前者是基础,后者是工具。

企业经营的某一个绩效涉及多种因素和多个领域,具有复合性的横向特征。一般情况下,单一或较少的几个指标难以全面反映物流系统的综合运行状况。所以,评价物流系统某一绩效需要构建一个能够反映经营绩效各个侧面的、由一系列相关指标组成的评价指标集。

需要强调的是,在构建汽车物流绩效指标体系的过程中,要关注业务流程,重视效率、效益和效果,强调同步应用;在实践过程中,要注重及时总结和不断提升,逐步满足企业物流和供应的需求。在体系设计中,要遵循以下几项基本原则:

(1) **符合绩效评价目的和评价内容的要求** 从若干能够反映物流系统某一类绩效特征的侧面入手,建立能够涵盖被评价绩效所有关键内容的指标集,保证绩效评价的整体性和科学性。

(2) **各项指标之间具有一定的专属性** 避免造成评价内容相互重叠和评价结构相互矛盾。

(3) **用关键绩效指标系统地权衡成本与收益** 绩效评价的目的是获得一定的收益,但也要投入必要的时间成本和资源成本。片面追求绩效评价的全面性和准确性,必然导致成本的急剧上升;而单纯追求降低成本,评价体系的科学性和权威性就会削弱,绩效评价的目的就无法实现。所以,权衡绩效评价的投入成本与收益预期,首先要解决关键绩效指标的选取问题。

(4) **系统考虑评级体系要素的权重** 不同战略导向的汽车物流系统,其绩效所对应的指标不尽相同,但是一些关键指标应该具有一致性。具体评价时,可以通过对关键绩效指标设置不同权重来体现物流系统的战略导向。

(5) **体系架构的分类分层** 类别和层次的科学划分可以保证评价体系的系统性和兼容性,既要关注对现实状态的管理控制效果,也要关注汽车物流的发展趋势。绩效评价体系的分类分层框架可以保证可持续性发展的要求。

（6）绩效评价体系的针对性和关联性 物流系统中存在多个主体，评价将针对多个主体的各个对象，不同主体关注的对象存在差异。因此，建立以客户为中心的、以改善整个物流系统绩效为目标的评价体系，必须综合考虑主体目标的针对性以及与物流系统整体目标之间的关联性。

（7）关注流程 传统的基于职能的评价仅仅关注对事后结果的评价，这就无法实现建立绩效评价体系的预定目标，对实际工作的指导意义不大；新型的基于流程的评价将视角拓展到事中和未来的评价与预测上，进而实现了从根本上改善绩效的目的。

二、汽车物流绩效评价指标体系的作用

汽车物流绩效评价指标体系的作用为：根据行业通行的评价目标和方法，设立国内外物流行业普遍使用的评价指标；结合本企业的运作特点和业务流程，设立本企业决策层关注的评价指标；按照持续改善的进程，设立对物流和供应链成本绩效敏感或能够反映改善效果的指标，建立分类分层的实用性汽车物流成本指标体系框架，如图 11-3 所示。根据企业经营战略的需要，考虑不同时期、不同领域的特点，对评价指标进行分类并赋予不同的关注优先级，用于企业的战略调整、投资决策和持续改善。

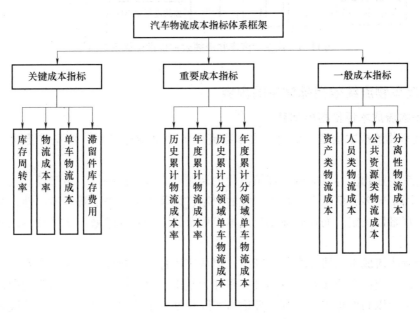

图 11-3 汽车物流成本指标体系框架

特别需要重视的是，在设计指标体系的过程中，要对企业的经营战略、产品战略、生产领域、物流与供应链管理改善等方面的重大事件进行跟踪，特别是那些与物流成本具有因果关系的事件，建立指标与企业大事件之间的关联关系，并对这些指标进行分层和分类。

某企业汽车物流绩效评价指标体系框架如图 11-4 所示。这个体系符合该企业物流的战略定位，反映了该企业对其物流管理领域的关注点，体现了该企业的改善目标。

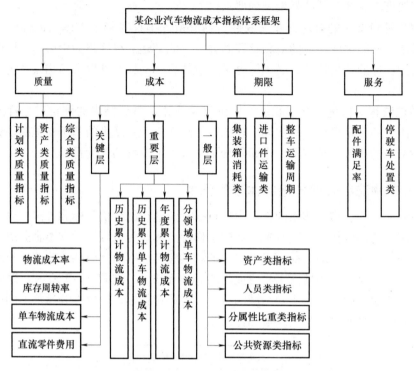

图 11-4 某企业汽车物流绩效评价指标体系框架

三、汽车物流绩效指标体系的内容

1. 汽车物流成本评价指标体系

（1）**汽车物流成本模型** 要建立汽车物流成本评价指标体系，首先需要建立物流成本模型。

汽车制造企业物流与供应链管理精益化的课题一直被广泛关注。由于经营战略、生产模式的不确定因素较多，信息系统覆盖领域的限制，以及物流业务流程的横向性，企业物流成本的构成一直难以确定。而在企业物流成本模糊背景下的物流绩效评价体系难以实现期望的目的。

有关企业物流成本的研究文献比较多，但从实用性和可操作性的角度来看，却可以说几乎没有。因此，应以企业实际运行的可操作性为基础，以准确的控制、精确的设计来实现整体的最优应予以高度重视。否则，理论与实际长期脱节或过于脱节，就会造成企业界对理论界的不认同，阻碍产学研的结合，让研究成果束之高阁而无法转化为生产力。

建立企业物流成本模型的目的就是要研究这个领域的价值优化，形成物流业务活动的成本函数，然后再综合生成整体的成本函数。这个成本函数需要与供应链的客户满足水平相权衡，从而得到平衡的客户需求满足率与成本之间的最优解。建立物流成本财务科目集合和形成物流成本统计模型正是建立实用性企业物流与供应链绩效评价体系的难点。

尽管可以查阅的书籍不少，来自不同领域的呼声也不低，但没有可供实践的方法论却让很多已经充分认识到建立物流成本模型重要性的企业止步不前。当前国内和国外同行业的相关情况如下：

1）国内的情况。关于汽车制造企业物流与供应链管理领域总成本的显性化是当前企业界、学术界和政府高度关注的焦点和难点。到目前为止，国内同行尚未建立起符合企业自身经营战略与运作模式的企业物流与供应链成本框架，还无法对所有企业物流与供应链中所有活动的成本进行精细的数据跟踪，难以开展系统、科学的物流成本管理工作。同时，由于企业缺乏可参考的物流成本水平，无法做出科学有效的物流运作和管理的决策。大多数汽车制造企业对其物流与供应链的降低成本的目标和数据统计仅仅来自总体的统计费用。

2）国外的情况。国外的汽车制造企业在物流领域成本管理方面已经做得非常精细，这种精细的保证来自制造企业对上游的零部件供应商和物流服务商的专业化管理，涉及零部件开发、采购、物流等诸多环节，也来自企业内部运作的精密分工，还来自对下游销售物流的成本管理精准定位，对成本与质量和期限的内在规律采用了具体赋值的方法。

从方法流程的角度而言，针对建立物流成本模型的研究与实践需要经历以下五个主要阶段：

1）前期准备。在前期准备阶段，要充分审视包括企业内外部环境背景是否具备建立物流成本模型的理念条件、技术条件和模式条件；明确企业在物流与供应链中的管理目标；充分了解现状，识别研究的难点；成立由企业最高领导者参加的项目指导小组和由物流、采购、财务和信息等领域专家负责的行动小组；建立行动计划和阶段目标。

2）梳理业务流程。在该阶段中，主要确立研究原则和技术路线，结合企业运作模式，周密地梳理业务流程，识别物流运作和管理过程中的物流成本。汽车制造企业的物流成本与供应链的综合成本由采购供应物流（包含进口件物流和国产外协件物流）、生产物流（包含车身物流和零部物流）、服务物流（包含商品车物流和备件物流）和逆向物流（包含废弃物物流和回收物流）等领域中的显性成本和隐形成本构成。显性成本存在于运输、仓储、装卸、搬运、配送、流通加工和信息传递等实体的基础设施、设备资源和运作过程中；隐性成本存在于由于物流运作不畅导致的库存费用增加所形成的资金利息成本、库存资金占用的机会成本和市场反应迟缓的损失及其管理不善造成的货物损失和损坏的成本等。因此，通过对各物流子领域物流业务的梳理，可以对现行物流业务流程所涉及的各项物流要素进行归纳；此外，通过访谈、调研、研讨和行业交流等活动，识别汽车制造企业物流与供应链的所有业务活动。

3）制定物流成本模型框架。在该阶段中，主要考虑基于物流业务流程，结合企业财务科目和结算方式，综合考虑数据源通道，构筑能够用于实践操作的物流成本模型的技术框架。企业物流成本模型框架由三个纬度（物流成本项目、物流业务范围和物流费用支付形态）和四个经度（统计适用范围、物流成本构成、物流成本计算方法和物流成本内涵与对象）构成，如图11-5所示。

4）梳理财务科目和信息系统覆盖范围。在该阶段中，为了企业实施的便利性和效率性，在不改变现行会计核算体系和财务制度的前提下，全面梳理各项财务科目；全面校核现有信息系统对各项物流活动的管理和指导作用，尽可能使构成成本的数据均取自现有的财务科目并集合成新的专项输出科目；对于尚未从零件采购价格中分离出来的物流成本，采用经验比例的方法进行预先赋值，再通过持续跟踪，对经验数值进行修正。在数据途径、算法逻辑和比较基准统一的前提下，建立物流成本结构表和数据详表。企业物流成本结构如表11-1所示。

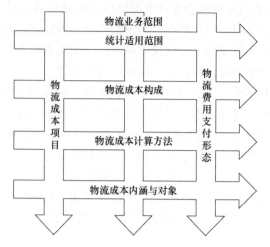

图 11-5　企业物流成本模型技术框架

表 11-1　企业物流成本结构

序号	运输包装成本	行政管理费用	资金占用	跌价准备	其他
1	国内原材料	员工薪酬	原材料	原材料	物流信息系统摊销
2	进口零件	日常费用	国内零部件	商品车	公共保险分摊
3	厂际运输	材料费用	进口零部件	服务备件	—
4	—	外委服务费	商品车	—	—
5	—	设备设施折旧	服务备件	—	—

物流成本中包括运输包装成本、仓储成本、存货持有成本、物流行政管理成本和物流信息系统管理成本。实践中的数据汇集途径如下：

① 运输包装成本（国内外采购运输、厂际运输和销售运输）采用企业 SAP 系统的账面数据。对于国产零件，包含在原材料采购价格和国产件采购价格中的采购运输成本按经验比例设置提取；对于进口零件，运输成本从采购部门专用的计算机系统数据中抽取出集装箱的数量，然后与运输合同中确定的单箱价格（单价）相乘，就得到了运输成本值，包装成本取采购合同中的确定值。

② 仓储成本包含服务费、运输费、仓储租赁费、折旧保险、外部物流商的服务费（仓库管理服务和运输费用）、自有仓库和场地的折旧保险、自有物流容器和设备等的折旧等。这些数据全部取自 SAP（Systems Applications and Products in Data Processing）的入账数据，根据企业账务系统中记录的数据与手工跟踪的数据相结合采集核算。具体方法是在 SAP 系统中建立相应的报表，按照不同的成本中心，实时归集和剥离记录在不同会计科目中的物流数据。例如，在行政管理费用中占比较大的固定资产折旧，通过运用 SAP 系统中的固定资产报表，将挂在物流资产管理部门成本中项下的所有资产，如容器、叉车、计算机、仓库等的折旧统计出来。

③ 存货持有成本包括库存资金占用成本和其他存货持有成本。库存资金占用成本按照年初银行一年期贷款月利率与当期平均标准库存价值的乘积计算。其中，期末库存价值取 SAP 账面资金数据；其他存货持有成本按当期实际 SAP 系统账面数据归集。

④ 物流行政管理成本包括企业全部参与物流与供应链管理活动所涉及部门的当期日常性管理费用和人员费用。其中，日常性管理费用取当期实际 SAP 系统账面数据，人员费用取人事统计数据。为取得物流行政管理成本，在 SAP 系统中设计了专门的物流管理费用报表，按照物流管理部门的成本中心，系统报表自动统计和归集当期发生的行政费用，包括差旅费、交际费、生产辅助材料费、外委服务费、物流管理人员的薪酬、福利等。

⑤ 物流信息系统管理成本为与生产物流与供应链管理活动相关的信息系统当期的无形资产摊销金额。

5）确定物流财务科目集合方法与数据归集途径，形成物流成本数据库阶段。从物流运作的七个要素（包装、运输、仓储、装卸搬运、配送、流通加工和信息服务）入手，确定物流成本要素的构成，建立物流领域财务科目和物流成本统计模型；确定分项物流成本的统计口径和数据来源，所有分项物流成本采用统一的数据源和统一的数据详表；从现有的财务信息系统 SAP 中分离获取基础数据，从各个物流部门在用的信息系统中归集日常跟踪数据，利用 Excel 软件的小工具对尚未使用信息系统跟踪的物流活动内容进行数据统计，为建立物流成本指标建立基础。持续跟踪依据绩效跟踪指标信息，建立物流持续改善行动计划，以逐月跟踪指标数据的形式，检验改善效果，调整改善计划，循环往复，持续不断。

通过上述五个阶段的研究，建立企业物流成本模型、数据结构表和数据详表。确定的成本模型需涵盖企业物流与供应链运行模式的所有成本活动，数据结构表便于操作，数据详表的输出数据真实可靠且数据源统一。

(2) 汽车成本指标体系的设计　从企业实践的角度出发，物流成本指标应该包含一系列绝对指标和相对指标。在这些指标中，有的可以发现企业物流管理过程中的瓶颈，为确定物流改善方向提供数据支持；有的可以为行业间对比建立标杆，为政府统计部门提供数据；有的可以为企业内进行物流与供应链中期规划提供参考信息；有的可以掌握企业物流领域的资产状况等。这些指标的数据基本上均应该来自物流财务科目集合的报表数据，如物流固定资产、物流流动资产、资金占用（零部件、整车、备件）、物流各项费用（外委服务、休眠滞留件费用、短期租赁费用等），还有一些来自生产计划跟踪数据（产品配比、产销量、零部件与整车库存状态等），还有一些来自手动工具的跟踪结果。

识别企业物流的各项成本是长期以来困扰企业开展成本控制、绩效改善和行业对标的难题。在解决了物流成本模型、财务科目集合和数据归集途径的难题之后，也就实现了汽车企业物流成本的显性化，为设计成本绩效指标构筑了基础。

由图 11-3 可知，汽车物流成本指标分为三类，每一类适用于企业不同层面和不同业务领域的关注对象。在成本指标体系中，常用的成本指标有 16 项，其中关键成本指标有 4 项。下面仅以两项关键成本指标为例进行分析。

1）物流成本率。

① 设置目的：该指标旨在掌握各个分项成本指标的状况，估量物流成本在各个相关领域中的比重，为物流领域持续改善提供量化分析依据，并积累行业对标数据。

② 指标设计：该指标反映了物流成本占销售额的比重。该值越低，则说明物流成本控制得越好。该指标由 4 个单项指标构成指标群，用一张图表进行逐月跟踪。第一个指标是年度累计物流综合成本，以柱形图的图表形式表示，单位为百万元人民币；第二个指标是年度

累计物流综合成本与年度累计销售收入的比率，以折线图的图表形式表示，以百分比为单位表达；第三个指标是年度累计生产物流成本与年度累计生产成本的比率，以折线图的图表形式表示，以百分比为单位表达；第四个指标是年度累计销售物流成本与年度累计销售成本的比率，以折线图的图表形式表示，以百分比为单位表达。其计算式分别见式（11-1）~式（11-4）。

$$C = Y + B + Z + G + F + \cdots = \sum_{i=1}^{12}(Y_i + B_i + Z_i + G_i + F_i + \cdots) \quad (11\text{-}1)$$

式中　C——当年 12 个月的各项物流成本之和（元）；
　　　Y——各项运输成本（元）；
　　　B——各项包装成本（元）；
　　　Z——库存资金占用（元）；
　　　G——人员工资成本（元）；
　　　F——各项外委服务费用（元）。

$$K = \frac{C}{S} \times 100\% = \frac{C}{\sum_{i=1}^{12} S_i} \times 100\% \quad (11\text{-}2)$$

式中　K——物流成本率；
　　　S——当年 12 个月的商品车销售收入。

$$K_P = \frac{C_p}{F} \times 100\% = \sum_{i=1}^{12} \frac{C_{pi}}{F_i} \times 100\% \quad (11\text{-}3)$$

式中　K_P——生产物流成本率；
　　　C_p——当年 12 个月生产物流成本之和；
　　　F——当年 12 个月制造成本之和。

$$K_V = \frac{C_s}{V} \times 100\% = \sum_{i=1}^{12} \frac{C_{si}}{V_i} \times 100\% \quad (11\text{-}4)$$

式中　K_V——销售物流成本率；
　　　C_s——当年 12 个月销售物流成本之和；
　　　V——当年 12 个月销售成本之和。

2）单车物流成本。

① 设置目的：该指标旨在掌握单车各项物流成本的状况，对外用于开展行业间对标、寻找与竞争对手的差距，对内用于制定物流持续改善目标和检查改善效果。

② 指标设计：该指标反映了单车各项物流成本。该值越低，则说明物流成本控制得越好。该指标由三个单项指标构成指标群，用一张图表进行跟踪。第一个指标是年度月单车物流综合成本；第二个指标是年度单车运输成本；第三个指标是年度单车包装成本。

$$C_{dt} = \frac{C}{L} \times 100\% = \frac{C}{\sum_{i=1}^{12} L_i} \times 100\% \quad (11\text{-}5)$$

式中　C_{dt}——年度月单车物流综合成本（元）；
　　　C——年度物流的总成本（元）；
　　　L——年度总产量。

$$C_{dy} = \frac{Y}{L} \times 100\% = \frac{Y}{\sum_{i=1}^{12} L_i} \times 100\% \quad (11\text{-}6)$$

式中　C_{dy}——年度单车运输成本（元）；
　　　Y——年度运输成本（元）；
　　　L——年度总产量。

$$C_{db} = \frac{B}{L} \times 100\% = \frac{B}{\sum_{i=1}^{12} L_i} \times 100\% \tag{11-7}$$

式中　C_{db}——年度单车包装成本（元）；
　　　B——年度物流总成本（元）；
　　　L——年度总产量。

上述两个关键成本指标在企业的实践中发挥了非常重要的作用。企业物流成本从模糊隐性向量化显性的转变，使企业在进行战略规划和战术设计时，可以客观地审视过去、科学地把握现在，前瞻地预测未来。更为重要的是，企业在供应链管理理论的指导下，开展有建设意义的实践。在实践中检验和提升理论，建立让"隐藏在冰山下"的成本"浮出水面"的方法论，使得企业物流领域的成本控制工作更为深入，为创建可操作的汽车物流与供应链绩效评价指标体系建立必要和可靠的基础。

2. 汽车物流质量评价指标体系

衡量汽车物流系统的运作效果，最重要的评价标准应该是基于对整体绩效的改善和保持。从供应链的视角观察，衡量物流质量的范围包括生产计划的质量、物流运作的质量和物流服务的质量等几个方面。众多企业的实践证明，决定物流系统整体绩效的有两个重要环节：一是作为推动供应链整体正常运转的、处于供应链前端的汽车制造企业的生产计划领域；二是作为保障供应链整体效果的、处于内部供应链的总装供应组织领域。生产计划是物流系统的核心环节，它的决策结果是物流系统其他环节的决策依据，它的局部决策优化是物流系统整体决策优化的基础；总装供应组织是供应链的价值关节，它的运作质量是供应链其他环节的追求目标，它的局部改善是整个供应链整体改善的保障。

（1）封闭期生产计划柔性

1）重要性分析。生产计划的决策输入要素包括市场预测信息、工业化能力、资源可用水平、库存规模、商品车出货信息和临时需求变化等。通过协调这些要素之间的效用分配，平衡子领域的局部目标，以建立整体绩效共同目标为目的生成以主生产计划（长期事业规划、中期生产计划、短期作业计划和超短期排产顺序）为表现形式的决策输出。生产计划的柔性程度决定了物流系统的整体柔性程度，生产计划的质量决定了物流系统的整体质量。因此，生产计划柔性的质量指标是汽车物绩效评价体系中的关键质量绩效指标。

2）设置目的。旨在通过对生产计划实际执行与既定目标之间的差异跟踪，识别变化原因和变化趋势，发现差异变化对生产系统和物流系统的影响。通过对差异的持续跟踪，考量改善效果；通过对市场预测准确性的波动调整，来统筹安排工业资源；通过对工业系统运行状态的概率分析，来科学调度生产组织，实现均衡生产；通过对库存控制的前瞻性规划，来渐进实现均衡物流；从而实现整体库存的合理化，降低物流与供应链成本，提高供应链的竞争力。

具体来说，就是通过对生产计划柔性状况的持续跟踪，寻找因商务需求变化引起的物流领域成本变化的规律，为改善产销接口模式、市场预测水平、KD（Knock Down）件和国产件的供应组织模式提出改善方向，为产能规划建立数据和作为趋势判断的基础。

3）指标设计。企业的采购供应链主要由国产零部件和进口零部件两个物流子领域构成。根据这个特点，生产计划柔性指标应根据这两个物流子领域的交货周期来设计选取，以期这个指标能够反映生产计划体系中的短期作业计划柔性水平状况。

（2）产需率控制指标

1）指标设置。工业资源管理是汽车物流与供应链管理的重要组成部分，它的管理思想来源于制造业的成组技术，它的应用是成组技术在物流与供应链管理领域中的升华。具体地说，工业资源管理就是将构成同一功能模块的所有散件的供应商集合在一起，对其进行集成的投资、集成的能力评估、集成的物流配送，从而达到规模效应，实现物流与供应链降低成本的目的。

2）指标作用。该指标用于衡量物流与供应链生产能力的保障质量和柔性程度。它能够凸显工业资源管理中的瓶颈问题，识别物流与供应链中的生产能力的短板，指导核心企业进行物流与供应链能力规划，以保证汽车物流与供应链内外部的生产。

3）指标定义。该指标定义为：在一定计划周期内，构成某一功能模块的相关企业已生产的产品数量与整车制造企业生产组织中对该产品需求量的百分比。

（3）总装物流配送缺件控制指标

1）指标作用。用于衡量物流服务商总装零部件配送质量，检验生产计划波动性对物流配送质量带来的影响和供应链上游与中游接口环节的工作质量，分析物流配送质量对生产质量的影响，为提高总装一次下线合格率和生产物流领域的改善提供量化依据。

2）指标设计。来源于由于总装零件未能及时交付而造成总装装车缺件下线的分车型数量的统计结果。其有四个相关的绝对值，即缺件涉及车辆数量、缺件零部件品种数量、总装缺件下线车辆和总装下线车数量。

3. 汽车物流期限评价指标体系

物流领域期限状况与物流领域各项成本的关联度很大。经过对当前物流各子领域业务流程的梳理，从降低物流领域综合成本的角度出发，在充分分析现有众多期限指标的定义及其目的之后，以有限指标为原则，建立车身流按序生产为原则的若干项关键期限控制指标，主要由若干个互为因果的单项期限指标构成指标体系。

（1）订单生产期限日遵守率

1）设置目的。该指标旨在通过观察商务订单能够按照预定期限完成交付的比率，寻找提高市场响应速度的突破口，为生产组织方式向"订单制"过度积累数据基础。

2）指标定义。计算遵守进入总装日期车辆的百分比，以及相对于预计进入总装日期延误（1~20天）车辆或提前（-10~-1天）车辆的百分比。

（2）重要申报点提前/延误指标

1）设置目的。该指标旨在观察订单通过总装点的日期与预定日期的偏差状况，为控制提前指定改善行动，从而保证零件流有序，降低零件流库存。

2）指标定义。显示在指定目标百分比下，通过不同逻辑点的订单实际顺序号与预定排序号相比，提前或延误的天数，即提前/延误 = 订单的技术号 - 实际顺序号。

（3）按预定顺序关键生产点的小时遵守率

1）重要性分析。按预定顺序管控的理念贯穿于整个物流系统"先进先出"的生产组织模式中。它是物流系统其他环节必须遵守的法律准则。它的执行程度是物流与供应链整体绩效的保证，是物流领域各项成本控制的关键，是提高客户满意度的制度保证，是生产组织水平的体现，是零件流精准化的前提，与整个物流与供应链的结合成本相关。

2）指标作用。旨在更精细地观察在制品车身进入总装配车间的时刻，为各个关键点的缓冲库存规模和排产逻辑提供数据信息，进而建立按序生产的观念，促进精益生产。这个指标具有长期指导性和先进性。

3）指标定义。通过某一逻辑点的订单实际顺序，在某一天与规定的计划顺序相差在 ±1h 之内的订单所占订单总数的百分比。该指标基于按序生产的理念设定，用于衡量整车生产流按序执行的精准程度。按序执行率高，则零件流配送准确率就高，缺件下线、缓冲库存、零部件库存就会降低，物流成本就会降低。

4）指标设计。总装配车间入口为参考基准点，首辆经过基准点的车身被赋予的预定顺序号为"1"以作为标准号，按照增量法的规则，为每一辆后续通过基准点的车身赋予的编号为"前一个顺序号+1"。

当在制车身经过关键点时，对参考预定顺序号和实际顺序号进行比较。如果生产节拍为36辆，则所有实际顺序号与参考预定顺序号之差超过±36的车身差异时间就是提前或延迟>1h。例如，若参考预定顺序号是"100"，而出现的实际顺序号为"40"，则差异就是100-40=60>36。因此，该车身迟到时间>1h，没有遵守预定顺序的小时遵守率。该指标可以有效地观察某一天在制车身通过各个关键生产点时，遵守预定顺序的比例。第三个指标是第二个指标的深化，当第二个指标的完成率已经达到目标之后，需要更准确地预定顺序遵守率指标，企业可适时导入第三个指标作为追求目标，促进管理逐步走向精益。

 复 习 题

1. 什么是物流绩效评价？
2. 物流绩效评价有什么意义？
3. 物流绩效评价基于哪些原则？
4. 构建物流绩效评价指标体系要考虑哪些方面？
5. 物流绩效评价指标体系的建立应遵循什么原则？
6. 什么是汽车物流绩效评价？
7. 汽车物流绩效评价的目的是什么？
8. 汽车物流绩效评价包括哪些内容？
9. 汽车物流绩效评价过程是怎样的？
10. 汽车物流绩效评价主要涉及哪些领域？
11. 汽车物流绩效评价有哪些主要评价方法？
12. 什么是层次分析法？
13. 多级模糊层次综合评价建模有哪些基本步骤？
14. 什么是主成分分析法？
15. 主成分分析法有什么优点？
16. 什么是平衡计分法？
17. 平衡计分法有什么特点？

18. 指标体系的设计流程是怎样的?
19. 汽车物流绩效评价体系设计应遵循什么原则?
20. 汽车物流成本评价指标体系包括哪些内容?
21. 物流成本率如何计算?
22. 单车物流成本如何计算?
23. 汽车物流质量评价指标体系包括哪些内容?
24. 汽车物流期限评价指标体系包括哪些内容?

参 考 文 献

[1] 吴青一. 现代物流学概论 [M]. 北京：中国物资出版社，2005.
[2] 孙凤英. 物流技术与管理 [M]. 北京：机械工业出版社，2003.
[3] 李玉民. 物流技术与装备 [M]. 上海：上海财经大学出版社，2008.
[4] 赵家俊，于宝琴. 现代物流配送管理 [M]. 北京：北京大学出版社，2004.
[5] 陈永革. 汽车物流基础 [M]. 北京：机械工业出版社，2006.
[6] 孟利清，李翔晟. 汽车物流 [M]. 北京：中国林业出版社，2013.
[7] 汪鸣. 我国多式联运现状与发展趋势 [J]. 中国物流与采购，2016（23）：92-94.
[8] 王铭，徐剑华. 集装箱挑战滚装汽车专用船 [J]. 集装箱化，2007，18（6）：38-40.
[9] 王槐林，刘明菲. 物流管理学 [M]. 武汉：武汉大学出版社，2009.
[10] 张耀平. 仓储技术与库存管理 [M]. 北京：中国铁道出版社，2007.